W0418099

Zu diesem Buch

Klaus Mann wurde am 18. November 1906 in München als ältester Sohn von Thomas und Katia Mann geboren. Schon als Schüler schrieb er Gedichte und Novellen. 1925 ging er als Theaterkritiker nach Berlin. Mit seiner Schwester Erika, Pamela Wedekind und Gustaf Gründgens gründete er ein Theaterensemble. Mit den eigenen Stücken «Anja und Esther» und «Revue zu Vieren» erregte er in Berlin und auf Gastspielreisen frühes Aufsehen. 1929 unternahm er zusammen mit Erika eine Weltreise, die von improvisierten Vorträgen und Auftritten der Geschwister finanziert wurde. Darüber schrieben sie das Reisebuch «Rundherum». 1932 veröffentlichte Klaus Mann die vorliegende Autobiographie seiner bewegten Jugend. Im Frühjahr 1933 emigrierte er zunächst nach Paris. 1936 veröffentlichte er den Roman «Mephisto», der sich mit den Zuständen im Dritten Reich auseinandersetzte und in dessen Zentralfigur, dem Komödianten Höfgen, Klaus Mann das Symbol «eines durchaus komödiantischen, zutiefst unwahren, unwirklichen Regimes» sah. (Seit seinem Erscheinen heftig umstritten und 1968 in der Bundesrepublik verboten, erschien der Roman 1981 als rororo Nr. 4821. Der von István Szabó gedrehte Film erhielt 1982 den «Oscar». Von Eberhard Spangenberg erschien dazu: «Karriere eines Romans. Mephisto, Klaus Mann und Gustaf Gründgens» [rororo Nr. 5893].) 1936 verließ Klaus Mann Europa und ließ sich in New York nieder. Er nahm als US-Soldat am Feldzug in Nordafrika und Italien teil und besuchte 1945 im Auftrag der Armee-Zeitung «Stars and Stripes» Österreich und Deutschland. Am 21. Mai 1949 schied Klaus Mann in Cannes freiwillig aus dem Leben.

Von Klaus Mann erschienen als rororo-Taschenbücher außerdem: «Der Vulkan» (Nr. 4842), «Symphonie Pathétique» (Nr. 4844), «Flucht in den Norden» (Nr. 4858), «Treffpunkt im Unendlichen» (Nr. 4878), «Alexander. Roman der Utopie» (Nr. 5141), «Der Wendepunkt. Ein Lebensbericht» (Nr. 5325), «André Gide und die Krise des modernen Denkens» (Nr. 5378), «Der fromme Tanz» (Nr. 5674) und «Der siebente Engel. Die Theaterstücke» (Nr. 12594).

In der Reihe «rowohlts monographien» erschien als Band 332 eine Darstellung Klaus Manns mit Selbstzeugnissen und Bilddokumenten von Uwe Naumann, die eine ausführliche Bibliographie enthält.

Klaus Mann

Kind dieser Zeit

Mit einem Nachwort von
William L. Shirer

rororo

Rowohlt

67.–70. Tausend Oktober 1989

Veröffentlicht im
Rowohlt Taschenbuch Verlag GmbH,
Reinbek bei Hamburg, Mai 1967
Alle Rechte bei edition spangenberg,
München 40
Lizenz für diese Ausgabe
Copyright © 1989 by edition spangenberg
Umschlagentwurf Manfred Waller
Satz Garamond (Linotron 404)
Gesamtherstellung Clausen & Bosse, Leck
Printed in Germany
780-ISBN 3 499 14996 6

Für Ricki Hallgarten

La réalité ne se forme que
dans la mémoire

MARCEL PROUST

Vorbemerkung

Wenn ich es unternehme, etwas wie die «Geschichte meiner Kindheit» aufzuschreiben, so wage ich das keineswegs, weil ich gerade die Geschichte *meiner* Kindheit so auffallend interessant finde, sondern einzig und allein, weil die Geschichte *einer* Kindheit mir erzählenswert vorkommt, deren erste acht Jahre vor Ausbruch des Weltkrieges lagen, so daß die Revolution uns zwölfjährig, die Inflation sechzehn- und siebzehnjährig fand.

Dabei sind über den historisch-politischen Voraussetzungen einer solchen Jugend nicht ihre soziologischen zu vergessen. Sind wir Kinder des späten Kapitalismus: letzte, verwöhnte Sprößlinge einer hoch intellektualisierten Bourgeoisie? – Unsere Kindheit, nach außen noch ziemlich behütet, war, tiefer drinnen, von den abnormen, ungeheuren Umständen der Zeit derart in Mitleidenschaft gezogen, daß sie fragwürdiger, gefährdeter wurde, als man sich «bürgerliche Kindheiten» gemeinhin vorstellt. Ihre Geschichte könnte also am Ende auch ein geringer und bescheidener Beitrag werden zu der riesengroßen Geschichte von der Krise des Bürgertums, in deren Mitte wir uns bekanntlich seit fünfzehn Jahren befinden. Wenn mein Vater sowohl als meine Mutter noch aus einem – soziologisch gesprochen – rein kapitalistischen Milieu stammten (so verschieden auch das Lübecker Kaufmanns- und das Münchener Gelehrtenhaus in jedem anderen Bezuge voneinander waren), so steht fest, daß die Daseinsformen, in denen *wir* aufwuchsen, entschieden *nicht* mehr rein bürgerliche waren. Wir hatten eine Reihe von Jahren hindurch fast nichts zu essen und nichts anzuziehen: das ist wichtig, denn nun könnte auf diesem Gebiete nichts mehr kommen, was uns neu und unerträglich wäre. Wichtiger ist, daß uns der feste Boden unter den Füßen fehlte, den unsere Eltern noch hatten. Sowohl geistig-moralisch als wirtschaftlich hatten wir gar nichts, womit wir rechnen konnten. Auf irgendwelche ethischen Voraussetzungen war ebensowenig zu bauen, wie auf die Zinsen irgendwelcher Vermögen.

Mein Erinnerungsfragment bricht in dem Augenblick ab, da ich, allem Anschein nach, so gut wie erwachsen bin (im Herbst des Jahres 1924). Von dort an würden erst die «Memoiren» – das heißt: ein privates Zurückschauen – beginnen; denn alles, was an meinem Leben mehr als «privat» war, mußte mit dem Beginn dieser neuen Stunde in das eingehen, was ich zu schreiben versuche. Hier wollte ich nur die Wege und Irrwege aufzeichnen, die mich bis zu diesem Punkte des Erwachsenwerdens führten: sie schienen mir – wenngleich von unwiederholbaren, persönlichsten Umständen bedingt – charakteristisch genug für die Zeit, die ihr großer Hintergrund war. Mich deucht aber, auch der Schriftsteller des ersehnten Kollektivstaates wird nur fähig sein, für das Allgemeine etwas auszusagen, solange er, als Beispiel und Gleichnis, das Einzelne nehmen darf. Nicht Überwindung des Individualismus sei unser Ziel, sondern Einfügung des individuellen Bewußtseins in ein umfassenderes, kollektiveres. Die Schriftsteller, unverbesserlich, werden nie aufhören, von sich selbst zu erzählen. Aber sie werden sich als Teil eines Ganzen wissen, wenn sie in ihr Privatestes einzukehren scheinen.

Sich erinnern ist immer von Nutzen, man kann es kaum jung genug tun. Während man sich über das klar wird, was vergangen ist, könnte man sogar etwas über die verhüllte Zukunft lernen. Den weltgeschichtlichen Veränderungen, denen wir, schnell oder langsam, entgegengehen und die wir gläubig begrüßen, werden wir uns eher würdig und gewachsen zeigen, wenn wir unsere Herkünfte klären, als wenn wir in der panischen Stimmung des Aufbruchs alles zerstören, was hinter uns liegt.

Kindliche Landschaft

> Es wär gut, viel nachzudenken, um von so
> Verlorenem etwas auszusagen, von jenen
> langen Kindheit-Nachmittagen,
> die so nie wiederkamen – und warum?
>
> RILKE

Womit beginnen? Am Anfang ist Dunkelheit. Aus der Dunkelheit wächst die Legende. Wir bewahren unsere ersten Erinnerungen, so wie die Menschheit sich die frühen Abenteuer merkt: als Mythos. Ohne Frage ist es nicht nur Geistesträgheit, sondern auch fromme Scheu, wenn wir dazu neigen, dieses Dunkel unberührt lassen zu wollen, anstatt es zu lichten und aufzuheben, mit allen Mitteln, über die wir verfügen. Den Mythos zu analysieren ist nicht immer eine schöne Aufgabe; auch wenn es nur der Mythos unserer eigenen Kindheit ist. Ein anderes ist es, ihm ehrfurchtsvoll nachzuspüren; ihn zu erhellen, ohne ihn zu zerstören. Der Kindheitsmythos ist empfindlichste Materie. Ach, hätte man doch so zarte und genaue Sinne wie Proust, der allen Zauber der Erinnerung bewahrt, indem er ihn aufs exakteste untersucht.

Er heißt die Erinnerungen das einzig Reale. Und wie er aus einem Löffel Tee, dessen Geschmack eine Unendlichkeit von Assoziationen in ihm erweckt, den ersten Band seiner «Verlorenen Zeit» steigen läßt – den Band über Combray in seiner ganzen magischen Dichtigkeit –, so bemühe ich mich nun, meinen Erinnerungen nachzuspüren bis in jene mystische Tiefe, wo sie beginnen – und bediene mich dabei, wie Proust, der Geschmacks- und Geruchseindrücke, die sich mir bieten, als Senkblei, das ich in die Dunkelheit jenes Abgrundes schicke, den wir unser Gedächtnis nennen. So genau ich hinuntertaste, ich finde den Grund nicht. Das Dunkel ist zu tief, ich kann nichts erkennen. Erst mit meinem fünften oder sechsten Jahre wird es heller. Was ich *vorher* zu sehen glaube, bleibt so unklar, daß ich nicht unterscheiden könnte, wieweit es seine Existenz Erzähltem, gesehenen Bildern (Fotografien usw.) verdankt, oder real – das heißt: reale Erinnerung ist. Ich *weiß*, daß ich als Kind lange, goldblonde Locken bis zu den Schultern trug, aber ich *spüre* diese Lokken nicht mehr, sondern erst den Pagenkopf, den man mir doch erst wesentlich später stutzte. Ich sehe auch meine Schwester Erika nicht als kleines Kind, sondern nur als Schulmädchen, schon recht aufgeschossen, ernsthaft schauend, mit verwildertem schwarzem Haar und zerkratzten Knien.

Und doch, sind da nicht Ahnungen? Gibt es da nicht etwas, was wie eine allererste, sehr entfernte und wunderbare *Erinnerung* ist? Der Eindruck von Gummi – ganz deutlich kommt mir jetzt vor, aber vielleicht täusche ich mich –: ein Kinderwagen; die Allee an der Isar (Widenmayerstraße) –: wie halte ich das? Es ist dunkel und leicht, dabei von einer unzerstörbaren Zähigkeit der Substanz. Wie halte ich das? Das Eisengitter eines Balkons. Es muß der kleine Balkon unserer ersten Wohnung in der Franz-Joseph-Straße sein, wo ich geboren wurde. Bin ich unbeaufsichtigt aus dem Eßzimmer auf den Balkon gekrochen, oder hat das Kindermädchen mich hier festgebunden? Außer dem Gefühl des Eisengitters ist nichts mehr da. – Es ist nichts mehr da, so innig ich hinuntertaste und horche; so tief ich die Augen auch schließe und die geheimsten Kräfte meines Wesens spanne – à la recherche du temps perdu.

Ich bin geboren am 18. November 1906 in der Franz-Joseph-Straße zu München. Die Räume dieser Schwabinger Wohnung finde ich nirgends mehr in meinem Gedächtnis, sie sind völlig verschwunden, aufgesogen von der Dunkelheit ganz und gar – und doch sind wahrscheinlich diese Räume diejenigen, in denen ich lebensentscheidende Eindrücke empfing. Das Eisengitter des Balkons ist das einzige, wovon ich noch eine Spur in mir finde; mit aller Mühe versuche ich zu unterscheiden, ob das Gefühl eines Teppichs, über den ich krieche, wirklich aus dieser Zeit in mir geblieben ist, oder ob ich es mit sehr viel späteren Teppichsensationen verwechsle. – Auch wenn ich heute an dem Franz-Joseph-Straßen-Haus vorbeigehe, weht mich keine Erinnerung an, Haustür und Straßenpflaster bleiben stumm, nichts verrät mir, was ich hier gelassen habe. (Das liegt vielleicht daran, daß ich inzwischen zu oft an diesem Haus vorbeigegangen bin. Wäre ich 24 Jahre lang der Franz-Joseph-Straße ferngeblieben und beträte dann plötzlich das Mietshaus von Nummer zwei – wer weiß, welche Welt von Erinnerungen mir aufstiege aus dem Geruch des Treppenhauses, aus der Berührung mit der Türklinke.)

Ungefähr im Jahre 1910 zogen wir in eine größere Etage, draußen im Herzogpark, in der Mauerkircher Straße; im Januar 1914 in das Poschingerstraßenhaus, in dem wir seitdem wohnen. Merkwürdigerweise ist mir auch von der Mauerkircher Straße wirklich lebendig und gegenständlich nur ein kleiner Balkon geblieben. Die einzige Situation, deren ich mich stark erinnere, spielt eben auf diesem Balkon, und zwar drei Uhr nachts. Wir waren mitten in der Nacht aufgestanden – Erika vielleicht sieben-, ich sechsjährig –, nur um zu sehen, wie die Welt aussah, während man eigentlich schlafen sollte. Wir wagten nicht Licht anzumachen und hockten im finsteren Spielzimmer auf dem kalten Linoleumboden. Dann traten wir auf den Balkon in unseren Nachthemden. Spüre ich nicht noch den Anhauch der nächtlichen Luft? Und ich erkenne deutlich das Bild der ausgestorbenen Straße im fahlen Dämmerlicht. Daß es drei Uhr morgens war, schließe ich aus der Beleuchtung, die ich so genau wiedererkenne. Die Nacht ging schon fast zu Ende; es war die graueste Stunde, deren ich mich entsinne. Unser Hausmädchen kam mit Federhütchen und Regenschirm die Straße herunter, von einem Bummel heimkehrend, zugleich angeregt und übermüdet. Sie ertappte uns auf dem Balkon, und wir wurden wieder ins Bett gesteckt.

An den Korridor, in dem der Telefonapparat hing, erinnere ich mich genauer als an unser Schlafzimmer. Die Räume der Eltern (Eßzimmer, Salon usw.) habe ich völlig vergessen. Dabei war ich doch schon acht Jahre alt, als wir dann in das «neue Haus» einzogen. Sehr reizvoll und verwirrend ist es mir, dieses «neue Haus», das ich damals, siebenjährig, kennenlernte, mit dem inzwischen altgewohnten zu vergleichen. Natürlich *ist* es nicht mehr dasselbe Haus, die Materie bleibt nicht, sie wird von der Zeit verwandelt. Die Badezimmer und die Treppen, auf denen man von einem Stockwerk ins andere geht, erschienen mir ein unermeßlich weites Reich, sich darin zu verirren – und inzwischen ist dies alles so übersichtlich geworden. – Da der Bauplatz nur drei Minuten Weges von der Mauerkircher Straße entfernt lag, durften wir oft hingehen, um zuzuschauen, wie das «neue Haus» langsam wuchs. Ich suche vergeblich diesen

Neubau, durch dessen kahle Schluchten wir neugierig streiften, mit unserem heutigen Heim zu identifizieren. Die Identität ist nicht herzustellen, denn sie besteht nur in unserem logischen Urteil, nicht aber in einer erlebten Realität.

Unser Landhaus in Tölz habe ich als Neubau wahrscheinlich nicht kennengelernt. Wir müssen es im Jahre 1909 oder 1910 bezogen haben (ich weiß nicht das Datum). Von den ersten Sommern meines Lebens *weiß* ich zwar, wo man sie mit mir verbracht hat, aber dieses Wissen verhilft mir nicht zu der geringsten klaren Erinnerung. – Das schwierigste am Aufrichtig-sich-erinnern-Wollen ist, daß einem immer das Erzählte dazwischen kommt. Man erzählte mir zum Beispiel, wir seien in dem Sommer, ehe das Tölz-Haus fertig war, im Örtchen Geisach bei Tölz gewesen. Meine Lebenslust in diesem Sommer war fulminant, nach diesen Berichten. Der Kriegsruf und Freudenschrei, den ich bevorzugte, war der Name, mit dem wir unseren Großvater anredeten: Ofei. Wie ein Besessener: «Ofei! Ofei!» brüllend, rannte ich einen kleinen Wiesenhügel hinauf und hinunter. – Bei aller Anstrengung vermag ich mir nicht klar zu werden, ob ich mich dieses Hügels und dieses Schreis wirklich erinnere, oder ob ich sie mir nicht mittels des Erzählten nachkonstruiere.

Das Städtchen Bad Tölz zerfällt in zwei Teile: in den alten Marktflecken mit der schönen, steilen Hauptstraße und in das Bad Krankenheil, jenseits der Isar, das Quellen und nicht sehr angenehme Hotels bietet. Unser Haus lag oberhalb des alten Ortes mit dem Blick aufs Gebirge. Es hatte ein rotes Dach, auf dem ein Gockelhahn sich nach dem Winde drehte, eine Terrasse, auf der wir saßen, wenn es draußen nicht gar zu unwirtlich war, und einen sehr großen Garten. Gleich hinter dem Garten begann ein Wald von sehr hohen, schlanken und schönen Tannen, der in den ersten Jahren völlig unberührt und wie ein Privatbesitz zu unserer Verfügung stand. Später wurde ein Heim für blinde Kinder dort eingerichtet, die sich nun, weißäugig tappend, mit ihren Hunden und frommen Schwestern zwischen den Tannen ergingen; und während des Krieges wurde der Wald ein Erholungsort für kranke Soldaten. – In unserem Garten gab es den Platz mit der großen Kastanie, den Spielplatz mit Sandhaufen, die Asternbeete, den Tennisplatz, der verfiel, und die Apfelbäume. Eine Allee – die wir langweilig zu gehen fanden, so kurz sie war – führte vom Zaun zum Hause. In den ersten Tölzer Sommern war der Garten nur halb so groß, als wir ihn später kannten, man kaufte ein Stück dazu, was zur Folge hatte, daß Klein-Monika sich in dem neuen, unbekannten Gartenteil verirrte und bitterlich weinen mußte. Was denn hier für Leute wohnten, fragte sie, als sie unseres Hauses von einer ungewohnten Seite ansichtig wurde. – Wir waren in Tölz jeden Sommer, und später auch oft noch im Winter, bis zum Jahre 1918. Im letzten Kriegsjahre tauschten die Eltern ihren Besitz gegen ein wenig Kriegsanleihe ein. – Immer, wenn ich «Kindheit» denke, denke ich zuerst «Tölz».

Über den Wiesenweg ging man zum Klammerweiher, in dessen moorigem Wasser ich so mühsam schwimmen lernte. Auf dem Arm meiner Mutter – auf Mieleins Arm mußte ich mich «auslegen»; was für gräßliche Angst ich immer hatte, sie könnte loslassen! Der Geruch dieses Moorwassers – unvergeßlich. Ich spüre die glitschige Berührung der Holzstange, die das Nichtschwimmerbecken vom gefürchteten Tiefen trennte. – Das Sprungbrett, von dem wir nicht sprangen, aber auf dem wir uns zu sonnen liebten, und wo die Damen aus Krankenheil ihre matten Scherze mit uns machten. (Es war mit rauhem Rupfentuch bezogen; ich spüre noch seine Berührung, die kitzelte.) – Mielein konnte bis zu den Seerosen schwimmen; weiter ging es überhaupt gar nicht.

Später bekamen wir ein flaches, kleines Planschbasin in unserem Garten. Wenn die Sonne stark brannte, wurde sein Wasser rasch warm, man konnte herrlich lange darin liegenbleiben. Auch kleine Spiele waren hier möglich, für die der Klammerweiher denn doch zu gefährlich war; etwa als zerstreuter alter Gelehrter spazierengehen, ins Gespräch vertieft auf nichts achthaben, um plötzlich mit ungeheurem Gespritze ins Wasser zu purzeln.

In den Ort konnte man entweder über die Wiesenwege – die ich sehr feucht und rutschig in Erinnerung habe – oder die Landstraße hinunter, von der mir im Gegenteil vorkommt, als sei sie stets heiß und staubig gewesen. Die Landstraße hatte den Vorteil, daß man sie beim Hinweg zum Ort mit dem Leiterwagen benutzen konnte: der Leiterwagen rollte mit prachtvollster Geschwindigkeit fast bis zur Bahnhofstraße. Zurück und hinauf mußten ihn dann «die Kleinen» ziehen (Golo und Moni), die wir tyrannisierten. Nicht nur, daß sie beim Heimweg diese häßliche Last hatten, ohne daß sie an den Genüssen der Hinunterfahrt jemals hätten teilhaben dürfen, fiel ihnen auch die wirklich demütigende Aufgabe zu, vorauszulaufen, während wir bergab sausten, um uns dort abzufangen, wo das Gefälle endete, und uns, so geschwind sie es schaffen konnten, bis zum nächsten zu ziehen, damit unsere stolze Fahrt nur ja nicht unterbrochen werde.

Im Ort gab es verschiedene Geschäfte, wo wir immer etwas geschenkt bekamen. Frau Holzmayer spendete Cremehütchen; Frau Pöckel, deren weißes, aufgeschwemmtes müdes Antlitz mit einem angewiderten Zug um den Mund (so, als wenn sie Erbrochenes schmeckte) ich merkwürdig stark in Erinnerung habe, rote Zuckerbonbons, die sie auf eine maulfaule und vom Überdruß gedehnte Manier, welche wir zu parodieren liebten, eine «Himbäre» nannte; der Apotheker mit weißem gütigem Spitzbart eine Stange zähen Eibischzuckers. Bitterste Enttäuschung, wenn wir nur auf die Post oder ins Papiergeschäft gingen, wo es schlechterdings gar nichts gab.

Wir waren vier Kinder in Tölz: Erika, ich, Golo und Monika; Erika ein Jahr älter, Golo zwei Jahre jünger als ich (Elisabeth und Michl gab es noch nicht). Erika und ich übten die grausamste Herrschaft, die Monika sich gefallen ließ, weil sie noch so klein und dumm und niedlich war, Golo hingegen aus zerknirschter Überzeugtheit und masochistischem Hang zur Demütigung. Wir waren alle vorwiegend nett, dann erst sonderbar. Golo aber repräsentierte unter uns das groteske Element. Von skurriler Ernsthaftigkeit, konnte er sowohl tückisch als unterwürfig sein. Er war diensteifrig und heimlich aggressiv; dabei würdevoll wie ein Gnomenkönig. Ich vertrug mich ausgezeichnet mit ihm, während er sich mit Erika viel zankte. Halb aus dämonischer Servilität und halb, weil ihn Neugierde und Ehrfurcht bannten, ging er stundenlang mit mir im Garten spazieren, wo ich ihm Geschichten erzählte. Ich konnte erfinden wie die listige Dame der Tausendundeinen Nacht, so endlos und so phantastisch. Was gäbe ich darum, wenn eines von diesen großen Gartenmärchen aufbewahrt geblieben wäre! Vielleicht würde es viel schöner sein als irgend etwas, was ich mir seitdem habe einfallen lassen. – Um erzählen zu können, brauchte ich zwei harte und genau gleichmäßig lange Gräser als Spielzeug, das ich «Handding» nannte. Es konnte losgehen, sobald das Handding gepflückt und zubereitet war. Ich fabulierte von Königen, Hexen und orientalischen Großkaufleuten, wobei ich etwas mit der Zunge anstieß. Golo trippelte nebenher, das finster-schlaue Mäusegesicht vom glatten Pagenhaar witzig gerahmt, verzaubert von den Verwicklungen meiner Mären, die er vielleicht hinter der eigenen wunderlichen Stirne weiterspann und überraschend deutete.

Erika war die rüstigste von uns. Sie konnte wie zwei Buben turnen und raufen, und sah aus wie ein magerer, dunkel hübscher Zigeunerjunge, dessen braune Stirn sich manchmal trotzig verfinstert. Als einzige von uns beherrschte sie die bayerische Mundart, die ich niemals erlernt habe. Wenn eines von den Kindern des Zwickerbauern, mit denen wir manchmal spielten, sie fragte: «Ärika, magst an Äpfi?» konnte sie in ganz ähnlichem Tonfall antworten, was mir doch einfach unmöglich gewesen wäre.

Außer den Zwicker-Kindern sahen wir in Tölz nur noch zuweilen die kleinen Öttels (Sprößlinge unseres Winterhausmeisters), die aber ziemlich schüchtern-störrisch waren, und die Söhne des Postexpeditors Möslang, Hugo, Hans und Angelus. (Von Hugo sagten wir, daß er «hinterm Rücken» sei; Angelus wollte Damenschneider werden; nach ihm wurde übrigens, Erikas striktem Wunsch zufolge, Golo getauft.) – Kinder im Alter von drei bis dreizehn Jahren haben kaum ein Bedürfnis nach Freunden, vor allem wenn sie mehrere Geschwister sind und also für sich eine kleine Macht bilden. Sie stehen grausam kühl zu allen Menschen, die nicht zur Familie gehören. Einiges Ansehen genießen noch die Wesen, die zum Hause, wenn auch nicht zur Familie gehören. Man muß sie nicht geradezu lieben, aber man rechnet doch fest mit ihnen, so sehr ist man an sie gewöhnt. Sie werden zu Begriffen, zu kleinen Extramythen, die im großen Kindheitsmythos einen Platz einnehmen, dessen Wichtigkeit man beileibe nicht unterschätzen darf.

Wer sind wichtiger: die Kinderfräulein oder die Hunde? Aber vielleicht sind Herr Gundermann oder Herr Öttel auf ihre Art ebenso wichtig. Denn Herr Gundermann, ein mäßig beleibter Onkel, der in Tölz Lastwagen und Einspänner vermietete, galt uns als *der* dicke Mann par excellence, als die Dickheit selber, ganz einfach als das Prinzip des Dicken. Er wiege mindestens zwei Zentner, hatten wir uns sagen lassen; «dick wie Herr Gundermann», klang nicht schlechter als «reich wie Krösus». – Herr Öttel muß humorvoll und stämmig gewesen sein, wenn mich nicht alles täuscht. Mir schwebt da ein rotblonder Schnurrbart vor, der über den Lippen feucht ausfranste. Golo bemerkte eines Tages mit verschmitzter Gravität, daß dieser Öttel eigentlich ein «ganz gelungener Mensch» sei – Gott weiß warum.

Der Hund hieß Motz. Es war ein schottisches Schäfertier, seidig schwarz, mit einem weißen Latz auf der Brust, und von überzüchtetster Rassigkeit. Wie ein Toller winselte und jaulte er beim Spazierengehen vor uns her; sein schöner, erregter Kopf und sein rasendes Gekläffe sind an dem wunderbaren Percy-Hund in «Königliche Hoheit» wiederzuerkennen. – Der alte Motz wurde räudig und mußte erschossen werden. Unvergeßlicher Tag, da die Eltern nach München fuhren, nur um nicht dabei sein zu müssen, wenn es aus dem Walde knallte. Man führte den Motz mittags davon. Ich erinnere mich, daß wir eine Reisspeise aßen, und wie traurig uns die Bissen im Munde quollen. Der Hund glaubte, daß er spazierengehen dürfe, und bellte freudig-erregt. Nach ein paar Minuten hörten wir den Schuß. – Am Waldessaum schmückten wir die ganzen Jahre, die wir noch in Tölz waren, sein Grab.

Einige Dienstmädchen wurden sehr erinnerungsmächtig und legendenumwoben: so Köchin Maja, der Bravsten und Stattlichsten eine, die dann Herrn Schmiedel heiratete (oh, Herrn Schmiedels mageres, rotbraunes, lachendes, von Schweißperlen besätes Gesicht – warum sehe ich es plötzlich so deutlich?) und Hausfrau in der Gärtnerei wurde, nicht weit von unserem Hause; oder Grete Bauernschubert, an die ich eine Erinnerung finde, als habe sie sich ununterbrochen im feschen Rhythmus des Schuhplattlertanzes bewegt (was wahrscheinlich nur vom Klange ihres forschen Namens herrührt); oder Resi Adelhoch, aus dem stolzen Geschlecht der Adelhochs, deren Brüder zahlreich und ebenso strahlend brünett, südlich-stämmig waren als Schön-Resi selbst; oder schließlich Affa, von der ich später noch erzählen muß. – Aber alle diese schrumpfen ein, werden Zwerginnen und gar nicht der Rede wert, neben der

Kinderfräulein ehrfurchtgebietender Familie. Wie eine Dynastie von Königinnen – die jeden männlichen Thronfolger ermorden lassen, um die heilige Einrichtung des Matriarchats zu wahren – schreiten diese regierenden Damen durch unsere Kindheitsgeschichte; launisch meist, leicht verdrossen und nur durch unsere äußerste Artigkeit oder durch überraschend angenehme Post von auswärts zu gnadenvollen Scherzen zu bewegen: angefangen mit der aller-allerersten, der Ur-Königin, der vom Beginn der Zeiten, der prähistorischen Kindsanna, von deren blauen Backen nur die Hauschronik, nicht mein Gedächtnis mir sagt, – bis zur schaurigen Muhme Zilli, Wärterin von Elisabeth und Michl, aber auch uns noch halb vorgesetzt, mit falschem Zopf, falschem Zahn und der lamentierend gellenden Stimme der Tauben. (Warum verstand sie nur, wenn sie nicht verstehen sollte? Redete ich sie mal unziemlicherweise als «Fräulein Stinkmeier» an – gleich kreischte sie schwäbisch: «Ha – was hast g'sagt?» und keine Silbe war ihr entgangen.) Zwischen diesen: die Langbeinige, die wir Betty-Lilie nannten; Fräulein Amalie mit rotem Haar und harter, sommersprossiger Miene; Mademoiselei aus Düsseldorf, die im Gehen zu stricken pflegte und weniger leicht aufbrausend als manche andere, dafür von aufreizendster Kühle war; die dicke Hermine, die in meiner Erinnerung von einer larmoyanten, ja hysterischen Zärtlichkeit scheint. Jede von ihnen unterscheidet sich auf eine so majestätisch eigenwillige Art von der anderen, wie sich Maria Stuart von Maria Theresia, die Pompadour von der Großen Katharina abhebt. Wir litten unter jeder von ihr, und wir liebten jede. Betty-Lilie mit ihrer ruchlosen Vergnügungssucht, Mademoiselei mit ihrem empfindlichen Düsseldorfer Familienstolz, Fräulein Amalie mit ihrem erbarmungslosen Egoismus: sie alle waren überreich an anspruchsvollen und fatalen Eigenschaften, die wir als gottgegeben hinnahmen, meist demütig, selten rebellisch. Jede von ihnen vermochte uns einzureden, daß sie noch verhältnismäßig gütig sei und daß erst mit ihrer Nachfolgerin das wirklich bitterharte Leben beginnen würde. Wir glaubten es so sehr, daß wir ihren einerseits doch ersehnten Weggang wie das Ende aller Dinge fürchteten – denn was würde *dann* kommen? – Ebenso unbedingt glaubten wir, daß wir wahre Teufel und Mißgeburten seien im Vergleich zu den vorigen Zöglingen des Fräuleins, die uns als kleine

Wunder an gescheiter Liebenswürdigkeit und braver Adrettheit hingestellt wurden. Die jungen Barone Tuchers zum Beispiel, die so lange Mademoiselei anvertraut gewesen waren (warum hatte sie sich jemals von ihnen getrennt?) – was für ausnehmend kluge, sanfte und wohlgekämmte Bürschchen mußten es gewesen sein. Sie trugen die appetitlichsten und propersten «Gilets» (was in mir immer eine Ideenverbindung zu feinstem, säuerlich schmackhaften Johannisbeer-Gelee wachrief) –: so weit würden wir es nie bringen. Daß Klein-Tuchers so wohl geraten konnten, lag natürlich auch teilweise an gewissen vorzüglichen pädagogischen Qualitäten des alten Baron Tucher, die Mademoiselei unserem Papa nicht nachrühmen mochte. «Der Baron Tucher, der war doch blind», begann das Fräulein ihre klassische Erzählung vom strengen, aber gerechten Vater. «Und wenn einer von den Jungen nun was ausgefressen hatte, ließ er sich den Rohrstock vom Schrank runter langen, und man mußte ihm das Bürschchen übers Knie legen –» Das Bild dieses behinderten, aber unnachsichtigen alten Edelmannes hat sich mir ganz unauslöschlich eingegraben.

Die Macht der Kinderfräulein wuchs dadurch ins Unermeßliche, daß unsere Mutter, in diesen Jahren viel krank, mehrfach längere Zeit in Davos und Arosa sein mußte. In solchen Monaten und halben Jahren herrschten die launischen Damen fast unumschränkt über uns, da unser Vater, wenngleich sehend, nichts von dem erzieherischen Furor des von Tucher an sich hatte.

Wie unternehmungslustig viele von den Königinnen waren! Nahmen sie uns nicht in die Wohnung ihrer Verwandten in der Münchener Altstadt, damit wir den klassischen Schäfflertanz aus einem gutgelegenen Fenster sehen könnten? – Von Tölz aus machten sie nicht nur Spaziergänge, sondern schon richtige Ausflüge mit uns; ins Isartal und auf die leichteren Berge der Gegend, auf den Blomberg, wo man Milch im Blomberg-Häuschen trank. War es nicht auch ein Kinderfräulein, das uns auf den Friedhof führte, als der Bäckergeselle im Klammerweiher ertrunken war? Der Herzschlag hatte ihn getroffen, weil er direkt nach dem Mittagessen ins Wasser sprang – wie man uns warnend vermeldete. Nun lag er wächsern zwischen den weißen Blüten und wir entsetzten uns vor ihm. Ja, es muß die bürgerliche Düsseldorferin gewesen sein, die uns diese schauerliche

Sensation verschaffte. Der Bäckergeselle trug ein schwarzes Tuch über dem Mund – weil er so gedunsene Lippen hatte, erklärte man uns. Ich glaube, daß wir noch mehr Staunen als Furcht empfanden. Das Unvorstellbare – der Tod – wird durch den Anblick einer Leiche nicht um einen Grad plausibler oder glaubwürdiger. Die sind schon so fremd, die da zwischen den Blumen liegen, so weit entfernt, nichts mehr haben wir mit ihnen zu schaffen. – Übrigens habe ich seitdem nur noch einen einzigen Toten gesehen; es war eine Lehrerin, Fräulein Zumbusch, die in dem Internat starb, auf dem ich war. Meine Gefühle, als ich an ihrer Bahre stand, unterschieden sich nicht so sehr von denen, die ich am offenen Sarge des Tölzer Bäckergesellen empfand. Durch den Anblick der wächsernen Puppen wurde meine Beziehung zum Tode nicht beeinflußt, soweit ich es feststellen kann. Daß *wir* einmal so daliegen werden, vermag unsere Phantasie sich nicht vorzustellen.

Ein großes und schweres Kapitel wäre über die *Angst* zu schreiben, von welcher das Kind nachts, und nicht nur nachts, angepackt wird. Sicher ist mir, daß in diesen schauerlich tiefen Ängsten atavistisches Sich-Erinnern an Zustände des Grauens liegt, die in frühen Menschheitsepochen mit den Zuständen der Lust und Beutegier abwechselten. Die Angst-Masse, die wahrscheinlich gleichsam die unterste Schicht jeder kindlichen Seele bildet, reagiert nicht so sehr auf den Gedanken des Todes – der für das Kind mehr unfaßlich und einfach unglaubwürdig, denn fürchterlich ist – als auf das Geheimnis des Lebens selber, das uns zum Beispiel aus der Dunkelheit so lautlos-deutlich ansprach und entsetzte. So abgrundtief könnte unsere Angst bei keinem Schiffsuntergang und keiner Geistererscheinung mehr werden, wie jene, mit der wir, sechs-, acht- oder zehnjährig, den Geräuschen der Dunkelheit nachhorchten, wenn wir einschlafen sollten. Hat da nicht etwas geknackt? Die Pein, mit der sich unser Herz bei diesem Knacken zusammenzieht, kommt aus tieferen Gründen unseres Wesens als alle Beteuerungen der Not oder der Liebe, die wir seitdem gestammelt haben. Denn diese Pein bedeutet: wir sind ausgesetzt in eine Schöpfung, von der wir nichts wissen; die Laune eines grausamen Sturmes kann den Planeten zerschmettern, auf dem wir uns regen; aus dem Dunkel kann der Böse Geist treten und uns auslöschen oder uns forttragen; wir sind nichts, wir sind alleine mit dem Geheimnis – alleine mit dem Geheimnis – nur die Angst ist mit uns – wir, allein mit der Angst –

Sehr gräßlich war auch das Erschrecken über das eigene Spiegelbild, besonders wenn es uns nicht aus der Klarheit eines gerahmten Spiegels, sondern trübe und verschwimmend aus einem abendlichen Fensterglas entgegenschaute. Die Angst vor der Spaltung gehört zur Angst vor der Einsamkeit und vorm Dunkel. Jede Schizophrenie ist im Kinde vorbereitet. Wenn ich beim Zeichnen oder Schreiben den Kopf hob und plötzlich meine eigene Stirn, mein eigenes Haar, meinen schweigenden Mund im dunklen Glas erkannte – welch eiskalte Hand preßte da mein Herz zusammen, so daß ich es knirschen hörte vor Angst. Wer ist das? Das bin doch Ich! Aber wer bin dann ich? Wo bin dann ich? Dann bin ich ja zwei ... Als Kind, allein mit seinem Spiegelbild in einem halbdunklen Zimmer gelassen, hat man alle Verzweiflungen des Irrenhauses kennengelernt.

Natürlich gab es auch greifbarere, verständlichere Beängstigungen, aber sie scheinen mir harmlos gewesen zu sein, verglichen mit den unfaßlichen. Die Angst vor dem Gewitter war manchmal schlimm – vor allem in Tölz, wo die Unwetter gar nicht mehr aufhören wollten zu toben – oder die Angst vor den bösen Männern, die sich hinter den Bäumen der Alleen versteckten, um uns mörderisch aufzulauern. Auch Träume konnten abscheulich werden, aber doch nie so arg, wie die Angst vor der Dunkelheit, wenn man wach lag. Eine Zeitlang träumte ich in Tölz regelmäßig von dem Mann, der mit dem Kopf unterm Arm, klapprig und verhüllt, auf mich zukam. Aber mein Vater hatte mir den guten Rat gegeben, ihm einfach zu sagen: «Mach sofort, daß du wegkommst. Mein Papa hat ausdrücklich verboten, daß du mich besuchst!» Ich tat es und, sieh da, er verschwand.

Am meisten von uns allen fürchtete sich Golo. Er konnte weiß, steif und stumm werden vor tiefster Angst, er schnatterte mit den Zähnen und bekam blaue Lippen. Schon als kleines Kind schaffte er sich die Gespenster, vor denen er sich recht gräßlich fürchten konnte. Das schlimmste von ihnen hieß die «Me-Me», die in der Wand klopfte und im Finstern raschelte (ich habe sie mir immer als eine Art von monströs vergrößerter Fledermaus vorgestellt). Auch die Freunde, die er sich als Umgang ersann, hatten meist nicht gerade anheimelnde Berufe. Vom «Scharfrichter Wilhelm» sprach er zwar als von einem sehr flotten und lieben Burschen, aber schließlich ist es doch auffallend, wenn ein Kind in seinen Träumen sich täglich von einem Henker zu Spazierfahrten abholen läßt. Viel später noch, elf-, zwölf- und dreizehnjährig, konnte man ihn kaum dazu bewegen, allein in ein dunkles Zimmer zu gehen, die Angst vor seinem Spiegelbild war ihm unüberwindlich; und als er schon auf dem Gymnasium war, ließ er sich noch peinlich beunruhigen, wenn ich langsam und drohend genug zu ihm sagte: «Ich bin nämlich eigentlich gar nicht der Klaus – die ganze Zeit habe ich mich verstellt – ich bin nämlich eine Hexe –!!» Dann wandte er ganz gequält das Gesicht und wimmerte: «Laß doch, laß doch nur – du weißt doch, ich *mag* das nicht –» Mir scheint, daß eben diese seine unstillbare und ständig nagende *Lebensangst* es war, die ihn später, als er sie durch stärkste intellektuelle Gaben und große Willensanspannung bändigen konnte, zur Philosophie brachte, in der sie produktiv werden durfte.

Wie wunderbar wir gespielt haben! Mit den Puppen war mehr anzufangen, als mit dem Dichter- und Komponistenquartett, dem «Villanor»-Baukasten, den Mühlesteinen oder der Eisenbahn. Beim Dichterquartett konnte man freilich, danach gefragt, ob man Schillers «Jungfrau von Orleans» vorrätig habe, mit feinstem Spott antworten: «Bedaure ganz außerordentlich – aber vielleicht kannst du mir mit Grillparzers ‹Medea› aufwarten!» – und beim Mühlespielen durfte man den Partner durch die infame Zwickmühle wahrhaftig grün ärgern; aber die Puppen wurden wirklich lebendig; das bedeutete natürlich einen ungeheuren Vorteil. Ja, Bobbelchen, Madamchen und all die anderen *lebten*, sie hatten sogar die kompliziertesten und größten Schicksale. Sie zankten sich, sie bekamen Kinder, sie erwarben Vermögen, verloren sie, unternahmen Reisen, litten an bösen Krankheiten. Sie hatten Lieblingsgerichte, so daß sie im Chore riefen: «Darum – laßt uns – Wurstbrot – schmatzen –»; einige von ihnen waren so eitel, daß man ihnen ständig neue Kostüme schneidern mußte, andere schienen boshaft und aufsässigen Charakters. – Ich weiß, daß ich mit zehn und elf Jahren noch mit Puppen spielte. Freilich wurden die kleinen Stoff- und Zelluloidgebilde selber beinahe nebensächlich, während die großen Geschichten, die sich um sie spannen, immer selbständiger wuchsen.

Dieser Kreis der Puppengeschichten stand in einem engen, wenn auch komplizierten Zusammenhang mit dem großen Spiel von «Gro-Schie» oder dem Spiel von Herrn Steinrück und Löbenzahn. – Das Spiel «Gro-Schie» bestand darin, daß unser Haus und der ganze Garten sich in einen enormen Ozeandampfer verwandelte, wobei der Garten zum Schiffsdeck, die Zimmer zu den Kabinen wurden. Die schiffstechnischen Einzelheiten dieses schönen Spiels waren angeregt durch die Lektüre eines Romans, den wir ganz herrlich fanden und fast auswendig wußten: «Kapitän Spieker und sein Schiffsjunge». So kannten wir uns aus: Unser Vater war der Kapitän, der sich selten zeigte, aber in der «Betriebskabine» alles lenkte; Mielein wurde Wirtschaftsdame und hieß feinerweise Gräfin Baudessin. Erika und Moni waren Passagiere erster Klasse, desgleichen Golo und ich. Während Erika und Moni aber eben nur einfach reisende Ladys waren, hieß ich Herr Steinrück, Golo Herr Löbenzahn, wir waren beide steinreiche Sonderlinge und miteinander befreundet. Herr Löbenzahn, wenngleich auch seinerseits reich, schrullenhaft und von großer Welt, stand doch in einem gewissen Abhängigkeitsverhältnis zu Herrn Steinrück, der sich allerlei mit ihm erlauben konnte. Herr Steinrück war Bobbelchens Vater und Bobbelchen war leichtlebig, zu Herrn Steinrücks Sorge. So verflochten sich die Puppenschicksale mit den Schicksalen der Groß-Schiff-Bewohner. Bobbelchen und Madamchen ließen sich schrecklich gehen, während Papa Steinrück seine Weltreise machte. Darüber sprach der würdige alte Millionär mit Freund Löbenzahn, wenn die beiden hochvermögenden Käuze auf Deck promenierten. Die Wiesen waren das Meer. Wenn wir vormittags spazierengehen mußten, wurde eine «Landung» eingelegt; der Wiesenweg in den Ort verwandelte sich in eine Palmenallee von Honolulu, und wir besichtigten das ehrliche alte Tölz wie Bombay.

Allen am Gro-Schie-Spiel Beteiligten wuchs eine gewisse Macht zu, die sie oft aufs unfairste ausnutzten. Dann natürlich konnte man dem anderen alles verderben, indem man plötzlich dem fatalen «Nichts-mehr-möga» (der Formel des Verkracht-Seins, die wir bei jeder Gelegenheit ausstießen) das grausam entzaubernde «Gro-Schie-aufgehoben» hinzufügte. Dann war alles zerstört. «Ach, das ist doch gar nicht Gräfin Baudessin, sondern Mielein –» sagte Erika, die uns zuweilen damit folterte, daß sie «kühl» wurde, ein Zustand von unangreifbarer Schnippischkeit und eisig höflicher Aggressivität – und sie trat höhnisch auf die Wiese hinaus, die doch das Meer war. Wie abscheulich, daß sie nun nicht versank! –

Mehrere Jahre nachher, im Sommer 1918, wurde der ganze Schicksalskomplex derer um Steinrück und Löbenzahn, sowie ihrer Kinder und Kindeskinder, aufgeschrieben – da ja immer in späteren Epochen die Mythen der Frühzeit festgehalten und literarisch verkleinert werden. Ein großer Kreis von Personen agierte mit in diesem «bürgerlichen Epos», das, einfach durch die Ausmaße, welche es annahm, etwas von einem kindlichen Familien- und Gesellschaftsroman im großen Stil des XIX. Jahrhunderts bekam. Eine wichtige Rolle spielte, neben Bobbelchen, Komischhasi, Adoptivsohn Löbenzahns, der an frivoler Genüßlichkeit dem Steinrück-Sprößling nichts nachgab (in Wirklichkeit war er ein weißes Hasenpüppchen, aus Plüsch gefertigt); oder Fritz Bremer (in Wahrheit ein Bogenhausener Bübchen, mit dem wir viel zankten und spielten), der auf folgende Weise eingeführt wird: «Zu dem engeren Bekanntenkreis Steinrücks und Löbenzahns gehörte Herr Fritz Bremer, ein beliebter Münchener Schriftsteller, der in den weitesten Kreisen als ‹Fiesefusibema› bekannt war. Es war ein reicher kleiner Herr mit Froschaugen, der immer Zylinder trug, der gut aß und immer mit einem Delikateßladen in Verbindung stand. Er hatte mehrere Romane und ein Schauspiel verfaßt, letzteres hieß ‹Die olympischen Weiber›, und er war schon immer drei Tage vorher geschminkt, wenn sie aufgeführt wurden, im Falle er sich verneigen müßte.» – Wichtig war weiterhin Herr Döl, eine recht ramponierte und zerschundene Porzellanpuppe; der III. Band, 1. Kapitel, beginnt: «Warum soll ich Tatsachen bemänteln und Wahrheiten verheimlichen? Döls Ehe mit Ria war schlecht. – Die Sache hatte gleich bei der Hochzeit begonnen. Sie aßen im Speisehaus zu Mittag. Sie bestellte eine Gans – und sie aß den ganzen Vogel. Er wurde rot vor Zorn. ‹Aber am Hochzeitstag –› dachte er, und so schwieg er. ‹Geh in die Küche und eß Weißkraut!› sagte sie herrisch. Dann ging sie. Das Geld hatte sie – so mußte er nüchtern nach Hause. Er dachte, das wären nur so vorübergehende Grillen. Aber, Prost die Mahlzeit – er hatte sich getäuscht.» – So sehen wir diese große Anzahl von Personen lieben, hassen, altern und wirklich beinah etwas wie ein grotesk primitives Schicksal erfüllen. Am Schluß, nach Bobbelchens Tod, erhebt sich Döl, der von Ria Geschiedene, zu einer festlichen Trauerrede, um so zu schließen: «Der Tod riß einen Teuren aus der Mitte seiner Freunde. Ich traure um ihn und vergoß manche Träne. Doch – stirbt mit ihm der Name Steinrück aus? Nein! Denn er hat einen gesunden Sohn hinterlassen, der jetzige Repräsentant dieser würdigen Familie. Und da auch ich die Ehre habe, in meiner Ehe mit der Baronin Lonx mit einem Sohn gesegnet worden zu sein, so besteht denn fort – Steinrück und Löbenzahn.»

Von dem Mythenkreis der Löbenzahn-Steinrück ganz unabhängig entstanden, aber durch die Puppenwelt in einer gewissen lockeren und ungenauen Verbindung zu ihm stehend, entwickelte sich die Welt der *Üsen*, deren Heldentaten und Aventüren später gleichfalls episch fixiert und in mehreren blauen Schulheften aufgeschrieben wurden, so daß die «Geschichte der Üsen» etwa der «Ilias» und «Odyssee» entspricht, wenn «Steinrück und Löbenzahn» den Platz der «Rougon Macquart» einnehmen.

Das Wort «üsis» spielte eine enorme Rolle in unserem Sprachschatz (und spielt sie übrigens heute noch). Es ist in seiner Herkunft und seiner Bedeutung nicht ganz leicht zu erklären. Ursprünglich von «putzig» abgeleitet und über «usig», «üsig» zu seiner endgültigen Form «üsis» sich entwickelnd, wurde es zunächst auf Puppen und auf Tiere angewendet. Es bezeichnet auf eine vage und zärtliche Weise alles, was ungeschickt, rührend, bemüht, großäugig-drollig, ungelenk-sympathisch auf uns wirkte. Kälber oder Füllen konnten üsis sein, Puppen oder kleine Kinder mit erstauntem, hilflosem Ausdruck im Gesicht; in seltenen Glücksfällen sogar Erwachsene. – Die Gegensatzbegriffe zu üsis waren «wuffig» einerseits, «klie-klie» andererseits. «Wuffig» waren vor allem gewisse Kinderfräuleins, etwa jene, die im Gehen strickten und dazu mundfaul schalten. Wuffig bedeutete: blasiert, «kühl», dabei aggressiv; anspruchsvoll, ja, tyrannisch auf eine gelangweilt lässige und müde Art. Wuffig im allerpeinlichsten Grade war Mademoiselei und einige ihrer Kolleginnen, die wir im Herzogpark trafen, wo sie andere Zöglinge hüteten und quälten: Fräulein Klara und Fräulein Berner. «Klie-klie» hingegen waren die Gassenbuben, die uns auf der Straße nachschrien, wenn wir zu viert, in den bunten «Künstlerkleidern» und die vielen Puppen im Arm, spazierengehen mußten. Klie-klie bedeutete etwas gellend Freches, kichernd Aufsässiges, etwas zugleich Blutrünstiges und albern Hüpfendes. Der Üsen-Geschichte großer Inhalt bestand in der heroischen Auseinandersetzung zwischen den sanften, aber tapferen Herrschern der Puppen, Tiere und frommen Menschenkinder und dem amazonenhaften Weiberstaat der wuffigen Fräuleins, die mit den springenden, boxenden, pfeifenden Klie-klies eine unmoralische, ja obszöne Koalition eingegangen waren. Der Kampf dauerte durch viele Generationen, das Glück schwankte, viel Blut mußte fließen. Die Üse-Könige lösten einander ab: von König Motz, der etwa Karl dem Großen entsprach, über die Monarchen Plisch und Tschu-tschu (in den Augen der gemeinen Erwachsenen Lieblingshunde von Großmutter Offi) bis zu König Bauschan, der letzten, schon müden, todgezeichneten Majestät des edlen und empfindlichen Volkes. Rang nicht König Plisch mit Fräulein Klara wie mit der Penthesilea Achill? Verrätereien geschahen, manche Puppe spielte doppeltes Spiel. Am Ende standen die Üse-Leute zwar als die geistig-sittlich Überlegenen, keineswegs aber als die triumphalen Sieger da. Nicht umsonst hatten sie alle einen so melancholischen Zug um die Augenbrauen. Eben dieser weltfremde Zug machte sie adlig.

Ehe ich schreiben konnte, zeichnete ich: all diese steifen, eckigen Männerchen, mit Federhüten und Degen, die Arme ausgereckt, merkwürdige Raubtierzähne in einem quadratisch aufgerissenen Maul: wie viele Hefte und Notizblocks finde ich mit ihnen angefüllt. –

Meine ersten Gedichte machte ich mit Erika zusammen. Wir schrieben sie säuberlich ab, malten was Phantastisches drum und legten sie unserem armen Vater morgens unter die Serviette. Wenn er sich zum Frühstück niedersetzte, fand er, nahe seinem Eierbecher, Balladen von dieser Art:

«Der böse Mörder Gulehuh,
Der jagte eine bunte Kuh.
Die bunte Kuh, die sträubt sich sehr,
Der Gulehuh kriegt das Messer her.

Er haut der Kuh das Köpfchen ab,
Der Bauer kommt dabei im Trab.
Er hat den Gulehuh eingefangen,
In drei Tagen soll er am Galgen hangen.
Da weint der Mörder Gulehuh,
Da weint er sehr und schreit huhu –
Ich wills gewiß nicht wieder tun,
Um Gottes will'n, verzeiht mir nun!» –

Und dann sollte einem das Frühstück noch schmecken.

Diese Romanze sowie auch die vom schönen Jüngling Sündebab, der am Montag seine Hab verlor, muß ich in meinem ersten Schuljahr, sechsjährig, mit Erika gedichtet haben. Bald machte ich mich selbständig. In schärfstem Tempo entstand jene Fülle von Dramen, Romanen, Skizzen und Balladen, die ich mir fast alle aufgehoben habe und deren Masse mich so erschreckt. Was ich mir nicht alles habe einfallen lassen! Welch absurde Menge von weithergeholten, lächerlichen Stoffen, die mich nichts angingen, und aus denen ich schnell, schnell, schnell eine Tragödie, eine Zauberposse nach der anderen fabrizierte.

Das Bedürfnis zu schreiben stellt sich ein, ehe ein Inhalt da ist. Der schriftstellerische Trieb wirkt als Selbstzweck, ohne Zusammenhang mit einer moralischen oder sonst persönlichen Problematik. Zu bekennen gibt es noch nichts (oder wenn es etwas gibt, bleibt es doch unaussprechlich; gerade für die frühesten Abenteuer wird man erst viel später Ausdruck haben): daher dieses endlose Ins-Blaue-hinein-Erfinden. – Wenn ich also gelegentlich geäußert habe, niemals hätte ich Geschichten «erfunden», war das gelogen – oder vielmehr: erst von meinem fünfzehnten Jahr an wird es wahr. Bis dahin habe ich mir Hunderte von Geschichten einfach ausgedacht und aus den Fingern gesogen.

Eines der ersten Dramen nennt sich «Der gute Sohn». Die Titelseite lautet: «Klaus Manns sämtliche Werke. 1. Band. Dramatisches. In größter Liebe und Verehrung meiner Mutter gewidmet. – Dieser Band enthält nicht alle Stücke. Außerdem gibt es noch: Prinz Kuno; Asma die Magd; die mißlungene Rettung und Ritter Egmont.» Das Personenverzeichnis lautet: «Gräfin Berta von Adel. Hochgewachsen, blond; mit etwas zartem, nervösem im Wesen. Blaue Augen. – Marta Eiber, ihre Waschfrau. Eine große, knochige Person mit dünnen, fettigen Haaren, unruhigem Blick und grünen Zähnen. – Martin Eiber, ihr Mann, groß, schwarz, wulzige Lippen, starke Farben. – Johann Eiber, ihr Sohn, ebenso wie Martin, mildere Farben. – Marianne, Frau aus dem Volk, klein, dick, schwarze Bluse, blauer Rock, große rote Nase und stumpfsinniger Blick. – Renette, Jungfer der Berta, klein, mager, schwarz, schnippisch. – Der Wärter, ein Durchschnittsmensch. – Der Polizist, ein Durchschnittsmensch. – Volk.»

Auffallend ist, wie viel in den Romanen von Geld und wie wenig von Liebe die Rede ist. In «Heinrich und Alise Walter», der Geschichte des armen Musikus, der das Töchterlein des hartherzigen Millionärs heiratet, heißt es, da Alise und Heinrich sich im Hofgarten finden. «Ich will den Leser nicht langweilen mit all den süßen Worten, die die beiden wechselten, ich will nur sagen, daß einmal wieder die Freude im Herzen dieses armen, schwergeprüften Mannes einzog.» Hingegen ist von den Schulden, welche die zwei in Rom und anderswo machen, detailliert die Rede, und da Alise stirbt, wird von der Krankenhausrechnung mehr Wesens gemacht, als von dem Verlust ihrer Person. Herr und Frau Dingers, die Millionärseltern und personifizierten Scheußlichkeiten, ruinieren das Lebensglück des jungen Paares vor allem durch totalen Geldentzug. – Einen Zyklus von Schulnovellen nenne ich, großväterlich-behaglich zurückblickend:

«Kleine Geschichten aus meiner Jugend» (zehnjährig!); während eine romantische Geschichte, «Das Stift des Herrn Trabs», ganz im Stil der Tieck und Hoffmann, beginnt: «Ich weiß nicht, wie es kommt, aber immer, wenn ich an dem ‹Stift für die Armen› in Nürnberg vorbeikomme, ergreift mich immer eine große Neugierde, wie und wieso dieses Werk wohl entstanden sein möge.»

Die Beziehung des Kindes zur Umwelt ist unverbindlich, locker und phantastisch. Sie ist mehr durch seine Träume, durch das, was es liest oder was man ihm erzählt, bestimmt, als durch vitale Gefühlstatsachen. Die wichtigste Bindung fehlt, die erotische. (Sie fehlt nicht, aber sie bleibt latent.) Bis zu meinem zwölften Jahr habe ich kein sexuelles Interesse an irgendeiner bestimmten Person genommen; oder vielmehr: dieses Interesse blieb völlig den geheimen Schichten des Unterbewußtseins verhaftet, es bildete sich aus ihm kein Gefühlsaffekt, keine sentimentale oder grausame Neigung. Die erste Wollust, die ich erfuhr – übrigens eine reine Gemütswollust, ohne jede physische Reaktion –, kam mir aus gewissen Träumen vorm Einschlafen, bei denen ich mir vorstellte, daß ein Junge etwa meines Alters von Räubern oder von einem schrecklichen Lehrer gefesselt und vor meinen Augen mißhandelt werde, bis ich mich aus dem Hinterhalt rettend nahte, den Gemarterten zu befreien. Die schluchzende Dankbarkeit, mit der der Blutende mir in die Arme sank, machte, daß mein Herz in süßen und gerührten Schauern sich krampfte. Übrigens bezogen solcherlei Wunschträume sich niemals auf bestimmte Objekte, vielmehr blieb das Antlitz des zarten Märtyrers verwischt, nur sein gepeinigter Körper lebte.

Noch die Beziehung zu den Eltern – doch eigentlich die natürlichste, ursprünglichste, stärkste – ist merkwürdig durchsetzt von rein Gewohnheitsmäßigem und Eingelerntem; ist ohne Bewußtsein und deshalb ohne Elan. Manchmal, abends, beim Gutenachtsagen, erwacht eine echte, wilde und süße Zärtlichkeit für die Mutter; tagsüber und für gewöhnlich ist es gut und selbstverständlich, daß es sie gibt, aber wie unheimlich kühl, fremd, ja gehässig steht man oft ihren Kümmernissen und ihrem pädagogischen Zürnen gegenüber.

Erst viel später merkt man, mit wie sanfter und geheimnisvoller Macht sie hinter und über dieser ganzen kindlichen Landschaft herrschend steht. Trotz der nervösen Scheindiktatur des Kinderfräuleins, trotz der spielerisch angebeteten Üse-Hunde und -Puppen: *sie* regierte. Immer, wenn ich mir den Garten von Tölz vorstelle, sehe ich ihr buntgesticktes Kleid zwischen den Bäumen auftauchen. (Sie hatte, schien uns, unendlich viele buntgestickte Kleider; wir nannten sie die bulgarischen oder rumänischen.) Ich sehe sie, wie sie uns das Butterbrot und den Apfel um zehn Uhr vormittags als zweites Frühstück auf den Spielplatz brachte. (Das Butterbrot vormittags im Garten, wenn man Hunger hatte, schmeckte vollkommen anders als das morgens beim ersten Frühstück; es schien wirklich ein anderes Brot.) Wir gingen Beerensuchen mit ihr, Brombeeren, Himbeeren, Erdbeeren im Wald; sie und Erika hatten immer zuerst das Töpfchen voll, während ich auf einem Baumstumpf saß und Geschichten schwatzte. Überall finde ich sie, wo ich hinsehe. Sie las uns vor, ihre Stimme höre ich immer ein wenig mit, wenn ich an die großen Geschichten der deutschen Romantik denke, ans «schöne Annerl und das brave Kasperl»; an die unergründlich schöne Geschichte vom «Blonden Eckbert» (heute fühle ich noch das Grausen, das uns über den Rücken lief, wenn der unheimliche Geselle plötzlich den vergessenen Namen jenes Hündchens wußte und so bedeutungsvoll nebenbei bemerkte: «Ich kann es mir recht vorstellen, wie Ihr das Hündchen Stromi füttert ...»). Oder an den «Goldenen Topf» oder den «Taugenichts».

Unser Vater war zurückhaltender und kam mit unserem Alltag weniger in Berührung. Dafür hatte er eine noch stärkere suggestive Kraft, wenn er das Wort an uns richtete oder eine Unternehmung (etwa einen Theaterbesuch) persönlich leitete. Seine Aussprüche wurden uns schneller zu klassischen Zitaten, weil sie seltener waren. So reichte er einmal Erika – *nur* Erika – bei Tisch eine Dattel, wobei er diese gräßliche Willkürlichkeit uns gegenüber erklärte: «Es ist nur gut, wenn ihr euch rechtzeitig an Ungerechtigkeit gewöhnt –» eine Bemerkung, die wir verblüffend frivol und zugleich beherzigenswert fanden.

Während Mielein das meiste konnte, verstand er sich nur auf einiges, darauf aber dann gleich derartig gut, daß eine Legende draus wurde. Zum Beispiel wußte er mit kleiner Gabel auf einer Untertasse Eidotter so perfekt zu schlagen, daß sie ganz steif wurde, und verfügte über eine Fähigkeit, uns auf der Wiese mit dem Gartenschlauch anzuspritzen, die ihn ganz einfach zu einem Meister in dieser Branche machte: zwei Fertigkeiten, zu denen man, wie er sagte, vor allem der lockeren und leichten Hand bedürfe. Auch besaß er die Gabe, uns die großen Tölzer Spaziergänge, die wir eigentlich gar kein bißchen mochten, reizvoll und neu zu machen, indem er sie märchenhaft umstilisierte. Er sprach vom Siebenmeilenwald und allerlei zauberischen Wiesen, wenn wir den altgewohnten Gang, am Zwickerbauern und der Villa des Handschuhmachers Roeckl vorbei, absolvieren mußten. – Im übrigen blieb er meist in seinem Arbeitszimmer, das wir kaum betreten durften. Wir wurden angehalten leise zu sein, und vergaßen wir es, mahnte uns das trokkene Räuspern, das wir hinter der geschlossenen Tür hörten. In sämtlichen Alltagsfragen war Mielein zuständig; so war Mielein gewissermaßen mächtiger als er. Andererseits empfanden wir ihm gegenüber eine viel tiefere Schüchternheit. Gegen Mieleins Entschlüsse oder Befehle gab es immerhin die innere Möglichkeit einer Auflehnung, einer Rebellion. Er war aber die letzte Instanz. Irgendwo ist kein Einspruch mehr möglich.

Was gibt es noch außer den Eltern, den Kinderfräuleins, den Mädchen, Puppen, Hunden und Büchern? – Es gab zum Beispiel das großelterliche Haus in der Arcisstraße, wo Offi und Ofei – Mieleins Eltern – residierten. Wir aßen dort jeden Sonntagmittag, solange wir in der Stadt waren, und blieben über einen langen Nachmittag bis zum Tee. Der Hausmeister hieß Herr Hacker, war kahlköpfig und ziemlich wichtig. Mit seiner Tochter Lisbeth konnte man nachmittags im Garten spielen. Bei Offi und Ofei lagen gestickte Seidendeckchen, die in Form und Muster Stiefmütterchen glichen, unter den kleinen Glastellern, von denen man das Gefrorene aß. Das Haus war groß und ungeheuer prachtvoll, angefüllt von Teppichen – die nicht nur auf dem Boden lagen, sondern auch an den Wänden hingen –, Silbergerät und bunten Krügen und Tellern, die in der Halle und im Speisesaal an den Wänden auf Regalen standen; sie hießen die Majolikasammlung, und es war unser Angsttraum, daß wir ihrer einen aus Ungeschicklichkeit oder plötzlichem Wahnsinn eines Tages zerschmettern würden. Ofei war scherzhaft und sehr mächtig auf allen Gebieten; Offi war schön, trug graue Rokolöckchen an den Schläfen und stand an allgemeiner Macht kaum hinter Ofei zurück; sie scherzte auch, aber anders, und wußte genau Bescheid in unseren alltäglichen Angelegenheiten, ob wir bös oder etwas braver gewesen waren, ob man uns tadeln oder belobigen mußte (was unser Vater und Ofei eher vergaßen, so daß sie willkürlich reizend oder knurrig mit uns verfuhren).

Die Arcisstraßen-Sonntage waren ein sehr wichtiger und glänzender Lebensbestandteil, gar nicht wegzudenken. Wenn man zu Fuß von Bogenhausen bis zum Offi-Ofei-Haus ging, dauerte es eine Dreiviertelstunde und war etwas langweilig, vor allem in den steifen Matrosenanzügen. Die letzten fünf Minuten des Weges machte uns der Vater schmackhaft und erregend, indem er uns in einem zugleich behaglichen und spannenden Ton die Ankunft vorweg schilderte:

«Ja, jetzt sind wir gleich da – dann steht der Herr Hacker vor der Tür – und sagt: ‹Da sind ja die Herrschaften!›» (Immer in gleichem Rhythmus und dem gleichen Stimmtonfall vorgetragen.) – In Offis Garten wurden Spiele gespielt, die nur diesem Orte vorbehalten waren und sonst nirgends «galten»; zum Beispiel das grausig hübsche Spiel von der Hexe, die um sieben, acht und neun Uhr *noch* nicht da ist, aber um Mitternacht hinter Ofeis rotem Maschinenhäuschen hervorspringt, so daß man aufkreischen und fliehen muß. – In diesem Garten waren zwei Brunnen. Einer von ihnen hatte einen Laubfrosch, der Wasser spie. In einem Gerätehäuschen roch es so wundervoll kellrig-muffig wie nirgends sonst. In einem Raum, der früher Billardzimmer gewesen war, verwahrte Offi Teegebäck in Blechbüchsen. – Oh, lange Nachmittage, voll Trägheit und geheimnisvoller Unterhaltung, wie steigt ihr auf! Wie steigt ihr auf, daß ich euch riechen und hören kann und eure zärtliche Langeweile wieder spüre, die wir uns mit tausend Gestalten bevölkerten – so daß ich ganz merke: Ihr seid unvergänglich. Irgendwo lebt ihr weiter. – Saßen wir nicht in dem Nähstübchen eines sehr netten Zimmermädchens (Geruch des Nähstübchens – unvergänglich), wo wir Figuren aus dem weißen Papier schnitten und aus den Modejournalen die Modelle übertrieben abkonterfeiten, was wir «Modenspott» nannten? – Offis Toilettezimmer mit den großen Spiegeln, wo wir uns um fünf Uhr versammelten, um für den Tee gekämmt zu werden. (Geruch von Offis Toilettezimmer.) – In Offis Garten hatten die Vögel eine ganz bestimmte, melancholisch-vergnügte Art zu singen. Immer, wenn ich Vögel in einem Stadtgarten singen höre, dessen geschickt arrangierte Bäume die angrenzenden Häuser zwar nicht sehen, aber doch ahnen lassen, werden all diese Sonntagnachmittage mir gegenwärtig.

Zu den «Arcissi»-Leuten gehörten auch noch die «Onkels», Mieleins Brüder. Andererseits gab es die «Mannschen» Verwandten: Omama, die in kleinen Pensionen oder auf dem Lande lebte und uns zu Tees mit vielen Eierbrötchen, Kuchen und ein wenig Natron als Dessert einlud; Tante Lula mit dem dazugehörigen Onkel Jof, die wir als übermäßig fein, zart, streng und etwas affektiert empfanden; und den munteren, jungen Onkel Vicko, der am Pianoforte «Marienkäferchen» in lübeckscher Mundart sang und voll kräftiger

Scherze steckte. An eine Kinderbegegnung mit Onkel Heinrich Mann kann ich mich nicht erinnern; ebensowenig an Tante Carla, deren pathetisch schönes und schwärmerisches Antlitz ich immer nur von Fotografien kannte. Ihr katastrophales Ende geschah in einem zu frühen Jahre, als daß wir es verstanden hätten. Man sagte uns, Tante Carla, die nur einige Male bei uns gewesen war, sei am Herzschlag gestorben.

Es gab die Berliner Verwandten, bei denen wir einmal – in ganz grauer Vorzeit, etwa 1910 oder 1911 – zu Besuch waren: Tante Else, Offis Schwester, mit Onkel Hermann Rosenberg, Bankdirektor, verheiratet, von dem ich *alles vergessen* habe bis auf ein würdevolles Stück weißen Backenbarts, der sich über einen Teller mit Pastete neigt. – Es war unsere erste größere Reise, und sollte übrigens auf ziemlich lange Zeit unsere einzige bleiben. Ich kann mich nur noch an ein offenes, helles, langgestrecktes Taxi erinnern, in dem wir zur Bahn fuhren; daß ich etwas geweint habe und mein Vater mich fragte: «Wärst lieber daheimgeblieben?» (Ich kann noch nicht älter als fünf Jahre gewesen sein, da ich ja noch nicht die Schule besuchte.) – In Halle soll ich den Kopf aus dem Coupéfenster gesteckt haben, um, den rußigen Bahnhof wohlgefällig musternd, zu äußern: «Eine *schöne* Stadt ist Halle.» Das Rosenbergsche Haus am Tiergarten gab dem Pringsheimschen an Pracht nichts nach – wie uns schien; nur daß die bunten Teller und Krüge fehlten. Ich finde beinahe nichts mehr über diesen ganzen Aufenthalt in meinem Gedächtnis. Außer Tante Elschen, die sehr klein war und tagsüber einen blau-samtenen Schlafrock trug (wenigstens in meiner Erinnerung tut sie das), gab es noch verschiedene andere jüngere Tanten, die sehr lustig und großzügig mit uns waren; einen jungen, bleichen Onkel, der einen gräßlich gefährlichen, schmalrückigen, weißen Hund mit sich führte; und im obersten Stockwerk des Hauses Urmiemchen, Hedwig Dohm, Offis Mutter, die Urgroßmutter, der Anfang von allem – von deren Blick oder Stimme ich, bei allem Suchen, keine Spuren mehr in mir finde. – In Berlin wurde um vier Uhr ein «Frühstück» und abends die Hauptmahlzeit genommen, was wir grenzenlos elegant fanden, weil bei uns um halb zwei Uhr warm zu Mittag und abends nur geringfügig gegessen ward. In Berlin gab es auch eine schwarze Kutsche mit zwei blanken Pferden; wir fuhren auf dem

Asphalt der Tiergartenstraße und der Siegesallee spazieren (es ist dieselbe Tiergartenstraße, dieselbe Siegesallee nicht mehr, die ich heute kenne). – Von dem ganzen Aufenthalt ist mir nur noch ein Augenblick wirklich lebendig; dieser wird merkwürdigerweise nicht von einem der Berliner Verwandten, sondern von meinem Vater beherrscht, der die Perspektive durch den Speisesaal und einen Salon in den Garten genoß und wohlgefällig äußerte: «Dieses ist doch entschieden ein sehr herrschaftlicher Durchblick.» (Salon, Speisesaal und Garten sind meinem Gedächtnis entschwunden, aber der Tonfall dieser Bemerkung ist mir genau im Ohr.)

Ehe man in die Schule kam, gab es außer Eltern, Anverwandten und Hausgenossen eigentlich nur noch ein paar Elternfreunde, die Hausärzte und den Zahnarzt (abgesehen vom Kaminkehrer, dem Briefträger, den Lieferanten). Der Arzt in München hieß Doktor Rommel, auch von seinem Gesicht sehe ich nur ein Stück schwarz glänzenden Schnurrbarts mit einem festen, munteren Kinn darunter, und ich höre seine saftige Onkel-Doktor-Stimme, mit der er stets behauptete, die Medizin sei «ganz delikat», die er verschrieben, und: «Das Kindel freut sich wie toll» (wenn man eigentlich ganz nahe am Weinen war). Doktor Resch in Tölz hatte einen reizenden, hellgelben, kleinen Wagen mit braunem Pferd, so daß man manchmal mit ihm spazierenfahren konnte; im übrigen war er so flott, daß er den Eltern statt zu Rizinus zu einer gewissen Medizin riet – «mit einem spanischen Röhrerl drin». – Am originellsten und lustigsten war Zahnarzt Doktor Ceconi, der Italiener (verheiratet mit Frau Ricarda Huch), dessen witzige Physiognomie unter kahlem Schädel ich in meiner Erinnerung nicht von der Olaf Gulbranssons unterscheiden kann (ich glaube aber gar nicht, daß sie sich wirklich ähnlich sahen). Er war es, dem ich in die Hand biß, als er sich mit dem Bohrer meinem Backenzahn nähern wollte, so daß er mich in seinem Grimme einen «ganz gewennlichen Lausbub» hieß.

Die Freunde der Eltern mochten wir größtenteils sehr gern, denn sie brachten Geschenke und Sensationen mit; am liebsten zwei, die inzwischen auch für uns Freunde geworden sind: den Bruno Frank und den Hans Reisiger. Bruno Frank kam mit prachtvollem Spielzeug für uns angereist, schlief morgens bis elf, was wir als phantastisch-königlich empfanden, zeigte sich uns in einem luxuriösen Bademantel, und nachmittags, während die Eltern «Liegekur» machten, trug er uns sogar Gedichte vor. Er wählte altbewährte, glänzende Stücke wie «Des Sängers Fluch» und den «Zauberlehrling»; wir erstarben vor staunender Seligkeit, weil er so dröhnen und so säuseln konnte. (Seine eigenen, so liebenswerten Gedichte lernten wir erst wesentlich später kennen.) – Mir kommt vor, als sei Hans Reisiger bei uns in Tölz immer mit weißen Tennishosen und einem ganz braun gebrannten Gesicht erschienen. Da wir wußten, daß er so gut Ski fuhr, fanden wir es über die Maßen ehrenvoll, mit einem richtigen Sportsmann um die Wette zu laufen und schwimmen zu gehen.

Von einem trockenen, lahmen und dabei grausamen Humor war Onkel Richter, ein langer Geselle, der mit englischem Akzent sprach. Aber auch er gehörte zu den bevorzugten Gästen, da er das erregende und kitzelige Spiel des «Schlachtens» mit uns aufführte: er streckte uns auf einen hölzernen Tisch am Spielplatz und zückte ein fingiertes Messer gegen unser Eingeweide, so daß man furchtbar kreischen und sich krümmen konnte.

Ja, es gab so vielerlei Spaßhaftes und Spannendes, daß bei uns wirklich kein Bedürfnis bestand, auf die Schule zu kommen, um auch noch schreiben und rechnen zu lernen, Künste, ohne die man doch gewiß famos auskommen würde. Einmal mußte es aber doch sein. Erst hatte Erika ein Jahr lang Privatstunden mit einem schwerfällig-stattlich schönen Zwillingsgeschwisterpaar, das baltisch sprach; dann kamen wir zusammen auf das Institut des Fräulein Ebermayer, eine sehr feine, strenge und dabei etwas muffige kleine Anstalt. Dort war auch Ricki, den wir schon seit ein paar Jahren kannten. (Er war das erste fremde Kind, mit dem wir überhaupt spielten, denn er besuchte uns, kaum daß wir in die Mauerkircherstraßen-Wohnung gezogen waren, weil seine Eltern um die Ecke ihr Haus hatten. Sein Kinderfräulein wurde Löffel genannt und plauderte mit Mademoiselei oder Betty-Lilie, welche nun gerade am Regiment war. Wir spielten zunächst etwas störrisch miteinander, weil es doch eine von den Eltern befohlene, nicht spontane Sache war. Nach und nach ging es schon besser.) – Den langen Schulweg durch den Englischen Garten bis nach Schwabing (wo Fräulein Ebermayer wirkte) machte eine ganze Gruppe von Herzogpark-Kindern gemeinsam: Gretel Walter, wir, Ricki, die hübschen Söhne und das schnippische Töchterlein des Generals Krafft von Delmensingen – und andere mehr. In der Klasse gab es Jungen und Mädchen; Fräulein Ebermayer sagte: «Ihr eggelhaften Kinder, ihr eggelhaften», wenn man in der Nase bohrte; wenn man ungezogen war, gab es Tatzen, aber wenn man gelogen hatte, wurde man nur traurig angesehen. – Sicher ist es ein elterlicher Fehler, Kinder auf so herrschaftliche Extraschülchen zu bringen; ich habe die Atmosphäre in den dunklen, feinen Räumen der Ebermayer viel zankerfüllter und gehässiger in Erinnerung als die irgendeiner ordinären Penne.

In dem Jahre, als wir auch einige Winterwochen in Tölz verbrachten, mußten wir dort einen Hauslehrer haben. Es war ein sehr lieber und zarter junger Mensch mit Bubengesicht und einer Stimme, die sich noch leicht überschlug. Er hieß Lehrer Burkhardt und unterrichtete in der Dorfschule. Wenn man ihn ärgerte, drehte er sich auf dem Absatz wie ein Tänzer, was wir sehr niedlich und ergötzlich fanden. Hingegen konnte er uns einen Schreck einjagen, indem er sagte: «So, wenn du heute wieder nichts kannst, sitzt du mir morgen früh in der Volksschule, und die Buben lachen dich aus.» – Er seinerseits war so ängstlich, daß jeden Morgen Motzens Gebell ihn am Eintreten hinderte. «Die Hund' fürcht' i nämlich –» sagte er mit seiner Stimme, die sich überschlug.

Wie schwer fiel uns der Abschied von Tölz und was empfanden wir, als fremde Leute in unser Haus mit dem Gockelhahn zogen? Die Eltern müssen traurig gewesen sein; wir nicht so sehr; denn nun begann ja was Neues. Im Sommer 1918 mieteten wir ein Haus in Abwinkel am Tegernsee (es war das Defregger-Haus). Der See war eine ganz neue Sensation, viel gefährlicher und schöner als der Klammerweiher. Wir wären mehrfach um ein Haar ertrunken – vor allem ich, der immer noch nicht richtig schwimmen konnte.

Aber ich greife vor. Die Jahreszahl 1918 steht verfrüht da. Zwischen dem Eintritt bei Fräulein Ebermayer und dem Verkauf des Tölz-Hauses liegt zu viel.

Was kann man festhalten von diesem inhaltsreichen und ereignislosen Leben der ersten zehn Jahre? So wenig, beinah nichts ist deutlich zu machen. Alle Kindheiten sind einander zu ähnlich und sind zu verschieden voneinander. Das Tatsächliche wiederholt sich, und die

Essenz der Tatsachen, ihr mythischer Gehalt bleibt fast unerzählbar wie ein Traum. – Weihnachten, erster Theaterbesuch: wie oft hat man dergleichen zu schildern versucht, und wie aussichtslos ist es, die *wirkliche* Erschütterung dieser großen Abende fühlbar zu machen. Die Zerknirschtheit und die gallenbittere Reue, in der immer noch Aufsässigkeit tobt, nach den großen Ungezogenheiten, wenn sie aufgekommen sind, und einen völlig mit der Welt der Erwachsenen entzweit, einen schauerlich isoliert haben. (Unvergeßliche schreckliche Tage, als Erika, die eine Bonbonniere der Eltern leergegessen hatte, durch unbarmherziges Lügen alle Möglichkeiten der Versöhnung trotzig zerstörte und, mit zusammengebissenen Zähnen und verfinsterter Stirn, ständig leis vor sich hin lügend, so weit in das Land der Bösheit sich hinüber entfernte, daß sie sogar unseren Blicken zu entschwinden drohte.)

Wohl kann ich erzählen, daß wir uns «Sammlungen» anlegten – Stöckesammlungen, Säftchen-, Schachteln- und Etuisammlungen –, aber wie schildern, mit welch eifersüchtiger Liebe wir sie hüteten? Wir verwahrten sie im «Hüttchen» des Tölzer Gartens, einem Holzschuppen, der in zwei Räume eingeteilt war, wo wir uns mittels Reklamebilder und kleiner Fußschemel eine Gemütlichkeit herstellen konnten, die fremdartiger und schöner war als die unseres Spielzimmers. Entsetzliches Toben der Rachsucht in unserem Herzen, als eines der barbarischen Kinderfräulein die ganze Etuisammlung samt den einfach unersetzbar köstlichen Tapetenmustern in den Herd gefeuert hatte, so daß sie verbrannte. Nie wieder kann man uns so ungerecht, so roh verletzen, nie wieder werden wir so bitter-wollüstig im Übermaß der angetanen Schmach und Schande schwelgen.

«Von so Verlorenem etwas auszusagen» – schöne, fast vergebliche Bemühung. Ich banne nicht mehr den Trotz, nicht mehr die Süße. Aber ich spüre, daß in einer unvergänglichen Landschaft – zu der ich nur in *diesem* Leben den Zugang nicht mehr finden darf – Erika und ich weiter auf einem Teppich nebeneinander auf dem Bauch liegen und in ein buntes Buch schauen, dessen Bilder ich heute nicht erkenne, aber vielleicht einmal wieder so klar und hübsch sehen werde wie damals.

Zwei große Abenteuer

Es wird eine höchst schwierige und heikle Aufgabe sein, die Größe und Wichtigkeit der Eindrücke, welche *der Krieg* für das acht- bis zwölfjährige Kind mit sich brachte, richtig einzuschätzen und sie zu definieren: es waren ja scheinbar Eindrücke der äußerlichsten Art; von einer derart sensationellen Äußerlichkeit, daß sie sogar dort noch beinahe den Charakter einer Lustbarkeit annahmen, wo sie doch eigentlich entschieden von katastrophalem Ernste waren; und ich weiß gar nicht, bis zu welchem Grade es gelingen kann, aufzudecken, wo das Kind dies Ungeheuerliche der Jahre, während derer es aufwuchs, dann doch in einer geheimeren und dunkleren Sphäre seines Wesens wirklich begriff oder wenigstens ahnte, während es nur auf den Jux und die ferienhafte Unordnung, die das Ungeheuerliche eben mit sich brachte, zu reagieren schien. Ich werde mir Mühe geben, genau zu sein. Aber ehe ich dazu komme, will ich von zwei großen Abenteuern erzählen, die in unserem Leben den Krieg gleichsam flankierten; das heißt: eines stand ungefähr an seinem Anfang, das andere an seinem Ende, und beide waren für uns so eminent eindrucksvoll, daß sie den Krieg (der uns mehr eine Angelegenheit der Eltern oder der Deutsch- und Geschichtsstunden bedeutete als eigentliche Realität) an finster-blutigem Licht überstrahlten.

Die Blinddarmentzündung der kleinen Monika bedeutete nur einen Auftakt; als wenige Wochen später Golo (sechsjährig) dieselbe Krankheit hatte, kam es uns schon so vor, als wenn ein Verhängnis über unserer Familie schwebte; (etwa wie über Deutschland das Verhängnis des Weltkrieges; aber da unseres ein privates und also reales Verhängnis war, wirkte es wahrhaft erregend, im Gegensatz zum anderen, das kollektiv, abstrakt und «erwachsenes» Gesprächsthema schien).

Golo und Moni waren gerade erst aus Geheimrat Kreckes chirurgischer Klinik in Nymphenburg entlassen, als ich hingeschafft werden mußte. Bei meinen Geschwistern war der Krankheitsverlauf einfach und ohne Komplikationen gewesen. Daß ich aber in der sanft federnden Dunkelheit des Krankenwagens so ungeheuerlich starke Schmerzen hatte, lag daran, daß in meinem Leib ein «Durchbruch» stattfand; der Eiter drang in die Bauchhöhle; man hatte die akute Entzündung zu spät konstatiert; ich war in Lebensgefahr.

Man muß mich auf einer Bahre aus meinem Schlafzimmer geholt und die Treppen hinunter in das Automobil mit dem Roten Kreuz gebracht haben; aber an diese Szene finde ich keine Erinnerung mehr. Ich höre den Laut nicht mehr, mit dem die Tür dieses Wagens schloß wie ein Sargdeckel, aber dafür spüre ich den Überfall der Schmerzen noch, der mir auf der Fahrt vom Herzogpark nach Nymphenburg widerfuhr. Ja, mir scheint, ich rieche noch den Gummigeruch dieses Wageninneren und fühle sein gedämpftes Schaukeln, das mir, so sanft es war, unbarmherzig vorkam; dieser Wagen, der in meinem Gedächtnis zu einer geheimnisvollen Mischung aus Mutterleib, Wiege und Sarg verschmilzt, wird mit seinen Geräuschen und Gerüchen mir unvergeßlich bleiben; diesem Wagen schien es bestimmt, mich in den Tod zu kutschieren; mit *tödlicher Absicht* schaukelte er mich über den Odeonsplatz, durch die Briennerstraße – denn er konnte ja nicht wissen, daß das Schicksal in allerletzter Minute seine Meinung, die so endgültig aussah, korrigieren würde – ich wage nicht zu entscheiden, ob zum Guten oder zum Schlechten.

Über zwei Monate blieb ich in Kreckes Klinik. Während dieser Zeit wurden auch noch meine Mutter und Erika am Blinddarm operiert. Die Krankheit, die nach keiner Theorie ansteckend sein dürfte, trat bei uns nicht anders auf denn eine Epidemie. Den Ärzten bedeutete das ein ziemlich interessantes Kuriosum. – Ich glaube, daß wir einer aus Sympathie für den anderen krank wurden – wobei das Wort *Sympathie* in seiner direktesten Bedeutung zu verstehen ist.

Die Erinnerungen an die Katastrophe selber sind dunkel. Bis zu welchem Grade konstruiere ich mir nun nachträglich den von schrecklichen Metallen funkelnden Operationssaal, in dem mir viermal der Leib aufgeschnitten wurde? Wieweit ist er in meiner

Erinnerung Legende, Mythos, willkürlich – wenn auch genau festgelegte Konstruktion geworden? Wieviel hat er mit dem Operationssaal, der in Kreckes Privatklinik wirklich existierte – und wahrscheinlich noch existiert – irgend zu tun? Zu der Blinddarmentzündung mit «Durchbruch» kam eine Bauchfellentzündung mit Gedärmverschlingung. Man schnitt mir den Bauch seiner Länge nach auf, um die Eingeweide auf einem Rost neu zu ordnen und zu sortieren. Diese und andere schlimme Einzelheiten hat man mir später erzählt. Ich weiß nicht, wie lange, mußte ich durch Spritzen ernährt werden, da die Verdauung in keiner Weise funktionieren mochte. Ich magerte zur Holzpuppe ab. Später habe ich gehört, daß Verwandte, die in anderen Städten wohnten, sich schon überlegten, ob sie zu meiner Beerdigung kommen müßten. Man erwartete meinen Tod jede Stunde. – An all das ist mir noch eine große, vage und schattenvolle Erinnerung von Dunkelheit, Schmerz und Durst geblieben. Ich sehe meine Mutter immer an meinem Bett, nie weichend, mit einer Beharrlichkeit, die mir heute übernatürlich scheint. Aber das Zimmer, das ich mir vorzustellen suche, ist immer schon das Zimmer meiner Rekonvaleszenz: voll von Blumen und mit einem Besuch im Sessel. Das verhängte Zimmer dieser Krisenwochen finde ich nicht mehr. Nur einmal höre ich mich nachts schreien: «Mein Bauch – mein Bauch – mein Bauch!» (es muß bald nach der großen Operation gewesen sein) und dieser Schrei erschreckt mich heute noch, als wenn jetzt, im Augenblick, ein Kind aus dem Nebenzimmer gräßlich klagte.

Was für Bilder steigen mir aus dem Dunkel, das mir diese Wochen der Todesnähe verhüllt? Erinnere ich mich denn zum Beispiel wirklich nicht mehr an die Nacht, als meine Mutter mir mit so zarter List das Leben rettete? Sie, die einfach nicht *zulassen* konnte, daß ich starb, mußte sehen, daß mich die Ärzte eines Tages endgültig aufgegeben hatten. Das Menschenmögliche hatte man getan, aber der Organismus, der nicht mehr funktionieren wollte, schien nicht mehr zu retten; er gehörte eigentlich schon dem Tod. Da ich auf keine Injektion, keine Stärkungsmittel mehr reagierte, war sie es, meine Mutter, die auf den Gedanken kam, mich von Kopf bis Fuß mit Eau de Cologne einzureiben. Die Ärzte schüttelten den Kopf, aber da nichts mehr zu verlieren schien, verboten sie nichts. Der Körper empfing die Erfrischung. In der Nacht trat eine Krise zur Besserung ein.

Wahrscheinlich stammen alle Reminiszenzen, die ich an die Krankenhauszeit habe, aus diesen späteren Wochen der Rekonvaleszenz (die übrigens noch einmal durch einen Darmabszeß unterbrochen wurde). Einige Personen, die in diesem Krankenzimmer aus- und eingegangen sind, finde ich nun noch sehr lebhaft in mir gegenwärtig.

Die Ärztin, die jeden Tag zu mir kam – mir scheint, es war eine Nichte des Geheimrats –, war durch die unmenschliche Krankheit, die Elephantiasis heißt, entstellt: ihre Lippen, ihre Finger, ihre Augenlider waren deformiert – nicht aufgeschwemmt, sondern aufgewuchert; üppig, schwellend, porös. Diese Deformation aber erschreckte oder ekelte mich keineswegs, vielmehr gab sie dem monströsen und wohlvertrauten Antlitz, das sich täglich über mein Bett neigte, etwas Beruhigendes, Sanftes und Weites. Auf den zu großen Flächen ihrer Lippen und Nasenflügel wanderten meine Augen sehr gern, und ihre Finger taten, wenn sie meine Verbände und Klammern wechselten, viel weniger weh als die Finger der Ärzte. – Neben der wunderlich mißgestaltet würdevollen Figur dieser Ärztin stehen die *Krankenschwestern*, milde und strenge, tröstend und tadelnd, und in der schicksalsgegebenen Wichtigkeit ihrer Existenz sowohl als in der mitleiderregenden Reizbarkeit ihres Charakters beinahe in die Nähe der Kinderfräuleins hinaufwachsend. Höre ich nicht noch die beschwörende, zürnende und bettelnde Stimme meiner Tagesschwester während der verhängnisvollen Stunden, als alles darauf ankam, daß meine Verdauung wieder funktionierte? «Du mußt *fest* drücken, fest drücken ...» Einmal sagte sie zu mir: «Wenn du jetzt nicht mehr drückst, wirst du nie wieder aus dieser Klinik herauskommen. Nur mit den Füßen voran wird man dich hinaustragen, im Sarge ...» Es erschreckte mich kaum, ich faßte es als rechte Kinderfräuleindrohung auf, nur für Krankenhausverhältnisse düster umstilisiert. Warum freilich habe ich es mir trotzdem gemerkt?

Auch herzlichere und gemütlichere Situationen fallen mir ein. Wir phantasierten über meine Zukunft, die Schwester und ich. Damals wollte ich Kunstmaler werden (es war also, ehe ich zum Schauspielerberuf fest entschlossen war). Die Schwester erzählte mir im einspinnendsten Märchenton: «Dann wirst du eine ganz große Villa haben –» (und ich stellte mir gleich das prunkvolle Palais Stuck vor) «und eines Tages wird der Diener melden: Eine kleine Dame mit einem Täschchen ist draußen und möchte ein bißchen bei Ihnen wohnen. Du erkennst sie gar nicht, es ist aber deine alte Schwester Beate –»

Meinen aufgerissenen Leib, der so schaurig ausgesehen haben muß, den habe ich völlig vergessen; ich versuche auch umsonst, mir das Gefühl der Klammern und Nähte in meinem Fleische vorzustellen. Der Anblick muß ziemlich grausig gewesen sein – Ricki erzählte mir später, wie tief er erschrocken war, als er in unserem Tölzer Badezimmer zufällig die Narben an meinem Körper sah –: aber ich finde ihn nirgends in meinem Gedächtnis.

Dafür glaube ich das Aroma der Kraftbrühe noch zu schmecken, die es vormittags um zehn Uhr in der Klinik gab, und eine bestimmte Art sehr feinen und weichen Weißbrotes läßt mich jedesmal an diese Zeit denken. – Vor allem spielte der *Durst* eine ungeheure Rolle, ich konnte nie genug zu trinken bekommen. Nachts träumte ich von kaltem Wasser, gierig, wie ein Saharareisender. Ich sah unseren Tölzer Garten, mich auf einem Liegestuhl im Schatten, und ich flüsterte in mein Kissen: «Golo – lauf doch mal zur Wasserleitung – und laß das Wasser *ganz* lange laufen, daß es *recht* kalt wird –» Als meine Mutter selber krank geworden war und – nachdem sie ein paar Tage in der Klinik eine Etage unter mir, verbracht hatte – zu Hause, in der Poschingerstraße, lag, schrieb sie mir jeden Tag einen langen Brief, in dem sie mir alles erzählte: was es daheim zu essen gegeben hatte, wer zu Besuch gekommen war; einen neuen komischen Ausspruch von Moni, etwas über den Hund, einen Ärger über das Hausmädchen. Wie merkwürdig aber ist, wenn mitten zwischen diesen kindlichen Erzählungen ein solcher Satz steht (man schrieb 1915): «Eben kommt Pielein herein und erzählt, wir hätten wieder einen italienischen Kreuzer versenkt. Das ist doch schön! Ich glaube, sie hatten überhaupt nur fünf und jetzt sind schon zwei weg. Da bekommen wir sicherlich doch bald wieder Friede, und der Onkel Peter kann aus Australien zurück.» Ich habe alle diese Briefe noch, sie liegen in meinem Schreibtisch; ziemlich dickes Paketchen, mit rotem Seidenbändchen umwunden; sentimental gehütetes kleines Heiligtum. Die schönen Briefe wurden mir täglich von einem anderen Besuch überbracht: von meinem Vater, von Großmutter Offi, von Golo und Moni – die zusammen kamen –, von Erika. Ein großer Eindruck aus dieser Zeit ist geblieben, daß Erika bei einer solchen Krankenbett-Visite – wie sie ja überhaupt unter Kindern etwas merkwürdig Rührendes, Schönes und Peinliches hat – mir einen wundervollen Zwerg mitbrachte und schenkte, den sie gerade erst ihrerseits von einem sehr feinen und verschwenderischen Eltern-Freund geschenkt bekommen hatte; einen ganz herrlichen Zwerg mit einem großen, grauen, spitzfindig-betrübten Stoffgesicht, in dem kleine wasserblaue Äuglein über einer enorm gebogenen Nase standen; mit gelben Lederpantoffeln, braunen Samthöschen, einem blauen Wams und einer hohen gelben Plüschmütze auf einem mißgestaltet spitzen Schädel. (Wenn man die Mütze abnahm, fand man auf diesem Schädel graues, hartes, dünnes und widerspenstig gekräuseltes Haar; aus derselben Substanz war sein schütterer, zweizackiger Vollbart.) Dieser unvergleichliche Zwerg war lange Jahre mein weitaus kostbarstes Besitztum.

Mir scheint, daß mein Zimmer stets voll Rosen, Zeichenblocks und Schokoladenplätzchen war. Die Genesung machte mich zur Primadonna; immer verwöhnter lehnte ich in den Kissen. Und dann erst später, in Tölz – es war Sommer 1915, man fing schon an, mit dem Essen zu sparen –, war ich es, der alle Leckereien bekam: zu jedem Nachmittagstee mußte ich «zehn Sachen» haben. Um meinen Übermut voll zu machen, war die ganze Stadt geflaggt, als ich von der Klinik zum Bahnhof fuhr. Es war, weil wir gerade wieder einen Sieg errungen hatten, aber man erzählte mir, daß es *mir* zu Ehren geschehe – und ich glaubte es halb.

Mir scheint es für mein ganzes Leben von Bedeutung zu sein, daß ich in diesem Alter so nahe an den Grenzen des Todes gewesen bin. *Sein Schatten hatte mich sichtbarlich gestreift* –: das war nicht nur die ganzen Jahre danach mein kindlicher Stolz, sondern ich bin überzeugt davon, daß diese schauerlich intime Berührung, diese ahnungslos frühe Begegnung mit seiner finsteren Hoheit auch über die leichtfertigsten und diesseitsverstricktesten meiner späteren Tage den fast unbemerkbaren, aber bestimmenden Hauch einer ernsteren

Weihe gelegt haben muß. Dieses zu neun Zehntel scheinbar vergessene Krankheitserlebnis muß in meinem tieferen Bewußtsein wirksam geblieben sein: sonst wäre ich der Auszeichnung nicht würdig gewesen – weder der, daß ich leben blieb, noch der anderen: daß meinem Leben ein so frühes und großes Abenteuer zugeteilt war.

Ich lasse die ungeheure Weite offen, die zwischen den Jahren 1915 und 1918 liegt.

Es muß im Sommer 1918 gewesen sein, als in unserem Hause etwas passierte, was uns mehr erschütterte und erregte, als die große, offizielle Revolution, die sich ein paar Monate später in der Öffentlichkeit begab: es war die Revolution in unserem Hause, unsere private Revolution, der Umsturz von Werten, die unverrückbar für uns gewesen waren. Denn die Person, die wir Affa nannten, gehörte zum Hause, ja, zur Familie, mehr als eine der vielen Kinderfräuleins, die wir gehabt, mehr als Köchin, Hausmädchen oder irgendwer sonst. Sie gehörte in eben dem Grade dazu, wie die Eltern oder die Geschwister, denn *sie war einfach immer dagewesen*. Sie genoß das vollkommene Vertrauen, das man ganz selbstverständlich Dingen entgegenbringt, die einen Teil unseres Lebens ausmachen. Ich glaube, Affa war schon Zimmermädchen bei uns, als ich geboren wurde. Als vier- oder fünfjähriges Kind bewunderte ich ihren Gang, der sowohl wiegend als energisch war, und ich stellte fest, daß sie einen prachtvoll großen Busen habe. Als man mich fragte, ob ich das schön fände, erwiderte ich schlau und verschämt: «Schön nicht; aber ich seh's gern –»

So steht Affa in meiner Erinnerung: oft von einer Heiterkeit, die ich heute, zurückblickend, etwas laut, forciert und hysterisch nennen muß – damals fanden wir nur, daß sie die schönsten Faxen von der Welt machen könnte –; oft mißgestimmt und dann von unberechenbarer Empfindlichkeit; Affa, mit festlich erhitzten Wangen und lebhaften, grünen Augen, die herausfordernd blitzen konnten; üppig, stolz und gewandt; befreundet mit Offizieren und Apothekern; herrschsüchtig, verwöhnt und unentbehrlich. Sie war es, die beim Rodeln auf dem Berg den riesengroßen, plumpen grünen Schlitten benutzte und wild grimassierend mit dem unvergleichlichsten Gesicht zu Tale sauste; sie allein konnte uns abends mit den prachtvollsten kleinen Einfällen amüsieren, indem sie erzählte, daß Erika einen schwarzen und schlanken jungen Baron heiraten würde; vormachte, was Mielein für ein Gesicht machte, wenn sie mit der Fanny den Speisezettel beriet, oder indem sie das hübsche Lied von Eduard Biermüller, dem feschen Klavierspieler, trällerte – «blond, mit gescheiteltem Haar». Am meisten glänzte sie, wenn wir Gesellschaft hatten; sie war Meisterin darin, den Tisch mit Blumen zu zieren, und alle Gäste bestrickte sie durch ihr verständiges und warmes Wesen. Die Gäste meinten, daß sie «eine Perle» sei. Mein Vater sagte, sie sei die geborene Festordnerin.

Gelegentlich geschah es, daß die anderen Dienstboten vor ihr warnten: sie spreche unehrerbietig, ja, gehässig von der Herrschaft; manche gingen so weit, ihre Ehrlichkeit zu bezweifeln. Affa konnte sich über solche Verdächtigungen weit erhaben fühlen. Mit bösem und hochmütigem Gelächter wies sie derlei von sich. – Sie war seit zwölf Jahren bei uns. Während des Krieges wurde das Glitzern in ihren grünen Augen renitenter und aufsässiger. Sogar in unserer Gegenwart machte sie Bemerkungen über die Eltern, die wir unbegreiflich fanden. Inzwischen warnte auch die Köchin immer eindringlicher vor ihr. Immer wieder mußte meine Mutter hören, daß Affa stehle. Natürlich glaubte kein ernsthafter Mensch daran einen Moment. Eigentlich mehr, um die verleumderische Köchin zum Schweigen zu bringen, ließ meine Mutter sich eines Nachmittags, als Affa ausgegangen war, ihr Zimmer öffnen (es war verschlossen, wahrscheinlich benutzte man einen Dietrich). – Was fand sich?

Es war ein *Warenlager*, das sich fand. Alle Gegenstände, die im Laufe der letzten Jahre im Hause verlorengegangen waren – und meine Mutter glaubte viel verloren zu haben, da sie eher zur Unordnung neigt –, fanden sich aufgeschichtet, gestapelt übereinandergeworfen in Affas Schrank und Kommode, ja, noch unter dem Bett. Sie hatte mit einer solchen Passion, einer solchen Besessenheit gestohlen, daß nicht nur Tischdecken, Rotweinflaschen, Teelöffel, Blumenvasen und Luxusausgaben toter sowie lebender Autoren, sondern auch Nagelscheren, Spielpferdchen, Kragenknöpfe – nach denen man händeringend gesucht – und Nadelkissen aus der Dunkelheit ihrer Verwahrung ans Licht gehoben wurden.

Wir wohnten dieser Szene des Zimmer-Öffnens nicht bei, aber es muß eine Szene großen Stils gewesen sein. Welch ungeheuerliche Überraschung im Gesicht meiner Mutter, welcher Triumph in den Mienen der Köchin! – Aber geradezu mythisch-katastrophalen Charakter gewann in unserer Überlieferung die Szene, welche nun folgte: denn Affa, die, nach Hause kommend, sehen mußte, wie man in ihrem mit so viel listigem Fleiß zusammengetragenen Lager stöberte, geriet in einen wahren Rausch von Habgier und Wut: mit unserem Vater, der selber ins Kellergeschoß geeilt war – was so selten geschah –, rang und haderte sie um jedes Stück: von *jedem* behauptete sie, daß es ihr, ihr ganz allein gehöre; der Rotwein war ein Geschenk ihres ersten Bräutigams aus Paris, die Handtücher alte Erbstücke und nur zufällig mit unseren Initialen gezeichnet: *wir* waren es, die *sie* bestehlen wollten. – Wir oben, im Eßzimmer, hörten den schrecklichen Lärm der Erwachsenen, die wir bis dahin doch nur so höflich miteinander hatten reden hören. Wir zitterten: es war ein Streit der Götter, ein Aufruhr der oberen Mächte; mindestens etwas wie der Trojanische Krieg. Man hätte die Polizei nicht gerufen, nur Affas tolles Gehaben zwang dazu. Vom Schutzmann begleitet, fuhr man in die Wohnung von irgendeiner Verwandtschaft Affas, wo, den Angaben der Köchin zufolge – denen man nun doch anfing zu glauben –, noch allerlei zu finden sein würde, was Affa in unserem Hause zusammengerafft hatte. Man fand noch die erstaunlichsten Dinge; von Blumenvasen bis zu Sardinenbüchsen, alles, was Affa irgend nützlich oder hübsch gefunden, alles, was ihrer umsichtigen Kleptomanie in die Hände gefallen war – ja, sogar einen kleinen japanischen Fächer, den ich während meiner großen Krankheit geschenkt bekommen hatte und der mir dann abhanden gekommen war. Ich hatte ihn unter Tränen gesucht, tagelang; Affa aber hütete ihn wohl. – Die Szenen, die sich in unserem Souterrain abgespielt hatten, wiederholten sich in der fremden Wohnung; wie ein wildes Tier vor sein Junges warf Affa sich vor jedes Stück, das sie gestohlen hatte.

Abends kam sie noch einmal für eine halbe Stunde in unser Haus, um ihren Koffer zu packen. Sie verließ uns, fürchterliche Racheschwüre auf den Lippen. Uns Kindern war verboten, noch einmal mit ihr in Berührung zu kommen. Während sie unten unsere Familie verfluchte, saßen wir erschüttert oben an den Arbeitspulten.

Etwas Ungeheuerliches, etwas für uns absolut *Neues* war geschehen: Affa, von der wir glaubten, daß sie für uns sorgte, hatte uns bestohlen. Affa, von der wir angenommen hatten, daß sie uns so gern habe, wie wir sie, haßte uns also; unsere Feindin Affa, die nicht nur unsere Freundin, sondern beinah ein Teil von uns gewesen war. Affa, die wir für «gut» gehalten hatten, war «böse». – Wenn so etwas möglich war, dann konnte ja alles passieren, dann stand nichts mehr fest. – Es stand nichts mehr fest.

Auch der Gerichtsverhandlung gegen Affa, die einige Monate später stattfand, wohnten wir selbstverständlich nicht bei; auch sie ist reiner Erinnerungs-Mythos, unkontrollierbare Legende. Diese Legende hält fest, wie Affa, in praller, giftgrüner Atlasbluse, die Wangen festlicher erhitzt denn je, vor den Richtern erschien; wie *sie* es war, die sich das Vertrauen der Münchener Beamten und des Zuschauer-Raumes durch sowohl siegesgewisses, als demütiges und verführerisches Wesen gewann, während meine Eltern, als «landfremd» wirkende Intellektuelle, mehr Mißtrauen als Sympathie erweckten. Es fehlte nicht viel, daß *sie* die Angeklagten wurden. Affa, in großer Form, berauscht vom Hochdramatischen des Augenblicks, wußte die Situation so zu wenden, daß schließlich *sie* es war, die als die Geschädigte, Ausgebeutete und dann auch noch Verleumdete dastand: von einer ruchlosen Herrschaft mißhandelt – ja, der Herr des Hauses hatte sie gar nicht selten *geschlagen* –; in einer schauerlichen Bohèmewirtschaft ständig nahe dem Hungertode. Alles, was hier auf dem Tische ausgebreitet lag – unsere Spielsachen und die Bücher unseres Vaters –, hatte ihr immer gehört, oder sie hatte es zu Weihnachten von uns geschenkt bekommen. Der Haß machte sie genial; sie log prachtvoll. Außerdem kam ihr die Zeitstimmung und die Atmosphäre des Ortes entgegen: In diesen ersten Monaten nach der Revolution hatte man für Angehörige der dienenden Stände vor deutschen Gerichten vielleicht mehr Sympathie und Zutrauen als für die, welche man für Kapitalisten hielt – ein Zustand, der sich nur zu schnell wieder geändert hat –; und zudem ist ein «Schriftsteller» für ein Münchener Gericht kaum jemals eine populäre Figur gewesen. Man glaubte lieber der rüstigen Person, die bayerisch sprach und augenscheinlich so viel gelitten hatte. – Affa wurde freigesprochen, es fehlte nicht viel und man hätte sie in ihrer grünen Atlasbluse im Triumph aus dem Saal getragen. Unsere Eltern fürchteten gelyncht zu werden, so gereizt war gegen sie die Stimmung. – Daß ich nicht dabei sein durfte, als Affa, von ihrem Sieg zu einer Stattlichkeit gebläht, die ihre sonstige Pracht bei weitem übertraf, das Gerichtsgebäude verließ! Aber ich sehe sie, erhitzt und selig lächelnd, ihren Bekannten die Hände schüttelnd, wie eine Operndiva nach dem großartig geglückten Galaabend.

Die imposante und erregende Episode «Affa» war mit diesem Knalleffekt nicht abgeschlossen. Wenn auch nicht mehr ganz wie ein lebender Mensch, so doch noch als Gespenst, das einem viel zu schaffen macht, geisterte sie gräßlich weiter durch unser Leben. – Nach ihrem großen Tag vor Gericht ging es wahrscheinlich schnell abwärts mit ihr. Ihre Neigung zu einem guten Tropfen und zum starken Geschlecht – zwei Leidenschaften, denen sie schon bei uns ohne gar zu große Hemmungen gefrönt hatte – ergriffen, wie es scheint, immer radikaler von ihr Besitz. Wie tief sie sank, wissen wir nicht; aber das Ärgste zu vermuten haben wir Anlaß. Ihr fanatischer Haß auf uns war sicher ihre letzte, rein geistige Leidenschaft. Zweifelsohne war sie der Ansicht, daß *wir* durch Bosheit ihren Absturz verschuldet hätten, und es ist mir heute noch unheimlich, daß sie mit diesem unverrückbaren und wilden Glauben im Herzen ihren Weg zu Ende geht, den ich mir bitter vorstelle.

Unsere Mutter war überzeugt davon, daß Affa darauf ausging uns zu ermorden – und wer weiß, ob sie etwas dieser Art nicht wirklich plante. Eine Zeitlang fürchteten wir uns derartig vor ihr, daß wir abends nicht mehr alleine auszugehen wagten: *sie* war die schwankende und breite Gestalt, die drohend vor unserem Haus auf der dunkleren Allee umherlungerte; unter dem Kopftuch, das ihr Gesicht verhüllte, sahen wir ihre grünen Augen blitzen, die Haß und Verzweiflung irregemacht hatten. – Einmal trat sie noch wirklich und wahrhaftig in Erscheinung, und zwar gleich auf so dramatisch-zugespitzte Art, wie man es nur irgend hatte von ihr erhoffen können. Es geschah in der Trambahn, Erika und Mielein fuhren von der Stadt nach Hause, am anderen Ende des Wagens saß Affa. Ihr Gesicht war gedunsen, rot angelaufen und mit schrecklichen Augen. Ich weiß nicht, was für Kleider sie anhatte, aber ich stelle mir vor, daß sie zu einem mißfarbenen Umschlagtuch eine Art grellroten Federhut auf dem Kopfe trug, irgendeinen verzweifelt häßlichen und unpassenden Dirnenputz. – Nachdem sie die ganze Fahrt über ihre ehemalige Herrin mit haßerfüllten Augen angestarrt hatte, erhob sie sich – eine Station, ehe meine Mutter und Erika aussteigen mußten –, ging durch den ganzen Wagen – während doch eigentlich ihr Ausgang an der entgegengesetzten Seite gewesen wäre – und spuckte, als sie an den beiden vorbeikam, vor ihnen aus. Sie tat es ausführlich und mit haßverzerrtem Gesicht. Die Überlieferung will wissen, daß sie ein gräßliches «Pfui» durch die Zähne zischte; dieses halte ich aber für unerwiesen.

Reich an Zügen, bedeutungsvoll und gewaltig, steht so Affa in dem Legendenbuch unserer Kindheit: Affa, die die Feste arrangierte und uns mit den Faxen ergötzte; Affa, um die Damasttücher und das Likörservice ringend; Affa, in der grünen Bluse ihres Galatages; schließlich sinkend von Stufe zu Stufe (oder sich steigernd, wie es uns heimlich schien): von der Diebin sich zur Mörderin entwikkelnd; zur großen Rachsüchtigen, zur Gefahr der nächtlichen Gasse; zum Unhold, der, mit dem breiten Messer in den Mantelfalten, unter dem Schatten des Kastanienbaumes lauert, wenn wir am Abend nach Hause kommen. – Einmal, viel später, 1931, wurde eine Dame bürgerlichen Standes bei meiner Mutter vorstellig. Die Dame erschien in Trauer und kummervoll: ihr Gatte war unlängst gestorben. Das war bitter; aber bitterer war, was sie nach seinem Tode hatte entdecken müssen, über Dinge, die er zu Lebzeiten getrieben hatte. Er hatte es toll getrieben, denn die Verwandte, mit der er sich so merkwürdig häufig traf, war eigentlich nicht seine Verwandte, vielmehr seine Geliebte gewesen. Diese Geliebte war Affa. Sie hatte das Glück der Ehe untergraben, *schon vor der Hochzeit* war sie die Mätresse des Beamten gewesen, der dann, wahrscheinlich einer kleinen Mitgift wegen, die Dame geheiratet hatte, die nun Trauer seinetwegen trug. Er hatte sie nie geliebt, immer nur Affa, das ging aus Briefen einwandfrei hervor. Die Bürgersfrau, die geglaubt hatte, ihr Leben sei halbwegs glücklich gewesen, mußte am Ende herausfinden, daß ihr ganzes kleines Glück Lüge gewesen war. – Affa war das böse Prinzip. Und nun wollte die Trauerdame von meiner Mutter erfahren, welchen Eindruck Affa denn sonst so auf uns gemacht habe.

Was sie erfuhr, entsetzte sie einerseits, tat ihr aber anderseits wohl, da es moralisch die Feindin völlig ins Unrecht setzte, ja vernichtete. So eine war das also gewesen, um derentwillen ihr Seliger ...

Nun fiel auch ein gewisses düster-aufklärendes Licht auf verschiedene auffallend, ja unpassend schöne Geschenke, die jene fürchterliche «Verwandte» dem Verstorbenen zu machen pflegte: Damenschlafröcke, ein ganzes Teeservice und so weiter.

Der plötzliche Einblick in diese bürgerliche Ehetragödie ließ für uns noch einmal mit merkwürdiger Eindringlichkeit Affas Antlitz erstehen: aber nicht verfallen, wie es inzwischen sein mußte, sondern mit festlich erhitzten Backen, wie wir es gekannt hatten, und die Augen blitzend im Triumph der Bösheit.

Krieg

Im Sommer des Jahres 1914 hatten unsere Anverwandten Löhr in Bad Tölz das Haus neben dem unseren gemietet. So machten wir, im Verein mit den drei Cousinen Eva-Marie, Ilse-Marie und Rose-Marie, aus diesem Sommer den Sommer der großen Spiele. Jede Woche – oder jeden dritten Tag – beherrschte ein anderes Spiel unser Leben; es wurde unser Sommer der großen «Moden»; einmal war das Scharaden-Stellen an der Reihe, einmal das Schüttelreim-Dichten; ein paar Tage taten wir nichts anderes, als Gewinde aus den roten Vogelbeeren zu flechten, die nächsten vertrieben wir uns damit, die Buchstabenfolge aller Worte umzudrehen und auf diese Weise die geheimnisvollsten Quatschgedichte herzustellen. Cousine Eva-Marie imponierte uns, wenngleich uns ihr jungmädchenhaftes Wesen gelegentlich verdroß. Sobald es Streitigkeiten gab, pflegte sie fein zu sagen: «Dann weiß ich, was ich tu. Ich gehe zu einem Gericht, und das Gericht heißt Mama – –»

Wir hielten streng auf Gerechtigkeit. Was begab sich inzwischen anderswo? Unheimlich zu denken, daß im Sommer 1914 in Europa menschliche Wesen existierten, die ihre Zeit damit verbrachten, Kränze aus roten Beeren zu winden. (Ich war aber noch nicht acht Jahre alt.)

Auch Theaterspielen fanden wir lustig. Wir spielten uns die Märchen, die wir gelesen hatten, vor, manchmal auf einer von Bäumen romantisch eingefaßten Wiese des Löhrschen Gartens, manchmal auf dem Kastanienplatz neben unserem Plansch-Bassin. Die gerade nicht beschäftigten Künstler saßen im Grase und schauten zu. Diese Mode hielt uns am längsten in Atem. Unser Ehrgeiz ging dahin, auch den Erwachsenen einmal etwas vorzuführen. Unterrichtete Eva-Marie hatte den mythologischen Stoff von der Büchse der Pandora in Vorschlag gebracht. Wir verschafften uns einiges an Kostümen und memorierten ein wenig Text. An einem genau festgelegten Augusttage sollte die Festvorstellung sein. Wir waren nicht schlecht aufgeregt, probten und schneiderten nur so an unseren Kostümen herum. Da hieß es plötzlich, ein Krieg sei ausgebrochen.

Wir saßen auf der Löhrschen Gartenwiese im Kreise, die drei Cousinen und wir vier, und besprachen erstaunt die unglaubwürdige Nachricht, die von den Erwachsenen kam. Weitblickende Eva-Marie sagte: «Ich denke mir, Berlin wird an seinen vier Ecken von den Franzosen angezündet werden. Natürlich sind wir von allen Seiten die Überfallenen –» Ob aber, abgesehen von dem brennenden Berlin, das uns ja schließlich nicht so viel anging, dieser Krieg die Konsequenz haben würde, daß unser Pandora-Spiel nicht stattfinden könnte? Dann wäre ja der Beweis erbracht, daß es sich um eine schlimme Unannehmlichkeit handelte, die auch uns schädigte, obwohl wir doch nichts für sie konnten. – Wir beschlossen, sofort den Entscheid der Eltern in dieser denn doch akut wichtigen Pandora-Sache einzuholen und gingen alle in den Mannschen Garten hinüber. Die Eltern standen auf der Terrasse und falteten die Plaids zusammen, die sie zur Nachmittags-Liegekur benutzten. Mein Vater schaute zum Gebirge hinüber, hinter dem Gewölk stand. Er sagte: «Jetzt könnte auch bald ein blutiges Schwert am Himmel erscheinen –»

Wegen der Pandora-Sache wagten wir ihn nicht mehr zu fragen.

Wir durften nicht in den Ort gehen, aber wir hörten, daß die Badegäste in Scharen zum Bahnhof flohen. Alle Züge waren total überfüllt. England hatte auch den Krieg erklärt. Gott sei Dank ging die Türkei mit uns. Österreich war sowieso unser Bundesgenosse. Mielein telefonierte mit Frau Holzmeier, damit man für die nächsten Tage Butter und Eier im Hause hätte. Ich erinnere mich, daß ich fragte, ob man sich nicht auch mit Wäsche und Schränken eindecken könnte; auch Wäsche und Schränke könnten doch knapp werden. Die Eltern fuhren nach München, um sich von Onkel Heinz und Onkel Vicko zu verabschieden, die sofort eingezogen wurden. Besonders schlimm war, daß der Onkel Peter sich gerade in Australien auf einem Physikerkongreß befand. Erstens schien Australien sehr weit weg zu sein, außerdem hatten allem Anschein nach die Feinde

Einfluß dort. Onkel Peter würde festgehalten werden. Man bestätigte uns, daß wir von allen Seiten überfallen waren. Frankreich wollte irgendwas zurückhaben, was wir ihm einst aus guten Gründen weggenommen hatten. Das infame England fürchtete sich vor unseren tüchtigen Kaufleuten. Die Franzosen waren so grausam, daß sie einer Dame, die in einem ihrer betrügerischen Badeorte ihr gutes Geld gelassen hatte, die Zähne mit dem Hammer ausschlugen. (Ich spürte immer diesen grauenhaften Hammer gegen meine Zähne fallen.) Zum Glück blieb Italien neutral. Die Schweiz blieb auch neutral. Amerika auch. Unser Kaiser hatte es *nicht* gewollt. Plötzlich gab es keinen Nachtisch mehr. Löhrs waren abgereist, wir blieben noch in Tölz bis zum Ende des Sommers. In München hatte man die Englische Apotheke demoliert, weil sie beinah sicher vom falschen Albion gedungen war. In Tölz wurden einige Spione entlarvt und fast totgeprügelt. Weihnachten würde der Krieg zu Ende sein. Unsere Generäle hießen Mackensen und Hindenburg. Wir beteten abends für Onkel Heinz, Onkel Vicko, Onkel Peter-Australien und für die ganze Armee. «Lieber Gott, laß uns siegen –»

Mir sind diese Tage nicht begeistert in Erinnerung, sondern wie von einem dumpfen Sturm bewegt, mit einem niedrig hängenden, finsteren Himmel. Die Nachrichten von den ersten Siegen nahmen wir mit respektvoller Genugtuung hin, aber hätten sie uns wirklich freuen können? Unser schlimmster Feind schien Belgien zu sein, denn in Belgien errangen wir die schönsten Triumphe. Lüttich hatte doch überhaupt für uneinnehmbar gegolten. Bald würden wir Paris haben. Das Essen war immer noch ziemlich gut.

Im Herbst zogen wir wieder nach München. Weil die Zeiten hart waren, kamen wir nun in die Bogenhausener Volksschule, wo es uns eigentlich viel besser gefiel, als im feinen, zarten und strengen Ebermayer-Institut. Lehrer Ebner war derb, aber er kannte nicht die kränkenden Tricks der Damen, die uns erst unterrichtet hatten. Natürlich hätte mir bei Fräulein Ebermayer nicht passieren können, was Lehrer Ebner vor der ganzen Klasse mir antat: daß er nämlich von dem Strauße Margueriten, den ich ihm sorglich auf den Wiesen gepflückt hatte, grob behauptete, er sei Kuhfutter und ihn in den Papierkorb steckte. Aber dafür hatte ich in der Volksschule viel lustigere Buben-Freunde als im Herrschaftsinstitut. Am meisten war ich mit dem Sohn des Tenors Jörn zusammen, der ein wundervolles Marionettentheater besaß. Erika war beinah immer mit uns Buben. In den großen Raufereien, bei denen etwa Odemer, Stury und noch zwei ganz Schlechte gegen den Jörn und mich gingen (so wie der Feindbund gegen das wehrlose Deutschland), konnte Erikas amazonenhaftes Eingreifen wohl den Ausschlag geben. Einmal sperrten wir den Odemer stundenlang in ein besonders stinkiges Klosetthäuschen ein, so daß er fast ohnmächtig wurde. Lehrer Ebner verabfolgte mir Tatzen. Lehrer Ebners Tatzen waren ganz grausam gepfeffert.

Was merkten wir inzwischen vom Krieg? Man ging nachmittags zur nächsten Ecke, um den Tagesbericht zu lesen. 2000 Gefangene an der Ostfront gemacht, triumphales Vorrücken im Westen: immer gab es nur Siege. Die großen Siege waren so ähnlich wie die hohen Feiertage. Als Hindenburg die kolossale Sache in den Masurischen Sümpfen gemacht hatte, fühlten die Kinder sich hochgestimmt wie am Heiligen Abend. Wir hatten eine schwarz-weiß-rote Flagge, die immer über dem obersten Balkon gehißt wurde, wenn es wieder mal Sieg gab. Wir beteten abends immer noch für die Onkel Peter, Heinz und Vicko, aber in Wahrheit interessierten uns mehr die Schulaufgaben und die Rauferei mit dem wüsten Odemer. Wohl wußten wir, daß täglich viele brave Männer «fielen» und deshalb die Eltern beinah immer so ernste Gesichter machten: aber vermochten wir uns den ungeheuerlichen Vorgang dieses «Fallens» irgend zu realisieren? Nur als ein ganz fernes und feierliches Bewußtsein wurde diese Tatsache des täglichen Massentodes in uns lebendig. Wenn wir aufrichtig waren, gingen die Leibschmerzen, die Hund Bauschan hatte, uns mehr an. Die braven Soldaten traten nur in unseren pflichtgemäßen Abendgebeten an. Erika strickte mit den Mädchen zusammen Pulswärmer und dicke Socken für die «draußen». Manchmal fragten wir, ob der Krieg nun nicht bald zu Ende sei; wieso der Feindbund sich noch immer halten könne. Auf Italien waren wir besonders wütend, weil es doch einen Vertrag gebrochen hatte. Das war einfach gemein; es war, wie wenn Jörn plötzlich mit dem Odemer ginge.

Als ich 1916 ins Gymnasium kam, war es mit dem Essen schon ziemlich bitter bei uns bestellt. Die schlimmste Zeit der Dotschen und der verfaulten Kartoffeln hatte noch nicht begonnen, aber wir fingen doch schon an zu begreifen, daß ein Butterbrot etwas ganz phantastisch Herrliches sein kann und daß eine Tafel Schokolade einfach ins Reich der Wunder gehört. Es gab nur noch zweimal die Woche Fleisch, und dann meistens Kaninchen oder einen zähen Vogel, der so ähnlich wie Seereiher hieß. Rübenmarmelade war ja nichts Schlechtes, aber die gute Dreifrucht von 1915, die *fast* wie Friedenskonfitüre geschmeckt hatte, war eben doch etwas anderes gewesen. Warum hieß eine trockene und pfeffrige Paste, die wir uns aufs klebrige Brot schmierten, Butterol, wo sie doch mit Butter rein gar keine Ähnlichkeit hatte? Kunsthonig aßen wir gerne, wir bekamen jeder einen ganzen kleinen Block pro Woche zugeteilt. Margarinebrot und Kunsthonig habe ich als etwas ganz besonders Weiches, Fettes, Zartes und Kostbares in Erinnerung. – Das «Hamstern» wurde in diesen Jahren aus vaterländischen Gründen strikt abgelehnt.

Wir wuchsen schnell; Schuhe waren fast so kostbar wie Wurstbrote. Wir klapperten in Holzsandalen einher, wenn wir nicht barfuß gingen. Ungefähr ab Frühling 1917 gewöhnten wir uns das Barfußgehen beinah für das ganze Jahr an. Ich kam als erster Junge barfuß ins Wilhelmsgymnasium und Erika kreierte die neue Mode in ihrer Töchterschule. Die Lehrer belobigten uns wie für eine patriotische Leistung. Zu den schicken Matrosenanzügen, die wir noch aus Friedenszeiten hatten, trugen wir auch keine Schuhe, nun war es schon Ehrensache. Es muß gut ausgesehen haben: die langen weißen Hosen, die bis zu den nackten, schmutzigen Füßen fielen. So marschierten wir selbviert in die großelterliche Arcisstraße, wo wir aber längst nicht mehr zu den fürstlichen Sonntag-Mittagessen eingeladen werden konnten, sondern nur noch zu mageren Tees. Die Tees waren in der Tat so mager, daß wir, wenn wir auf der Diele spielen sollten, während die Erwachsenen drinnen um den runden Tisch noch über die grausen Läufte plauderten, einander gleichsam im degagierten Konversationston, eigentlich aber im wohleingeübten Chorus fragten: «Erika, bist du satt?» – worauf die exakte Klageantwort lautete: «Ach nein, wie sollte ich wohl satt sein?» – damit die Erwachsenen lachen müßten und jedem noch ein braunes, hartes kleines Gewürzplätzchen zusteckten.

Unvergeßlicher als große Abenteuer sind manche Hautsensationen, wenn wir sie gewohnheitsmäßig und oft genug erfahren. Genauer als an irgendwelche Siegesnachrichten und Schulfeste erinnere ich mich der Berührung einer grauen, fettlosen und sandigen Ersatzseife an meiner Haut und des Kitzelns der zackigen Fahrradpedale an der Hornhaut meiner bloßen Fußsohle. Ich fuhr ein merkwürdig hohes, altertümliches und klappriges Veloziped, das mein Vater längst vor dem Kriege von einem Schwager, der griechischer Konsul war, aus hellenischen Heeresbeständen erworben hatte; das Griechenrad, altgedientes Familienstück.

Pädagogisch ebenso wichtig wie die Entbehrungen waren die Erleichterungen, welche der Krieg für das Kind «aus gutem Hause» mit sich brachte. Unser Kinderfräulein wurde abgeschafft, diese peinlichste Plage. Man ließ uns ruhig ein bißchen verwildern, die Zeiten entschuldigten es, und uns tat es gut. Man hatte sehr wenig Geld. Es rechnet zu den großen Lebensleistungen unserer wunderbaren Mutter, daß sie während dieser Jahre unseren Haushalt mit einem erstaunlichen Minimum von Mitteln überhaupt aufrechterhielt. Neben der Sparsamkeit gehörte dazu die intelligenteste Klarsicht. Von ihrer abenteuerlichen erschwerten Hausfrauentätigkeit abgesehen, ersetzte sie noch unserem Vater den Sekretär, uns den Hauslehrer. Ich mußte Griechisch, Latein und Mathematik mit ihr arbeiten.

War es zum Beispiel schlimm für uns, daß man eines Tages die große Zentralheizung nicht mehr füttern konnte? Nicht so besonders, denn wir bekamen in jedem zweiten Zimmer eiserne Öfchen gesetzt, die zwar mit ihren verrußten Rohren die Räume arg verunzierten, aber uns amüsant zu bedienen vorkamen. Das Kind macht sich aus allem ein Abenteuer. Es muß gesagt werden, daß wir trotz dem ungenügenden und schlechten Essen niemals ernstlich unter der Katastrophe gelitten haben. Noch das relativ feinnervige Kind ist in einem Grade *nicht* sensitiv gegen atmosphärische Strömungen, der erschreckend ist. Es spürt absolut *nichts*; es ist erstaunlich anpassungsfähig; die Gabe, sich fremdes Leid vorzustellen – die beim Erwachsenen kaum entwickelt ist –, fehlt ihm vollkommen; sein Egoismus ist bei aller gelegentlichen Sentimentalität (siehe unsere Abendgebete) grausam und hart; seine psychische Elastizität absolut jeder Situation gewachsen, die es physisch irgendwie durchhält.

Was merkten wir denn? Beinah nichts. Sahen wir nicht, daß die Straßen öde und beinah männerlos wurden; daß die Straßenbeleuchtung sich verfinsterte; daß alle Erwachsenen traurig schlaffe oder bitter erregte Mienen hatten? – Die Veränderung des Straßenbildes fiel uns nicht auf; wir freuten uns an den bunten Kitschpostkarten, die es überall gab, auf denen der bärtige Feldgraue das Mädchen in der properen Schürze herzte, oder Katzelmacher, Franzmann und der Engländer, den Gott strafen sollte, als abscheuliche Narren anschaulich verhöhnt wurden; wir fanden es reizend komisch, daß es nun Schaffnerinnen und Chauffeusen gab, das bedeutete eine Abwechslung, man fuhr doppelt gerne mit ihnen. Die Gesichter der Erwachsenen sah man erst gar nicht an. Ein Umstand, der zu unserer Unbekümmertheit wesentlich beitrug, war, daß niemand gefallen war, den wir näher kannten, außer etwa dem kleinen Lehrer Burkhardt aus Tölz, der sich immer so vor den Hunden gefürchtet hatte. Er war nett gewesen, aber wir hatten ihn doch schon halb vergessen. Daß Onkel Peter in Australien saß, bedeutete uns eine offizielle Familientraurigkeit, die wir respektierten, aber die uns auf die Dauer nicht bedrücken konnte. Außerdem schrieb er doch so amüsante Briefe aus diesem entlegenen Erdteil, in denen er den strengsten Zensoren schlaue Schnippchen schlug. Er erkundigte sich etwa nach dem Wohlergehen der Verwandten von Annette Kolb, wenn er wissen wollte, wie es um die Franzosen stand, von denen die Dichterin mütterlicherseits herstammte; oder er fragte scheinheilig, ob die gute Tante Viktoria uns wieder einmal besucht habe, um zu erfahren, ob wir einen neuen Sieg zu verzeichnen hätten.

Nicht nur hauptsächlich, sondern beinahe ausschließlich blieb es *das Essen*, das im Mittelpunkt des kindlichen Interesses stand. (Ich war im dritten Kriegsjahr erst neun Jahre alt und wurde zehn im Herbst 1916.) Es entwickelte sich eine Art Sport daraus, für Butter, Eier oder Schinken stundenlang anzustehen, wenn möglich selber «Quellen» ausfindig zu machen. Erika verstand die heikle und delikate Kunst, aus einem unbedeutenden Klümpchen Teiges eine unglaubliche Anzahl Kuchen – bis zu zwölf – herzuzaubern. Als Star-Köchin eilte sie im Herzogpark von Haus zu Haus, wenn Walters oder Hallgartens Einladung hatten.

Traurigste der Anekdoten: als wir – *nicht* befohlenermaßen, sondern in sentimentalster Freiwilligkeit – zwei dunkle Winterstunden vor einer kleinen Bude am Ostbahnhof anstanden, um ein paar Eier als Überraschung mit nach Hause zu bringen. Da wir keine Tüte mitbekamen, legten wir sie sorgsam in unser gelbes Lederhütchen. Aber unsere Hände zitterten wohl vom Frost. Die Eier kullerten, eines nach dem anderen, aufs Pflaster. Die guten Dotter flossen zwischen den Pflastersteinen; unsere Tränen ihnen nach. Um aufzuzeigen, wie sehr unsere Phantasie von den Eß-Problemen beherrscht waren – die ja übrigens in der Phantasie eines Kindes schon zu normalen Zeiten eine so dominierende Rolle spielen –, will ich ein «Lustspiel» *«Hamsters Ende»* hier einfügen, das ich, wahrscheinlich Weihnachten 1916, mit bunten Zeichnungen verfertigte, «in unbegrenzter Liebe und Verehrung seinem Großvater gewidmet».

1. Akt

(Die Küche im Hause des Kommerzienrat Blimber. Die Köchin, eine dicke Matrone mit roten Backen und munterem Wesen, sitzt bei einer Tasse Tee und bei einem Butterbrot mit Speck. Ihr gegenüber sitzt das Zimmermädchen. Es ist groß, schwarz, und in ein rosa Kleid mit weißer Zierschürze gekleidet.)

Köchin: Haha – jetzt hab ich unsere Gnäd'ge schön reing'legt! Fünfzig Pfund Speck hab ich gekauft, 's Pfund um fünfundzwanzig Mark! Um zehn hab ichs bekommen! Die Hälfte davon eß ich, aber das versteht sich ja von selbst! Das tun alle!

Zimmermädchen: Oh, Sie sind eine Erzschlaue! – Aber wissen Sie, ich bin so schwach in dieser Hinsicht! Mehr wie zwei Pfund Butter hab ich überhaupt noch nie genommen.

Köchin: Warum sind Sie denn so blöd? Unsere Gnäd'ge ist sowieso so dick!

Zimmermädchen: Das ist ja wahr. – Ah, da kommt sie! *(Die Frau Kommerzienrätin tritt ein. Sie ist groß, dick, mit vielen Ringen und in einen blauen Samtschlafrock gekleidet.)*

Frau Blimber: Therese! Meinen Sie, ich wäre wahnsinnig?

ZIMMERMÄDCHEN *(schnippisch)*: Woraus ergründen Sie das, Gnädige?

FRAU BLIMBER *(ohne sie zu beachten)*: Wie kämen Sie sonst dazu, mir Speck, das Pfund um fünfundzwanzig Mark, zu verkaufen?! Wenn Sie mir den Speck nicht um fünfzehn Mark lassen, werde ich Sie anzeigen.

KÖCHIN: Na, wissens, Gnädige, ich weiß auch so manches von Ihnen! Beispielsweise, daß Sie im Allgäu zweihundert Pfund Schmalz bekommen haben und drei Schinken vom Kaminkehrer! Und tausend Zentner Kohlen! Ja, meine Gnädigste, ich weiß so manches! Und dann wollen *Sie* mich anzeigen? Haha! – Ich geh natürlich am ersten! Und dann zeig *ich* Sie an!

FRAU BLIMBER *(entsetzt)*: Aber Therese! Das ist doch wohl nur Spaß? An so was denken Sie doch gar nicht! Das wäre ja entsetzlich! Der Gedanke macht mich beben!

KÖCHIN *(kalt)*: Daß ich am ersten geh, ist ausgemachte Sache!

FRAU BLIMBER: Aber Therese! Sie haben es doch immer gut bei mir gehabt! Stürzen Sie mich doch nicht ins Verderben!

KÖCHIN *(aufstehend)*: Wissen Sie, Gnädige, ich laß mir nämlich auch nicht alles bieten! Sie meinen, weil ich 'n armes Mädel und Sie 'ne reiche Dame sind, könnten Sie sich alles erlauben? Selbst wir, die unteren Klassen des Volkes, sind noch Menschen! Der Krieg, Gnädige, hat den Abstand der Rangstufen einigermaßen beseitigt! Und das war sehr notwendig!

FRAU BLIMBER: Das ist ja alles sehr gut, aber klagen Sie mich bitte nicht an!

KÖCHIN *(schroff)*: Das weitere werden wir sehen. (Ab)

(Die Szene verwandelt sich in den Salon des Herrn Kommerzienrat. Dieser, ein kleiner, dicker Herr mit einem Brillantring am kleinen Finger, sitzt in einem Lehnstuhl an einem Tisch. Ihm gegenüber Dr. Huber, ein großer, magerer Herr mit einem weißen Schnurrbart und einem Zwicker. Das Zimmer ist glanzvoll, aber geschmacklos eingerichtet.)

HERR BLIMBER: Sie müssen sich nicht wundern, Herr Doktor, daß meine Frau so lange nicht kommt. Die Ärmste hat nämlich

Schwierigkeiten mit ihren Dienstmädchen! Diese untreuen, häßlichen, falschen Kreaturen wollen nämlich meine Frau anzeigen, weil sie 'n paar Pfund Schmalz und 'n paar Eier gehamstert hat!

DR. HUBER: So was! Das ist aber sehr unangenehm! – *(Aufstehend:)* Da kommt ja Ihre Frau! Guten Tag, meine Gnädigste!

FRAU BLIMBER *(sich über die Stirne fahrend)*: Ach, ich bin so aufgeregt! Denken Sie mal, Herr Doktor, jetzt will mich meine Köchin anzeigen! Zwölf Jahre war das Biest bei mir im Hause, und das ist dann der Lohn! Es ist unverschämt! *(Sie sinkt in einen Sessel.)*

DR. HUBER: Sie scheinen müde zu sein, Gnädigste! Ich will nicht länger stören! Adieu, Herr Kommerzienrat! Adieu, meine Gnädigste! *(Er geht ab.)*

FRAU BLIMBER: Was macht denn dieser närrische Doktor bei dir?

HERR BLIMBER: Er meldete sich zum Tee an.

FRAU BLIMBER: Wie kannst du nur Gäste annehmen, wenn ich in so unangenehmer Lage bin? Aber Franz!

HERR BLIMBER: Na! Konnte ich das riechen? *(Da Frau Blimber schweigt.)* Na, siehst du? Jede Gelegenheit willst du zum Zanken benützen, du Luder!

FRAU BLIMBER *(auffahrend)*: Wie nennst du mich? Luder? Das geht zu weit! Ich, die Tochter des Generals Althaus, werde Luder genannt! Von meinem Gatten? – *(Sie springt auf ihn los, er aber schlägt mit dem Teelöffel nach ihr. Da bricht sie in Tränen aus.)*

HERR BLIMBER: Und jetzt flennt das Luder noch! *(Ab.)*

2. AKT

(Das Bureau des Staatsanwalts. Dieser, ein großer Herr mit hoher Stirne, krummer Nase und Brille, sitzt vor einem Schreibtisch und erbricht Briefe. Er redet sehr deutlich, langsam und etwas näselnd.)

STAATSANWALT *(nachdem er einen Brief gelesen hat)*: Aha! Ein Dienstmädchen namens Therese Mantler klagt ihre Herrschaft, den Kommerzienrat Blimber, an, weil er im Allgäu zwanzig Pfund Butter und zweihundert Eier, und bei Rast und Sohn tausend Zentner Kohlen gehamstert hat. So was kommt jetzt oft vor!

Um neun Uhr will das Frauenzimmer hier sein! Ah, da ist sie ja schon! Malt man den Teufel an die Wand, kommt er auch schon angerannt! *(Therese tritt ein.)* Sind Sie Fräulein Therese Mantler?

KÖCHIN: Ja, die bin ich, Herr Staatsanwalt! Ich komme, wie ich Ihnen schon schrieb, wegen einer Hamsterangelegenheit! Meine Gnädige, Frau Kommerzienrat Blimber, hat nämlich im Allgäu, beim Bauer Zwick, zwanzig Pfund Schmalz, das Pfund zwanzig Mark, gehamstert! Außerdem in Partenkirchen, bei einem Krämer namens Kirr, zweihundert Eier. Außerdem beim Kaminkehrer, dessen Namen ich nicht weiß, einen Schinken um hundert Mark. Und dann bei der Firma Rast und Sohn tausend Zentner Kohlen.

STAATSANWALT: Also gut, *sehr* gut, mein Fräulein! Ich werde einen Schutzmann zu Blimbers schicken! Dürfte ich um die Adresse bitten?

KÖCHIN: Luisenstraße 17! Im ersten Stock! Bin ich fertig?

STAATSANWALT: Ja, Fräulein! *(Köchin ab.)*

(Die Szene verwandelt sich in den Flur des Hauses Blimber. Im Hintergrund eine zugeschlossene Tür. Der Schutzmann und die Köchin treten auf.)

KÖCHIN: Hier hinten ist die Speisekammer! Da ist alles drin!

SCHUTZMANN: Wo ist die Dame des Hauses?

KÖCHIN: Hier! *(Frau und Herr Blimber kommen die Treppe hinunter. Beide zucken zusammen und erbleichen.)*

HERR BLIMBER *(möglichst ruhig)*: Was wünscht der Herr?

KÖCHIN: Der Herr wünscht, im Auftrag des Gerichtes, die Speisekammer zu besichtigen.

FRAU BLIMBER: Was?

SCHUTZMANN: Ja! Bitte den Schlüssel!

FRAU BLIMBER *(ihm den Schlüssel reichend)*: Oh! Es ist entsetzlich! Gott! *(Der Schutzmann schließt die Türe auf. Eine mit Eiern, Butter, Schinken und Gänseschmalz angefüllte Speisekammer wird sichtbar. Alle gehen hinein. Die weitere Szene spielt sich darin ab.)*

SCHUTZMANN *(sein Notizbuch ziehend)*: Also, eine Kiste Eier! Drei

Pakete Butter! Zwei Schinken und drei Töpfe Schweinefett! Einige Pfund Speck! Sehr richtig! *(Er klappt das Notizbuch zu.)*

FRAU BLIMBER *(händeringend)*: Ach, meine Eier! Meine Butter! Meine Schinken!

KÖCHIN *(schnippisch)*: Und Ihre Freiheit!

FRAU BLIMBER: Meine Freiheit? Was?!!

SCHUTZMANN: Ganz richtig! Sie werden abgeführt!

(Das Ehepaar geht wutschnaubend hinter dem Schutzmann ab. Die Köchin sieht ihnen boshaft lächelnd nach.)

Der Vorhang fällt.

Welch schreckliche Versiertheit in Hamsterdingen, bei soviel Kindlichkeit des Stils! Ja, schließlich ging es doch nicht mehr ganz ohne den «Schleichhändler», aber inzwischen war es schon so weit gekommen, daß die selber fast nichts mehr hatten. Was für finstere Burschen man demütig aufsuchte in ihrer verdächtigen Behausung, weil man etwas Wurst oder Honig dort vermutete. Ich entsinne mich eines düster-pfiffigen Gesellen – in der Stirn schwarze Tolle –, der zu seiner eigenen Mutter in unserer Gegenwart und zu unserem Entsetzen sagte: «Geh, reden's kein Babb –», und deshalb von uns nie mehr anders als «der Babb» genannt wurde. Ein kleiner Kohlenschieber hieß, Gott weiß warum, Graf Bertelo vom Rabenstein; er bestand nun mal darauf, so angeredet zu werden. Diesen Männern wurde eine ähnlich gefährliche Würde zu eigen, wie heute noch den Bootleggern in den Vereinigten Staaten. Im Winter 1917 wurde es aber so schlimm, wie wir es uns heute, merkwürdigerweise, einfach schon nicht mehr vorstellen können. Wirklich und genau erinnern daran werden wir uns erst wieder können, wenn wir es noch einmal so erleben. Nichts spricht dagegen, daß uns das allen bestimmt ist.

Der Schulbetrieb war ferienhaft gelockert; da wir ihn aber gar nicht strenger kannten, kam er uns immer noch streng genug vor. Während des Winterhalbjahrs hatten wir immer nur eine Woche vormittags, die andere nachmittags Unterricht: in das Gebäude des Wilhelmsgymnasiums war noch eine andere Schule einquartiert. Nur jede zweite «Anstalt» konnte geheizt werden. – Manchmal wurde während der Unterrichtsstunden «Fliegerangriff» geübt, alles mußte in den Keller laufen, wo sonst nur die Fahrräder standen; oder es wurde für die Kriegsanleihe geworben. Das war alles ganz lustig. Die Mädchen zupften Verbandstoff und durften ihn bei einer Prinzessin abliefern, die ihnen ihre handsignierte Fotografie schenkte. Wir wurden angehalten, in den Anlagen Blätter zu rupfen; ich weiß nicht mehr, ob man sie als Pfeifentabak oder Kopfkissenfüllung verwandte. Wenn es Siege gab, versammelten wir uns in der Aula, Gott zu loben.

Die nationale Phrase ekelte den Zehn- und Elfjährigen noch nicht, mochte sie noch so dick aufgetragen sein. Man las uns in den Deutschstunden Ganghofers Kriegsschauplatz-Berichte vor. Ich glaube, es war in Erikas Klasse, daß die kleinen Mädchen als Aufsatzthema «Mein erster Tankangriff» bekamen.

Zu Hause debattierte der Hausarzt über den U-Boot-Krieg, anstatt gründlich abzuklopfen. (Ich erinnere mich noch sehr genau, wie leidenschaftlich meine Mutter gegen den U-Boot-Krieg sprach.) Konnten wir uns auch nur einen annähernden Begriff davon machen, wie sehr die Eltern, deren Niedergeschlagenheit und Gereiztheit wir nun oft unbegreiflich und schrullig fanden, unter dem, was draußen vorfiel, litten? – Wohl fiel es uns auf, daß Vater weniger lustig, gleichsam unweltlicher geworden war. Von dem großen Buch, an dem er vormittags arbeitete, wußten wir, daß es diesmal keine Geschichte wurde, sondern eben einfach ein Buch, aber wir konnten uns darunter nichts vorstellen. (Es waren die «Betrachtungen eines Unpolitischen», die damals mit unerbittlicher Langsamkeit entstehen mußten.) Wir wußten auch, daß der Onkel Heinrich nicht mehr zu uns kam; das hatte irgendwie mit dem Kriege zu tun. Der beste Freund des Hauses war Ernst Bertram; in Tölz und in München war er sehr viel bei uns. Als ich etwas älter wurde, aber doch noch ein Kind war, hatte er eine schöne und ernste Art, sich mit mir zu unterhalten, für die ich ihm dankbar war. (Kinder hassen nichts mehr, als wenn Erwachsene künstlich ihr Niveau herunterschrauben, um auf die Onkelart mit ihnen zu scherzen.) – Bertram phantasierte Bach auf dem Flügel. Er machte lange Spaziergänge mit unserem Vater, der ihm abends in seinem Arbeitszimmer aus dem geheimnisvollen «Buch» vorlas.

In diesen Jahren muß auch Hans Pfitzner öfter bei uns gewesen sein. Es war die Zeit, da unser Vater nicht eine «Palestrina»-Vorstellung der Münchener Oper versäumte; wir zogen ihn damit auf. (Es entstand das große «Palestrina»-Kapitel in den «Betrachtungen».) Ich erinnere mich nicht mehr eines bestimmten Abends, an dem Pfitzner im Hause war (wir durften wohl kaum mitessen, wenn er kam; er war von reizbarsten Nerven); wohl aber eines Besuches, den ich, wahrscheinlich im letzten Kriegsjahr, elfjährig, bei Pfitzners in Schondorf machte. Frau Pfitzner, deren große, dunkle und sanft-gescheite Augen ich nie vergessen habe, war aufs mütterlichste freundlich zu mir. Ich vertrug mich gut mit den Kindern, vor allem mit Pauli, der etwas älter als ich war. Er wirkte schwierig und rührend, von einer melancholisch problematischen Ungelenkheit, während seine jüngeren Geschwister, Peti und Agi, blond und hübsch wie sie waren, von einer viel lebenstüchtigeren und gesunderen Intelligenz zu sein schienen. – Pfitzner sang und spielte uns auf dem Flügel die ganze Partitur des «Don Giovanni» vor. Seitdem habe ich ihn nie wieder spielen hören, aber das Schauspiel dieser besessenen Musikalität, das sogar auf das Kind erregend wirkte, ist mir unverwischbar im Gedächtnis geblieben.

Das Essen wurde immer unzulänglicher, und immer wortkarger wurden die Tagesberichte. Hörten wir nicht endlich etwas von einer Marne-Schlacht munkeln? Mielein sagte uns, daß diese Schlacht etwas sehr Schlimmes für Deutschland bedeutet habe. Wie konnte das aber sein, wo wir doch Lüttich und Tannenberg und all die großen Siege gewonnen hatten? Und wo Tirpitz und Ludendorff so unvergleichlich tüchtig waren, wie wir es jeden Tag in der Schule hörten? Und alle Franzosen so feige? Rußland hatte doch überhaupt schon Frieden gemacht. «Ist das mit Amerika denn so wichtig?» erkundigten wir uns.

Mit Entsetzen fiel uns auf, daß gar nicht alle Leute so durchaus davon überzeugt waren, daß Deutschland siegen werde. Zum Beispiel trafen wir bei Offi in der Arcisstraße einen merkwürdigen Mann aus Berlin mit zerwühltem Antlitz und zerwühltem Haar. Er hieß Maximilian Harden und steckte voll der finstersten Befürchtungen, übrigens auch was sein persönliches Schicksal betraf. Wir behaupteten, daß er sich beim Nachtisch mit magerer und bleicher Hand durchs Gelock gefahren sei und gemurmelt habe: «Ja, ja – ich werde bald sterben –», wobei wir besonderen Wert auf die tragischen Zungen-Rs legten, deren er sich unseren Angaben nach bedient hatte. Seine düster imposante Figur blieb als fahler Mythos in unserem Gedächtnis.

Eine Sendung von Kartoffeln, die wir, weiß Gott wie, ergattert hatten, war so faulig, daß es im ganzen Haus süßlich stank. Wir aßen sie trotzdem. Was aber würde man nächstes Jahr anziehen? Nun waren wir doch wirklich bald aus den Kleidern von 1915 herausgewachsen. – Unsere Mutter sagte zuversichtlich: «Mit dem *Tee*, glaube ich, werden wir durchhalten!»

Wir hörten keinen Schuß, von 1914 bis 1918. Doch, einen Schuß hörten wir. Das muß mitten während des Krieges gewesen sein.

Es war früher Herbst, oder noch später Sommer. Sicher ist, daß im Garten gefallenes Laub lag. Onkel Klaus Pringsheim war zum Abendessen da, der selten kam und den wir besonders gern hatten, obwohl er uns auf eine grausame Art zu necken pflegte. Wir versammelten uns vor dem Essen im Arbeitszimmer. Man brachte uns sofort mit einigen Fragen, die schlechterdings nicht zu beantworten waren, zu heller Verzweiflung. Zum Beispiel sollten wir uns unbedingt entscheiden, ob wir lieber *dumm* oder lieber *bös* waren. Da wir beide Eigenschaften äußerst fragwürdig fanden, retteten wir uns zu einem verlegenen Lachen. Der unbarmherzige Oheim bestand auf der Auskunft, unser Lachen wurde immer schmerzverzerrter.

Während wir solcherart gefoltert wurden, legte Affa nebenan letzte Hand an den Tisch, versuchte Mielein einen kümmerlichen Obstkorb etwas dekorativer herzurichten. Auch der Vater ließ uns im Stich, er ging in den Garten, um die Abendpost aus dem Kasten zu holen. Die Luft war lau, sie muß noch ziemlich warm gewesen sein, denn alle Fenster, sogar die Terrassentüre, waren ins Freie hinaus geöffnet.

Wäre sie nicht geöffnet gewesen, wir hätten den Knall nicht mit so fürchterlicher Deutlichkeit gehört. Er krachte mitten in einen Scherz des Onkels hinein, als sei der Revolver hier im Zimmer, anstatt draußen unterm Kastanienbaum, losgegangen. Der Onkel sagte nur: «Na –!» Wir wurden alle weiß, wie die Wände. Im nächsten Augenblick geschahen zwei Dinge.

Im Eßzimmer, wo sie hantiert hatte, hörte man Affa aufkreischen, und zwar durchdringend. Beinah gleichzeitig riß sie die Eßzimmertüre auf, stürzte mit verrutschtem Häubchen, die Arme emporgeworfen, kreischend durchs Arbeitszimmer über die Terrasse in den Garten. Eine Sekunde später kam unser Vater wieder ins Zimmer, man kann wohl sagen, daß er leicht taumelte und daß seine Miene fahl war. Ich sehe ihn vor mir, wie er in den Stuhl sank und sagte: «Draußen im Garten hat sich ein Kerl erschossen.» Dieser Satz machte uns allen das Blut erstarren. In unsere Mitte, die so harmlos gewesen war, platzte das Schicksal herein.

Man kann sich denken, welch ein Aufruhr geschah. Das hysterische Schluchzen der Mädchen aus dem Garten (auch Köchin Fanni war nun hinausgeeilt). Der bewegliche junge Onkel war ganz in seinem Element: ans Krankenhaus telefonierend, Eau de Cologne sprengend, kühlende Kompressen zubereitend. Eltern mit Kognakflaschen, Gläschen hin und her eilend.

Wir erfuhren gleich: der Unglücksmann war nicht tot, wenigstens noch nicht ganz. Man schaffte ihn auf den Divan im Arbeitszimmer, die Köchin immer wehklagend, Affa mit hochroter, leidenschaftlich aufgeregter Miene. Uns wurde bedeutet, aus dem Zimmer zu gehen, das Ganze war nichts für Kinder – eine Behauptung, die uns natürlich bitter und verächtlich lächeln ließ. Wir beobachteten alles durch die Türspalte, vom Eßzimmer aus.

Der Mann, der auf dem Sofa röchelte, war Mitte Dreißig und trug einen blonden Schnurrbart. Er preßte die Hände ans Herz, um mit offenem Munde zu stöhnen. Ein so graues Gesicht hatten wir nie gesehen, auch nie so blutunterlaufene Augen. Man flößte ihm Kognak ein, er seufzte: «Mehr! Mehr!» – es schien ihm trotz allem zu schmecken. Er trug eine graue Soldatenmütze und hohe Militärstiefel. Er war von stattlicher Statur, doch verwildert. – Nach wenigen Minuten fuhr das Sanitätsauto vor.

Die Eltern erzählten uns, was den Unglücklichen betraf, eine Geschichte, die uns gleich nicht ganz glaubwürdig schien. Vor allem nannten sie es einen fatalen *Zufall*, daß er gerade in *unserem* Garten die Untat hatte ausführen wollen. Uns ahnte schon, daß dies anders zusammenhing. Köchin Fanni selbst war es, die uns aufklärte. Mit schmerzlichem Stolze nickte sie: «Ja, ja, der hat mich halt zu gern gehabt. Daß ich mich mit meinem Bräutigam verlobt habe, hat der nicht überleben wollen.» – Übrigens glaube ich, daß der verschmähte Liebhaber im Hospital sich ziemlich schnell wieder erholte.

Dieser eine Schuß war realer und bedeutungsvoller für uns, er blieb grausiger in unseren Träumen für lange lebendig, als die ungeheuerlichsten Trommelfeuer des Weltkriegs, von denen man uns erzählte.

Mir scheint, es war zu Weihnachten 1917, daß ich von meiner Großmutter Berta von Suttners pazifistischen Roman «Die Waffen nieder!» geschenkt bekam. Das Exemplar hatte eine besondere Würde dadurch, daß es vor unermeßlichen Jahren – wie mir vorkam – von der Urgroßmutter Hedwig Dohm dem Onkel Erik Pringsheim geschenkt worden war. Die Widmung, die ich auf der ersten Seite fand, war von Hedwig Dohm für ihren Enkelsohn Erik geschrieben worden. Sie hieß: «Möge neben vielen anderen Weihnachtslichtern Dir auch das Licht dieses Buches leuchten.»

Der primitiv, aber schlagend wirksam gemachte Tendenzroman hinterließ mir gewaltigen Eindruck. Viele Einzelheiten der Handlung sind mir ganz unvergeßlich; vor allem die Szene, wo der halsstarrige und verbissene alte General, der so lange durch keinen Schicksalsschlag in seinem trotzigen Militarismus zu erweichen war, endlich, endlich doch nachgeben muß und den Krieg verdammt, dessen Geißel er zu schauerlich verspürt hat am eigenen Fleische.

Wie war das mit diesem Krieg? Der noch nicht Zwölfjährige beginnt sich Gedanken zu machen. Von der Urgroßmutter, deren durchgeistigtes Antlitz ich beinah nur von den Porträts und Fotografien her kenne, ist noch einmal etwas wie eine pädagogische Wirksamkeit ausgegangen.

Ich werde mir darüber klar, daß ich niemals an die Front gehen würde, falls dieser Krieg noch so lange dauert, daß auch ich an der Reihe bin.

Gymnasiast
(1919–1920)

Das Tagebuch, das ich vom Herbst 1918 bis zum 1. Januar 1921 geführt habe, beginnt mit dem Wort: Revolution! «Revolution! Revolution! Militärautos durchsausen die Stadt, Fensterscheiben werden eingeschmissen. Kurt Eisner ist Präsident; – Zu lächerlich. Und trotzdem schmeichelt es einem zu denken, in hundert Jahren rede man von der bayerischen wie von der Französischen Revolution. Die Sache mit dem Zauberer Uferino ist ins Wasser gefallen. Sonst war der Geburtstag sehr nett. Ich habe jetzt einen Kleist und einen Grillparzer und Körner und Chamisso.»

Dieses übergangslose Nebeneinander des Zauberers Uferino mit der Novemberrevolution hat für mich etwas Erschreckendes. Dabei könnte bemerkt werden, daß nicht nur Kinder so die Weltgeschichte erleben. Die kleinen privaten Interessen des Alltags nötigen eine direktere, vitalere Anteilnahme ab, als die größten und abenteuerlichsten Katastrophen im Leben der Allgemeinheit. Zwar notiere ich am 11. November (noch nicht ganz zwölfjährig) pflichtschuldig: «Der Waffenstillstand angenommen! Endlich Friede! Aber was dann? Wir gehen einer großen Katastrophe entgegen!» – Fahre aber nach einer respektvoll freigelassenen Zeile fort: «Die Schule hat wieder begonnen. Unser kleiner Rechenlehrer hat sich furchtbar aufgeregt über unsere Unruhe. Gestern hat uns Mielein eine sehr komische Geschichte von Gogol vorgelesen. Leider war Schwesterchen sehr unruhig. Ich habe jetzt Körners ‹Sühne› gelesen. Sie ist recht schwach.»

Unsere Unruhe beim Rechenprofessor oder Schwesterchens störende Geräusche während der Vorlesung gingen mich aufrichtiger an als der fürchterliche Lärm, den das Deutsche Reich vollführte, da es in seinen Fugen schwankte und krachte. Dieser groteske und doch so natürliche Gegensatz zwischen den kleinen und feierlich ernst genommenen Ereignissen des eigenen Lebens, das sich in so engen Grenzen abspielte, und den erschreckenden Ausmaßen der politischen Veränderungen, die doch *vor unseren Augen* geschahen, macht mir die Lektüre meiner kindlichen Niederschriften erst unheimlich und erst lohnend. Die Jahre 1918, 1919 und 1920, die in unserem historischen Gedächtnis alle Farben einer Feuersbrunst bewahren, scheinen in meinem privaten voll von idyllischen Reminiszenzen. Freilich, wäre ich fünf oder nur drei Jahre älter gewesen, ich hätte vielleicht glühenden Anteil zu nehmen vermocht an dem, was sich entscheidend zutrug. Aber auch diese Anteilnahme hätte mein Leben wahrscheinlich nicht ganz ausgefüllt oder beherrscht. Die kleinen Dinge wären geblieben.

Während wir auf der Wiese hinter unserem Hause Deutschball spielten, hörten wir den gar nicht so sehr entfernten Kanonendonner – «weil die weiße und die rote Garde kämpft». Mitten im Bürgerkrieg lese ich Storm und Walter Scott, ohne das Absurde dieser Situation irgendwie zu empfinden. Am 2. Mai 1919 schreibe ich auf: «Vormittags schauen wir uns das Maschinengewehr an, das auf dem Kufsteiner Platz steht. – – Es gibt kein Brot. Wir haben so eine Art Fladen gebacken.» Am 5. Mai: «Vormittags war ich in der Stadt, wo alles von Soldaten strotzt, und kaufte mir den ‹Mantel› von Gogol.» Und am 8., als nach den Bürgerkriegtagen das Gymnasium wieder beginnt: «In unserer Schule war das Regiment einquartiert, das Rosa Luxemburg und Karl Liebknecht getötet hat. – In unserem Schulhof sind zwei Spartakisten erschossen worden. Der eine, ein siebzehnjähriger Junge, ließ sich nicht einmal die Augen verbinden, Poschenrieder sagte, das wäre fanatisch. Ich finde es heldenhaft. Wir hatten schon um zwölf Uhr aus.» Vergeblich versuche ich zu ergründen, bis zu welchem Grade die Vorstellung des vergossenen Blutes in unserem Schulhof mich wahrhaft erschüttert hat. Vermochte ich es, dieses Martyrium wirklich zu realisieren? Um dieselbe Zeit wurden mir die Haare, die ich bis dahin pagenhaft halblang getragen hatte, zu einer richtigen Bubenfrisur geschnitten. Dieses Ereignis ist im Tagebuche mit ebenso starken Akzenten verzeichnet wie die Erschießung des siebzehnjährigen Revolutionärs.

An den Tag von Kurt Eisners Ermordung durch den Grafen Arco erinnere ich mich ziemlich genau, da brauch ich mich nicht nur auf das Tagebuch zu verlassen. Dort versichere ich, daß ich um Eisner «weinte», aber davon stimmte kein Wort, es war glatt erfunden, der reizvollen Pose wegen. Schließlich wären Tränen, die ein Zwölfjähriger um einen Politiker und Literaten vergoß, von dessen Wirksamkeit er nichts wußte und von dem er keine Zeile gelesen hatte, etwas Unnatürliches gewesen. Aber die Eisner-Katastrophe berührte mich, etwas von ihrer Bedeutung wehte mich an – sonst hätte ich ja nicht einmal Anlaß gehabt, Schmerz zu posieren. Bei uns im Hause war übrigens Eisner, den Heinrich Mann in der Grabrede als den «Zivilisationsliteraten» feierte, nicht sehr hoch beliebt gewesen. Schon aus Opposition also glaubte ich ihn verehren zu müssen. – Was der Ermordung Eisners folgte, verstand ich wohl nicht mehr ganz; es bedeutete vor allem: schulfrei. Der Abgeordnete Auer erschossen; die Stadt besetzt; «der Soldatenrat an der Herrschaft»; die Räteregierung, Plünderungsgefahr, der «Geiselmord»: ich finde alles verzeichnet, aber nirgends spüre ich zwischen den Zeilen eine wirkliche Begeisterung oder eine wirkliche Angst.

Am 13. April schreibe ich auf: «Vormittags hieß es, die Räterepublik wäre gestürzt. Leviné und Toller sind geflohen. Leviné soll eine halbe Million mit nach der Schweiz genommen haben. Mühsam ist gefangen. Vormittags war ich mit Otto im Nationalmuseum. Es war ganz interessant.» Als ich denselben Abend im Knabenchor der Matthäuspassion singe, gibt es «eine Schlacht zwischen Räterepublikanern und Regierungstruppen». «Es entstand auch eine kleine Panik im Saal.» Am 18. April notiere ich, beinahe Kriegsberichterstatter-Stil: «Die Spartakisten haben Dachau genommen. – Aber man sagt, die richtigen Truppen Hoffmanns kämen noch. Die jetzt Geschlagenen wären eine weiße Garde aus München, die neulich hinausgeworfen wurde. In der Stadt wird durch Plakate auf die Bürgerschaft, die ‹schmarotzende› gehetzt.» Die Eintragung vom 19. halte ich auch noch für wert, zitiert zu werden:

«Vormittags las ich und machte ein mittleres Ostergedicht. Mittleres Essen. Dann sehr viel Deutschball gespielt. Am Schluß fing es an langweilig zu werden. Dann lasen wir mit Pielein ein sehr nettes, sarkastisches Märchen. Der Friede ist unterzeichnet. Bayern ist ausgeschlossen.»

Am 21. April 1919 wurde mein jüngster Bruder geboren, während das Viertel, in dem wir wohnten, und die ganze Stadt sich in einer Art von Belagerungszustand befand.

Daß mein politisches Interesse keinesfalls wirklich tief ging, habe ich schon gesagt; immerhin ist es amüsant, zu beobachten, wie es sich entwickelt. Im Herbst 1918 berichtete ich über die Fakten – die ich übrigens noch nicht aus der Zeitung, sondern aus dem Munde der Erwachsenen erfahre, – mit einem rein rhetorischen Pathos. Ich finde unter meinen Sachen aus dieser Zeit ein Drama «Bayerns Revolution», das ich am liebsten Wort für Wort zitieren würde, so sehr komisch ist es. Denn es beginnt im Zimmer Kurt Eisners, «im Vordergrund um einen Tisch Wilhelm Herzog, Erich Mühsam und Eisner». Herzog stellt fest: «Unser Entschluß ist gefaßt. Heute ist die Versammlung auf der Theresienwiese.» Er schließt seine Ausführungen: «Kein Recht gilt mehr, das Volk ist frei! Die rote Flagge weht, wir werden als Erlöser angejubelt und Sie, Eisner, sind Präsident!» Worauf Eisner friedfertig erwidert: «Ich fürchte mich so sehr, daß Blut vergossen wird.» – Überhaupt ist Herzog als ein wahrer Vampir charakterisiert, außer sich vor grausiger Mordlust, so daß Eisner, eine durchaus tolstoische Natur, zu ihm sagen muß: «Ihr macht mich schaudern!» «Doch wenn es ohne Blutvergießen ginge», bemerkt Eisner, «würde mich das sehr freuen.» «Wenn es nur ginge», wirft Erich Mühsam ein.

Auch der König wird nicht ohne Sympathie gezeigt.

«Kabinett des Königs. Dieser, seine Gattin.

KÖNIGIN: Heute soll ja die Versammlung auf der Theresienwiese sein.

LUDWIG: Leider.

KÖNIGIN: Was kannst du fürchten?

LUDWIG: Ich ahne Schlimmes. Denke dir, das Volk ist beisammen, Kurt Eisner redet, ein Umzug wird gehalten. Ist es denn da nicht sehr wahrscheinlich, daß es zu Ausschreitungen kommt? *(Graf Scheck kommt in größter Aufregung.)*»

Sowohl der Abend auf der Theresienwiese wird auf die Szene gebracht mit der feurig-gütigen Ansprache Eisners und der entsetzlich aufwieglerischen Wilhelm Herzogs (lieber Herzog, verzeihen Sie mir doch alles, was ich Ihnen da angetan!) – als auch der bedauernswerte Zustand des Königspaares auf Gut Neustädt, wohin sie geflohen sind; schließlich aber auch das bittere Fiasko Eisners, der vom Volke fallen gelassen wird, weil er doch noch ein wenig Zucht halten möchte. Er monologisiert: «Wie schön dachte ich mir's doch, ein Volk zu befreien, zu erlösen, zu regieren, ihnen ein Vater zu sein! Das waren verlorene Illusionen. Von allen Seiten wird man angefochten. Undank ist der Welt Lohn! Ich stehe auf schwanken Füßen. Wilhelm Herzog ist nach Berlin abgereist. – Ich aber halte stand. Und möge das Volk mich töten, ich will sein Vater bleiben.»

Im Herbst 1919, gerade dreizehnjährig, flößen mir die rohen und brutalen Äußerungen der Reaktion, wie sie mir vor allem im Wilhelmsgymnasium täglich begegnen, einen Ekel ein, den ich schon echter finde. Am 27. September 1919: «Heute ist ja Kaisers Geburtstag. Ein Neuntkläßler (Oberprimaner) schwingt eine Rede: Wir gehen einem neuen 1813 entgegen. Lächerlich –» Oder, ungefähr um dieselbe Zeit: «Jemand schwingt eine Rede auf Arco mit anschließenden Hochrufen. Zu deppenhaft. Die ganze Jugend schwärmt für diesen dummen Bengel.» Die Erschießung Levinés – am 5. Juni – erschüttert mich echter als die Eisner-Ermordung, wenn ich es auch beinah ebenso geschraubt ausdrücke. Vor allem aber irritiert mich der Kult, den die Jugend Münchens mit dem Mörder Arco treibt; immer wieder erwähne ich ihn besonders gehässig. Kurz und bündig stelle ich fest, daß ich «die Reaktion hasse». Der Nationalismus einer Schwester meines Vaters reizt mich zu ungeschickten, aber giftigen Sarkasmen. Den Gymnasialprofessoren habe ich vieles vorzuwerfen; vor allem aber ihre rückschrittliche Gesinnung und ihren phrasenhaften Patriotismus. Es muß damals in den Münchener Schulen toll gewesen sein; wenn auch harmloser toll als heute. Die Antipathie gegen die literarisch radikalen Männer der Räteherrschaft war ohne Frage echt und blutmäßig bedingt; übrigens war sie bei den Jungens mindestens ebenso fanatisch wie bei den Lehrern. Ich verzeichne bitter, daß bei der Nachricht von der Ermordung Eisners in meiner Klasse «Jubel ausbrach». Man kann sich vorstellen, welch ungeheure Reaktion die Räterepublik, als sie gestürzt war, bei denen hervorrufen mußte, die sie als eine der Stadt aufgezwungene Schmach immer verabscheut hatten. Nur ganz kurze Zeit – ein paar Novembertage 1918 – hatten Begriffe wie «Klassenrat», «Selbständigkeit der Schüler», einen Reiz für diese bürgerliche Jugend, die von Natur und Hause aus reaktionär war – und sogar dieser Reiz war am ehesten der einer Gaudi. – Trotzdem aber muß festgestellt werden, daß die politische Stimmung der Mittelschulen von 1919 bis 1920 harmlos gewesen ist im Vergleich zu der, die heute dort herrscht. Man war reaktionär, aber ohne die fürchterliche und gefährliche Aggressivität von heute. Es gab noch keinen Nationalsozialismus.

Dieses, bei aller gelegentlichen Heftigkeit merkwürdig angelernte und unvitale Interesse an den politischen Dingen war dazu bestimmt, abzusterben in dem Augenblick, als ein persönlicher, bewußter und intensiver geführtes Leben für mich begann. Es gab Jahre (und es sind die, mit denen dieses Buch schließt), während derer ich für das, was in der wirklichen Welt sich zutrug, kaum einen Gedanken übrig hatte: die religiös-erotisch-ästhetizistische Erlebniswelt beherrschte mich völlig. (Vielleicht sollte daran auch die Atmosphäre des Landerziehungsheimes ein wenig schuld haben.) – Erst wesentlich später und auf einer anderen Ebene kehrte das natürliche und notwendige *Sich-mit-verantwortlich-Fühlen* an dem, was öffentlich geschieht, bei mir wieder.

Trotzdem warne ich davor, den Einfluß zu *unter*schätzen, den die politischen Läufte auf einen empfänglichen Jungen gehabt haben müssen, der im Jahre 1919 zwölf- und dreizehnjährig war. So ahnungslos er war, in bezug auf das, *was* sich zutrug: *daß* etwas sich zutrug, spürte er ohne Frage. Die Abenteuer und Verwirrungen der Neunzehnjährigen hatten den tumultösen Charakter der Jahre zur Voraussetzung, in denen ihre Pubertät begann. Der Knabe wußte nicht, daß der Boden ihm unter den Füßen wankte; aber er ahnte es doch. Wie ein Tier das Nahen eines Erdbebens wittert, spürte er, daß, während er auf dieser Schulbank saß, eine Wirtschaftsordnung und eine moralische Wertskala drauf und dran waren, zum Teufel zu gehen. Die Wirtschaftsordnung interessierte ihn damals weniger. Die Krise aber der europäischen Moral machte er sich früher bewußt, als es einer «normalen Entwicklung» zuträglich sein konnte. Wir werden auf diese ungeschickten, aber inständigen Versuche, den tröstenden Lichtschein einer neuen Moral zu erspüren, später zu reden kommen. – Was ich aber an dieser Stelle betonen will, ist: daß man keinesfalls glauben darf, der Mangel an Interesse oder das oberflächliche Interesse, welches wir den politischen Zuständen und Begebenheiten widmeten, ließe darauf schließen, diese Zustände hätten uns unberührt und unverändert gelassen. Mir scheint eher, daß sie in einer tieferen Schicht unseres Wesens ihre Spuren ließen, als in der, wo das intellektuelle Interesse entsteht.

Am 1. Januar 1919 notiere ich: «Das neue Jahr. Mit Gewehrschüssen von Polschiwisten wird es eingeleitet. Gott! Mein Gott, was soll werden! Weltuntergang. Rotes Feuer und starre Leichen.» Und wenn ich auch in derselben Zeile fortfahre: «Wir hatten eine Neujahrsgans, braun und fett –» so finde ich doch, daß das Wort «Weltuntergang» im Munde des Dreizehnjährigen am Neujahrstag – mag es auch noch so floskelhaft-rhetorisch gebraucht sein – etwas Beunruhigendes hat, und daß es seinen Schatten notwendig werfen muß auf die Begriffe, die er sich später über Wert und Bestand menschlicher Ideen und heiliger Güter bildet. Wenn man ständig, bewußt oder unbewußt, auf «die Katastrophe» wartet (von der man sich, wie sie aussehen wird, natürlich keineswegs vorstellen kann), wird man irre an Werten, die also, wie es scheint, nicht mehr stark genug sind, das Nahen dieser Katastrophe aufzuhalten. Der immense Unterschied zwischen jeder Kindheit *vor* 1914 und einer, die gerade 1918 anfing, ist zum Greifen. Wenn ich später erzählen muß, wie böse und «amoralisch» wir wurden, so liegt es daran, daß sich in meinen Niederschriften von 1919 beinahe jeden zweiten Tag eine kindlich spannungsvolle Notiz, wie diese, findet: «Die Offi kam zu uns – in der Stadt machen die Arbeitslosen eine Demonstration. Die Polschiwisten wollen sich auch anschließen. *Man erwartet eine Katastrophe.*»

Nach außen hin schien es uns nichts anzuhaben, daß wir in Jahren aufwuchsen, wo man ständig auf Katastrophen wartete. Wir wuchsen vergnügt auf, es ging uns ganz ausgezeichnet.

Der Krieg war zu Ende, aber das Essen immer noch nicht viel besser geworden. Ein Kuchen oder ein Braten bedeutete immer noch Sensation. Gekleidet waren wir aufs allerbescheidenste; Holzsandalen gab es immer noch. Als Erika eines großen Tages neue Lederschuhe bekam, entstand ein Gemurmel im ganzen Herzogpark. «Erika hat ja *ordentlich Stiefel*», bemerkte eine Freundin des Hauses. – Es ging uns aber, wie es heute den Kindern von Sowjetrußland geht: da wir es nicht anders kannten, nahmen wir an, es sei in Ordnung so (und vielleicht *war* es in Ordnung). Ein «echtes» Honigbrot bedeutete für uns, damals noch, eine Attraktion, wie heute für meine kleinen Geschwister ein Reitpferd. Luxus ist das *Aller*relativste.

Der Krieg war zu Ende – das ging zum Beispiel daraus hervor, daß im Jahre 1919 der Onkel Peter, der fünf Jahre lang in Australien interniert gewesen war, zurückkehrte. Nach Australien war er damals zu einem Physikerkongreß gefahren. Das Gefangenenlager, in dem er lebte, hatte in unserer Phantasie während der ganzen Jahre eine enorme Rolle gespielt. Wir holten ihn alle mit riesigen Blumensträußen am Bahnhof ab. Er sah braun und unverändert aus. Jedem von uns brachte er eine Tafel Schokolade mit – es hätten eigentlich drei für jeden sein sollen, aber eine ganze Menge Schokolade hatte man ihm schon in Hamburg gestohlen, «der erste Gruß Deutschlands an den Zurückgekehrten», wie ich bitter bemerke. – Das Ganze bedeutete ein großes Ereignis für uns.

Unter der Schule litt ich nicht ernsthaft, obwohl ich sie immer verachtete und oft haßte. Ein so entsetzlich schlechter Schüler, wie ich jetzt oft mir einbilde, gewesen zu sein, war ich in Wirklichkeit gar nicht. Ich kam immer gerade durch; außerdem hatte meine Mutter eine sehr raffinierte Art, die Professoren in den Sprechstunden zu bearbeiten. Mit dem Religionslehrer liebte ich es, mich «geistig auseinanderzusetzen». Im deutschen Aufsatz hatte ich meistens Eins – obwohl das, was ich ablieferte, den Zensierenden oft durch feuilletonistische Schwülstigkeit verdroß. Verabscheut habe ich nur einen meiner Lehrer, einen jähzornigen Mann mit unschön abstehenden Ohren und einem Gesicht, das blaurot anlaufen konnte. Dieser hatte mir vor allem die peinliche Schmach angetan, mich und einige Kameraden in die Bänke zurückzuschicken, als wir ihm und der Klasse bei Semesterschluß mit einem kleinen Theaterstück aufwarten wollten und schon ganz geschminkt, verkleidet und aufgeregt, vor der festlich verzierten Tafel standen. «Jetzt wird nix aufgeführt!» sagte der rohe Mensch. Deshalb, und wegen vieler anderer Entgleisungen, haßte ich ihn ganz unversöhnlich und schwor immer wieder, ihn zu vernichten und dem größten Spott der Öffentlichkeit preiszugeben, wenn ich erst die Macht dazu hätte.

In der Schule hatte ich wenig Freunde, und es wurden immer weniger, je länger ich dort war. Das kam nicht etwa aus einer hochmütigen Absicht, sondern einfach, weil die Jungen meiner Klasse und ich zu wenig gemeinsame Interessen hatten. Die ersten Jahre war ich viel mit einem Jungen zusammen, der von Keller hieß und mir, seiner leichten Art wegen, möglicher war. Die glühende Zuneigung zu dem Knaben Elmar begann erst während der letzten Monate, die ich auf dem Wilhelmsgymnasium sein mußte. Übrigens führte sie nie zu einer Freundschaft – und konnte ihrer ganzen Konstruktion nach nicht dazu führen. – Dann war ich auch viel mit Freundinnen von Erika aus der Töchterschule zusammen, zu denen ich beinahe leichter Kontakt fand als zu den eigenen Kameraden.

Einige Klassen unter mir ging Bruder Golo, eine über mir Ricki. Mit einem von diesen beiden machte ich meistens den Nachhauseweg. Ich zankte mich viel mit Ricki, und Golo war viel zu jung für mich – in diesem Alter verachtet man den um zwei Jahre Unterlegenen. *Aber wir sprachen dieselbe Sprache.* So wußten wir, daß wir zueinander gehörten.

Um diese Zeit fing die kleine Herzogpark-Clique sich allmählich zu bilden an. Die Freundschaft mit den Walterschen Mädchen – die wir ja lange, schon vom Ebermayer-Institut her kannten – begann. – Damals gründeten Erika, Ricki und ich auf einem Herzogpark-Spaziergang am 1. Januar 1919 den «Laienbund Deutscher Mimiker» (es war derselbe Tag, an dem ich vom «Weltuntergang» gesprochen hatte). Bei der Gründung dieses theatralischen Unternehmens, das bald die imposantesten Ausmaße annehmen sollte, mußten wir so fürchterlich lachen, daß Erika auf offener Straße etwas Grauenhaftes passierte.

Von Anfang an nahmen wir den Bund gewaltig ernst, und legten erst einmal ein «Mimik-Buch» an, eine Vereinschronik, von Gerta Marcks, Tochter des Historikers und später unsere Regisseuse, sehr hübsch grün gebunden; das Buch beginnt mit den Worten:

«Gegründet wurde der Laienbund am 1. Januar 1919 von Erika und Klaus Mann und Ricki Hallgarten. Sein Zweck ist die Aufführung von Theaterstücken. Auf einstimmigen Beschluß wurden Erika und Klaus Mann zu Vorsitzenden gewählt und Ricki Hallgarten zum Schriftführer und Kassierer. Weitere Mitglieder sind vorläufig nur Golo und Monika Mann. Bei den Vorbestellungen wird kein Eintritt verlangt. Es wird nur eine Kasse aufgestellt, in die Spenden zur Unkostendeckung gegeben werden können. – Als erstes Stück wurde die ‹Gouvernante› von Körner gewählt.»

Ricki und ich verkörperten die beiden jungen Dinger, die Franziska und Luise heißen. Die Gouvernante war Erika. Wir spielten auf unserer Diele. Das völlig hirnlose kleine Machwerk des Freiheitsdichters empfand ich damals schon als nichts Besonderes. Aber es machte Riesenspaß, als Reifrockfräulein vor den Eltern und einigen guten Freunden die verzierten Verse zu sprechen. Statt die Vorstellung zu schildern, will ich die Kritik hierhersetzen, die mein Vater als erster «Unparteiischer» uns ins Mimikbuch schrieb.

«München, den 15. 1. 19.

Der ‹Laienbund›, jenes junge theatralische Unternehmen, von dessen Begründung und Zwecken auf vorstehenden Blättern Nachricht gegeben, hatte sich vorgesetzt, am verwichenen Sonntag einen ersten Beweis seiner künstlerischen Daseinsberechtigung zu liefern, was ihm denn auch nach dem wohl einstimmigen und vom Ref. gern zu bestätigenden Urteil der gebildeten Öffentlichkeit recht wohl gelang. In Szene ging ‹Die Gouvernante›, jenes feine, wenn auch etwas marklose Werkchen des leider so jung verstorbenen Th. Körner, womit, wie anerkennend zugestanden sei, die Spielleitung einen geschickten Griff in das Schatzkästlein der heiteren Muse getan hatte. Der dramatische Knoten des Stückchens darf als wohlgeknüpft, die Verssprache als anmutig dahinhüpfend, die Lösung der feingesponnenen Intrige als geistreich angesprochen werden – Eigenschaften, welche durch die Vorstellung im ganzen trefflich zur Geltung gebracht wurden. Die Gouvernante wurde von Fräulein Titi mit verständiger Distinktion verkörpert. Nur dem großen Monolog erwies sich die Gestaltungskraft der achtbaren Künstlerin, welche übrigens die in ihrer Rolle enthaltenen französischen Redewendungen mit Exaktheit zu Gehör brachte, als noch nicht völlig gewachsen. Als Luise bewies Herr Klaus viel Biedersinn, doch bleibt der hoffnungsvolle Darsteller aufmerksam zu machen, daß das Sprechen gegen den Hintergrund in Kennerkreisen mit Recht als Unsitte gilt, da es das Verständnis der Dichterworte, von denen ein jedes dem Gebildeten teuer ist, erschwert. Die Rolle der Franziska lag bei Herrn R. Hallgarten in den besten Händen. Der Künstler bewies gute Haltung und fand zu Herzen gehende Betonungen. Er stand auch in der Umkleideszene, bei welcher seinem Partner der scherzhafte und darum dankbarere Teil zufiel, sehr wacker seinen Mann. – Die Kostüme waren stilvoll, die Dekorationen würdig, die Zuhörerschaft erlesen – mit Ausnahme jenes Rohlings, welcher bei der durch den freilich in seiner Erscheinung etwas wunderlich anmutenden Theaterdiener nach Schluß der Vorstellung eingeleiteten Tellersammlung sich nicht entblödete, die Summe von 7 (sieben!) Pfennigen (!?!) zu spenden, ein Gebaren, von dem auch an dieser Stelle ausdrücklich abzurücken wir uns nicht versagen wollen, können, mögen und dürfen.» (Kaum braucht erwähnt zu werden, daß jener Rohling eben der Referent war.)

Sofort nach der «Gouvernante» begann die Schwierigkeit, wieder ein mögliches Stück zu finden, jene echte, fressende und wurmende Theaterdirektorensorge, die uns auch später noch so viel zu schaffen machen sollte. «Es wurden gekauft ‹Venus im Grünen› von Lothar und ‹Der Präsident› von unbedeutender Hand», berichtet die Chronik. «Nicht aufführbar.» Wobei zu bemerken ist, daß «Venus im Grünen», als wahrscheinlich unpassend, uns schon *vor* der Lektüre von Elternhand wieder entzogen wurde. – Inzwischen war Gretel Walter Mitglied des Bundes geworden. Man entschied sich für Kotzebues «Schneider Fips» als nächste Novität. Die Premiere fand im Hallgartenschen Hause, diesmal abends, statt. Schon waren wir anspruchsvoller geworden: Theaterfriseur Kunst mußte uns Masken schminken. Die Chronik hält fest: «Der Zuschauerraum ist sehr schön. In ihm sitzen: Bruno Walter mit Frau und Tochter Lotte; Frau Geheimrat Marcks mit Fräulein Gerta Marcks und Otto, Frau Pfitzner, Herr und Frau Mann, Herr und Frau Hallgarten und die Fräuleins. Die Vorstellung verläuft sehr gut. Wölfi (Rickis Bruder) souffliert nicht ausreichend. Einmal fällt die Wand ein, was sich jedoch durch Witze vertuschen läßt.»

Diesmal hatte Ricki die große Charakterpartie inne, Erika und ich spielten das sich liebende Paar. Madame Zephyr, eine Modekünstlerin, aber war Gretel. Bruno Walter dichtete die Kritik, die so viel reiz- und geistvoller war als das Stück, über welches sie scherzte.

Durch das Dazukommen der Walters-Mädchen und des Fräulein Gerta Marcks wurde die Sache erst richtig. Der Mimikbund, was er an Intrigen, Sensationen mit sich brachte, füllte uns mit einer so großen Leidenschaft aus, daß die Eltern schon anfingen, bedenklich zu werden. Vor allem das Haus Walter und das Haus Mann begannen sich darüber einig zu sein, daß wir gemeinsam nur auf Unfug sännen – eine elterliche Wahnvorstellung, die uns später noch gräßlich sollte zu schaffen machen. Frau Walter besonders witterte in Erika und mir etwas wie das böse Prinzip, das drauf und dran war, über ihre schutzlosen und nur zu empfänglichen Töchter herzufallen – eine doch sicher etwas übertriebene Auffassung der Dinge. Oft genug wurden Versuche gemacht, den Verkehr einfach zu unterbinden; aber er ließ sich nicht ausrotten wie das zähe Unkraut. Wir fühlten uns *zu* wohl miteinander. Frau Walters moralischen Argwohn gegen uns nahmen wir als echt mütterliche Unbegreiflichkeit hin, die wir ihr aber keineswegs verdachten. Vielmehr nahten wir uns ihr nie anders als zutraulich und ergeben, ließen auch nicht davon ab, Bruno Walter, der von einer wunderbar scherzhaften und zuweilen flammend ernsten Güte gegen uns war, schwärmerisch zu verehren.

Der Mimikbund wagte sich an «Minna von Barnhelm». Um die Besetzung entspannen sich Streitigkeiten und Intrigen, wie sie in keinem Stadttheater eifervoller und erbitterter geführt werden könnten. Schließlich bekam Lotte, als die Schönste und Erwachsenste von uns, die Minna, Gretel, weil wir sie die Pikanteste fanden, Jungfer Franziska. Erika mußte sich mit Wachtmeister Werner begnügen, während Wölfi Hallgarten Tellheim war, und Ricki den Wirt zwar probierte, aber dann nicht spielte, da er aufs Land verzog, von einem halb physischen, halb ersonnenen Leiden geplagt. Ich selber bekam den Just. Die schauspielerische Sensation des Abends wurde Golo als Dame in Trauer, der, mit unheimlich verschminktem Frätzchen und heiserer Klagestimme, eine welke, kleine Figur von makabrer Eindringlichkeit schuf. Er hatte, immer noch, jenen Stich ins Dämonisch-Skurrile, der ihm für die Dame im schwarzen Schleiergewand vortrefflich zustatten kam.

Wir nahmen das Theaterspielen, die Proben, die Intrigen und alles, was damit zusammenhing, fanatisch ernst – so ernst, wie nur Kinder oder Menschen, die für eine Idee entflammt sind, etwas nehmen können, nie die Schauspieler von Beruf. Deshalb muß das Resultat zum mindesten sehr rührend gewesen sein. In meiner Erinnerung war die «Minna» mehr als nur das.

Die Proben – von Gerta geleitet – verliefen unendlich echt erwachsen und theaterhaft. Gerta nannte uns «Herrschaften». Immer, wenn ich inzwischen auf richtigen Theaterproben war, mußte ich an den Mimikbund denken. Wir machten es genauso; nur *noch* echter. – Besonders perfekt wurde alles dadurch, daß ein junger Mann in unseren kindlichen Kreis kam, der an der Münchener Oper wirkte und Rudi Moralt hieß. Er spielte nun statt Ricki den Wirt, war sehr angenehm, brünett und wohlgestalt, wußte zu erzählen, daß er mit der Altistin Frau Luise Willer – für die ich damals zu schwärmen begann – auf den Rosenkavalier-Walzer wahrhaftig getanzt habe, und daß der Doktor Emil Schipper immer Äpfel während der Proben esse. All das imponierte uns sehr.

Die Minna-Aufführung gestaltete sich zu einer Art gesellschaftlichem Ereignis – was wir aber, Gott sei Dank, damals nicht wußten. Sie fand im Hause des Geheimrat Marcks statt, das zwischen dem von Bruno Walter und Gustl Waldau lag. Beim Schminken half uns Maria Ivogün. Wir hatten richtige Prachtkostüme vom großen Maskenverleih Diringer. Lotte war von schelmisch-süßem Liebreiz; ich fand, daß sie unwahrscheinlich schön aussähe. – Die Kritik schrieb uns Doktor Fritz Endres, der inzwischen in Lübeck wirkt. In meinem Tagebuch schwärme ich emphatisch von den Wonnen des Schminkegeruchs, den Entzückungen, die es bereitet, in der Kulisse aufs Stichwort zu warten. Schauspieler zu werden war ich fest entschlossen. Zu nichts anderem konnte ich berufen sein.

Bei Lessing angelangt, gedachten wir unser Niveau zunächst nicht zu senken. Unter Molière und Shakespeare taten wir es nicht. Die nächste Premiere war Molières «Arzt wider Willen» (Frühling 1920); die übernächste aber «Was Ihr wollt» (1. Januar 1921). Im «Arzt» spielte ich die Hauptrolle, Erika den père noble mit weißer Lockenperücke. Walters durften ernsthaft nicht mehr mitspielen; übrigens waren sie damals auch schon viel fort von München. Deshalb mußten wir mehr und mehr Leute zuziehen, die uns nicht so nahestanden. Mit den Kindern des Malers Geffcken befreundeten wir uns, wenn sie auch nie zur geheimbündlerisch-verschworenen «Herzogpark-Bande» gehörten. Mit anderen hatten wir weniger Glück. So muß ich im Mimikbuch über unsere Cousine Eva-Maria folgende harte Worte finden: «Zu bemerken ist leider, daß Evele Löhr wegen kindischer Frechheit aus dem Bunde gewiesen wurde. Ihr Verlust ist, wenn auch eher beklagenswert, so doch spielend ersetzbar und nicht weiter ernstzunehmen.»

«Was Ihr wollt» wurde eine große Silvesterfeier im Hause Hallgarten. Das erste Mal hatten wir ein richtiges Podium aufgebaut bekommen. Die Gesellschaft war groß, die uns zuhörte. Ich erinnere mich noch so gut an Erikas Viola, an ihre Herbheit und schön befangene Anmut. An diesem Abend, glaube ich, entschied es sich für sie, daß sie Schauspielerin werden mußte. Den Herzog spielte Willi Süskind, der damals zu uns kam. Wir fanden ihn, als er uns zuerst die Verse von der «Musik, die Liebe Nahrung gibt», vordeklamierte, so zart, spitz und fein, daß wir schier vor Lachen bersten wollten und nur hervorpruschten konnten: «Ach, wir lachen ja nicht über Sie, Herr Süskind –» Mit seinem Gastspiel als Herzog aber begann eine zunächst immer wieder ironisierte, romantisch umschnörkelte Freundschaft, die inzwischen ihren geistig-menschlichen Gehalt durch beinah zwölf Jahre der Zusammengehörigkeit bewiesen hat.

Seine Besprechung von «Was Ihr wollt» im Mimikbund schloß Vater Hallgarten: «Ich weiß nicht, liebe Mimiker, ob das die Kritik ist, die Ihr wollt. Es genüge Euch, daß *wir* hatten, was wir wollten: Abende voll Frohsinn und Jugend! Und das ist schon Eurer Mühe wert.»

Ich persönlich hatte nicht so viel Anlaß, zufrieden mit dem Erfolge meines Tobias Rülps zu sein. Dem wohlwollenden Gros des Publikums war nichts Arges an ihm aufgefallen, aber einige Anverwandte verfuhren strenger mit mir. So notiere ich bitter:

«Als Tobias war ich schlecht. Durchgefallen – quasi. Nur ein bißchen rücksichtsvoller als im Theater. Auch das nicht bei allen. Mielein sagt mir ganz offen, daß ich kein Talent habe. Nun gute Nacht, Theaterspielen! – Ich bin recht betrübt.»

Also beschloß ich wieder, mich der Dichtkunst zuzuwenden.

Der Mimikbund bedeutete natürlich nur ein Teilgebiet unserer geselligen Unternehmungen. Aus allem, was wir gemeinsam taten (Walters, Ricki, wir und gelegentlich noch ein paar andere), wurde ein wildes Abenteuer. *Alle* guten Eigenschaften kann man uns absprechen – aber *phantasiebegabt* waren wir im allerhöchsten Grade. Freilich glaube ich, daß alle Kinder zwischen zehn und fünfzehn Jahren mehr an Phantastischstem produzieren, als die Erwachsenen sich's träumen lassen.

Nicht die Tätigkeiten selbst waren merkwürdig, sondern der Fanatismus, mit dem wir uns ihnen ergaben: das Deutschballspielen auf der Wiese (nur gelegentlich mit Begleitung von Kanonendonner); das Räuber- und Prinzessinspielen in den dunklen Gebüschen (in der Erinnerung erscheint es mir als Gefahr ohnegleichen; unterdrückte Angstschreie hinter schwarzen Baumstämmen; plötzlich hat man sich zu weit von den anderen entfernt, da ist man allein mit der Nacht und mit ihren Geräuschen); das verbotene Fahren mit der ratternden, kleinen Eisenbahn, die, an unserem Hause vorbei, zum Stauwerk der «Mittleren Isar» führte. Wenn wir in einem Gewässer des Englischen Gartens – oben beim Aumeister, wo er wilder ist – mit Ricki zusammen baden gingen, machten wir auch daraus etwas Geheimnisvolles und schön Verbotenes. «Tipsen»-gehen nannten wir es, Gott weiß, warum, und ein ganzes Kauderwelsch von Decknamen, unverständlichen Formeln und Redensarten verband sich mit solchen doch eher harmlosen Ausflügen.

Auch dieses Unsinn-Machen und Die-Leute-Düpieren, in dem wir uns später eine so beunruhigende Kunstfertigkeit aneignen sollten, begannen wir damals schon zu erlernen, wirklich, wie man eine mühsame und komplizierte Kunst erlernt. Die Telefonanrufe begannen, mit denen wir Bühnenstars sowie durchaus fremde Herrschaften neckten und entsetzten; wir gossen Leuten, die wir – ohne sie zu kennen – nicht sehr liebhatten, Wasser in ihre Briefkästen, so daß sie ihre Post aufgeweicht vorfinden mußten. In meinem Tagebuch finde ich angemerkt: «Steigen in alle möglichen Wohnungen, um absurde Meldungen auszurichten; bitten alte Damen kniefällig, uns ein Töpfchen alter Schminke abzukaufen.» – «Kleine alte Runzeldame nach einem exotischen, feisten, hellgelben ‹Teckel› gefragt; ihr erzählt, daß Papa uns zu Tode prügeln würde, daß wir Berliner

Durchreisende wären, nach Wien wollten und im Parkhotel wohnten. Gaben eine verzwackte Telefonnummer an, jammerten noch ein wenig um den Teckel, der nun wohl verhungern müßte, und liefen davon.»

Natürlich gingen wir rasend gern ins Theater. Auf den Walterschen Plätzen – die beiden linken Eckplätze der ersten Reihe – sahen wir die allerschönsten Opernvorstellungen: «Fliegender Holländer» und «Hans Heiling», «Christelflein», «Don Pasquale» und die «Vögel» von Braunfels. Es war die große Zeit der Münchener Oper: Bruno Walter, die Ivogün, Delia Reinhardt, Schützendorf, Bender und Erb. Ich fing an, für die üppig temperamentvolle Frau Luise Willer zu schwärmen, deren Carmen mir ein Symbol verheerend primitiver Weiblichkeit wurde – dasselbe, was mir ein paar Jahre später die Wedekindsche Lulu bedeutete. Der angebeteten Dame mit dem sonoren Organ und den schwellenden Gesten, die ich so völlig unwiderstehlich fand, ließ ich von Golo ein Lebkuchenherz, das ich auf der Oktoberwiese gekauft hatte und auf dem «Vergiß mein nicht!» stand, kurz entschlossen in die Wohnung bringen. Ich flehte sie um postlagernde Briefe an sowie um ein Rendezvous, worauf sie natürlich nicht reagierte. Ich kam mir deshalb vor wie Don José und glaubte leiden zu müssen.

Durch Lotte und Grete lernten wir zuweilen wirkliche Sänger kennen, was köstlich-erregend war. Vormittags stiegen wir manchmal – nur um Bühnenluft atmen zu dürfen – auf den Schnürboden des ehrwürdigen Nationaltheaters. Dabei ertappte uns einmal der Schauspieler Kurt Stieler, der sehr barsch mit uns war, bis wir ihm unsere Namen sagten, worauf er sich – zu unserer größten Überraschung – in die Liebenswürdigkeit selbst verwandelte.

Wenn wir die Walterschen Plätze nicht bekommen konnten, nahmen wir die unwahrscheinlichsten Strapazen auf uns, um doch nicht fehlen zu müssen. Ich weiß, daß wir einmal acht Stunden anstanden, um dann die «Zauberflöte» auf Stehplätzen anzuhören. – Wir liebten die Oper mehr als das Schauspiel; übrigens war sie auch besser. Aber der erste «Carlos», «Romeo und Julia», die «Räuber», Ibsens «Nordische Heerfahrt»: ich füllte Seiten und Seiten mit den aufgeregtesten und steilsten Tiraden, um auszusagen, wie mich das alles ergriff. – In die Kammerspiele, die damals die große Strindberg-

Wedekind-Blüte hatten und glänzend gewesen sein müssen, durften wir noch nicht. Auf allerlei Konzertzyklen und Matineeveranstaltungen hingegen hatten wir uns unersättlich abonniert; hörten den jungen Östwig Wagner-Arien singen, Waldau und Frau von Hagen Humoristisches rezitieren und sahen Edith von Schrenk und Niddy Impekoven tanzen. Edith von Schrenk in ihrer gotisch starren Heftigkeit ergreift mich, während mich die Impekoven entzückt. («Natürlich entsetzlicher Beifall», bemerke ich in Klammern ehrfurchtsvoll.)

Wundervoll fand ich es, in der Matthäuspassion mitzusingen; was ein Vorrecht des Knabenchors vom Wilhelmsgymnasium war. Eifrig erhitzt stand ich im blauen Matrosenanzug in der ersten Reihe der Sängerbuben. Am schönsten war, daß ich nachher mit Walter in der blauen Kutsche nach Hause fahren durfte, welche die Leitung der Akademiekonzerte ihm stellte. «Ohne dich hätte die Aufführung gar nicht stattfinden können», pflegte er todmüde mit mir zu scherzen.

In all diesen Jahren las ich mit einem Heißhunger, der sich, durch keinerlei Vorkenntnisse oder Voraussetzungen gehemmt, auf die Weltliteratur stürzte. Die Frage, was ich «davon hatte», wäre höchst kompliziert oder überhaupt nicht beantwortbar. Man nimmt von Werken, für die man intellektuell keineswegs reif sein kann, wohl etwas auf – wenn es auch nicht das ist, was der Autor mit ihnen ausdrücken wollte; vor allem die Handlung und etwas von einer oberflächlichen und groben Psychologie. Man verschlingt «Egmont» und «Carlos» nicht anders als Detektivromane. Es ist eine absolut unwahre Theorie, daß Kinder die «idealen Leser» seien; aber der ideale Leser müßte sich etwas von der primitiven Wißbegier, der Begeisterungsfähigkeit des Kindes bewahrt haben. – Kinder haben überhaupt kein Qualitätsgefühl. Sie finden «Trotzköpfchen» genauso schön wie den «Blonden Eckbert». Es amüsiert mich, zu beobachten, wie zwischen meinem zwölften und vierzehnten Jahr der Sinn für literarischen Wert oder Unwert eines Produkts sich mählich entwickelt. Losgelassen auf die Erzeugnisse der höchsten und der drittklassigen Literatur wie ein junger Hund in einen Garten voll von Hecken, kleinen Grotten, Überraschungen, Vexierkünsten und verborgenen Schönheiten, mußte ich mich ziemlich selbständig zurechtfinden lernen. Freilich halfen dabei die Erwachsenen, aber wesentlich doch wohl nicht. Sie machten uns nur mit dem Besten bekannt; aber dadurch lernten wir noch nicht spüren, ob etwas anderes, was uns gleichfalls vorzüglich gefiel, auch wirklich ebensogut war.

Noch nicht zwölfjährig, schreibe ich auf: «Jetzt lese ich Körners ‹Sühne›. *Ob ich die Schicksalstragödie eigentlich verachte oder verehre, weiß ich noch nicht.* Mit ‹Kriemhildens Rache› bin ich glücklich zu Ende. Besser wie das erste ist es. Ich kann es ja nicht so beurteilen.» Eines Tages komme ich darauf, daß Körner gar kein so besonders großer Dichter ist oder daß Hebbels Lustspiele weniger bedeuten als seine Tragödien. Dieses mähliche Sichvortasten und Ein-wenig-Klarwerden hat etwas merkwürdig Rührendes für mich, da ich es nun rückblickend verfolge. Beinahe täglich las ich ein ganzes Buch, es ist erschreckend – und inzwischen bin ich ein Langsamleser geworden –: deutsche Romantiker und Erzählungen von Björn Björnson, Shakespeare, Grillparzers Tagebücher und den «Faust», Hamsun, Mörike, Dehmel, Walter Scott, Ibsen und Hauptmann. «Den ‹Freund Hein› fertig gelesen. Finde ihn ganz verehrungswürdig. Sprachlich und gedanklich. Außer ‹Hannele› hat mich selten ein Buch so ergriffen.»

Dreizehnjährig: «Lese Rose Bernd. Verstehe es nicht so ganz. Bin nicht – ‹aufgeklärt› genug. Doch viel Wunderbares. Will einmal von Hauptmann loskommen. *Und vielleicht ist es das beste, ich kehre zu den Klassikern zurück.*» – Hauptmann, der später nie wieder eine Faszination für mich hatte, war mein erklärter Lieblingsdichter. In verschiedenen blauen Schulheften, die Dramen von mir aus jener Zeit enthalten, steht eine Widmung an *ihn* in der kindlich steilen Schrift auf der ersten Seite: «Gerhart Hauptmann, dem Dichter der ‹Versunkenen Glocke›, in Ehrfurcht gewidmet.»

Meine Mutter versuchte diesen ungeheuren Bücherkonsum, um den mein Vater sich nicht kümmern konnte, ein wenig zu überwachen. Ich nahm ihre Verbote heilig ernst, und wenn ich sie überschritt, empfand ich es als etwas durchaus Entsetzliches. Nie wäre es mir eingefallen, in einem Bande, den ich ausgehändigt bekommen hatte, außer dem erlaubten auch das verbotene Stück zu lesen – etwa in dem Lessingband, wo mir «Nathan der Weise» gestattet war, in die untersagte «Emilia Galotti» zu spitzen –: aber nachmittags, während mein Vater schlief, schlich ich mich, die Wangen gerötet vom Gefühl, das Böseste zu treiben, in sein geheiligtes Arbeitszimmer, wo es nach Zigarrenrauch und väterlicher Würde roch, um auf einem Sessel, den ich heute noch kaum ohne geheimen Schauer anzusehen vermag, Wedekinds «Kammersänger» zu lesen. Außer der bizarren und für mich so neuartigen Diktion konnte mich an diesem Meisterwerk nichts reizen als das Gefühl, daß es verboten war; denn von der moralischen Problematik, von dem grotesken Pathos der Dialoge merkte ich nichts. – Viel ehrlicher begeisterte mich ein anderes, ausgefalleneres Buch, das ich in diesen bitterbösen Nachmittagsstunden heimlich verschlang: der Schauspielerinnenroman «Maja» von Anja von Mendelsohn. Aus ihm konnte ich lange Stellen auswendig und rezitierte sie den Geschwistern in singendem Tonfall, bis sie ganz wahnsinnig wurden: «Ins Tiefe, Dunkle, Kühle hinein – war ich schön damals, Hans Behrensen –?»

Als meine verruchten Nachmittagseskapaden aufkamen, gab es natürlich die gräßlichste Katastrophe. Tagebuchnotiz vom 29. Februar 1919: «Es ist entdeckt worden, daß ich heimlich in Pieleins Zimmer gelesen habe. Ich bin *sehr* geschimpft worden. Abends war in der Stadt ein Kampf zwischen Mehrheitssozialisten und Spartakisten.»

Wir bekamen viel vorgelesen. Mein Vater – damals mehr denn je auf die großen russischen Erzähler eingestellt – las mit uns Gogol, Dostojewskijs «Dumme Geschichte», Volkserzählungen von Tolstoi und einige seiner großen Novellen. Wir liebten sie; aber noch mehr liebten wir Dickens, dessen beinah sämtliche Romane uns Großmutter Offi viele Jahre hindurch jeden Sonntagnachmittag vorlas. Sie las prachtvoll gut, denn sie war Schauspielerin gewesen. Meisterlich verstand sie es, die einzelnen Personen voneinander zu unterscheiden, und an den spannendsten Stellen hatte sie dramatische Akzente, die uns den Atem raubten. Wir lernten «Oliver Twist», «David Copperfield», «Domby», «Nickelby», «Die zwei Städte» usw. durch sie kennen; als wir mit Dickens fertig waren, gingen wir zu Wilhelm Raabe und dem Holländer Multatuli über. Das war aber nicht mehr das ganz Richtige. Der wahre Geist dieser

Sonntagnachmittage war Dickens, dessen gemütlich-humorige und schaurig-abenteuervolle Welt Erika und mich verzauberte.

Jetzt ist mir doch, als müßte das gestern gewesen sein, und ich sehe uns in diesem wunderschönen Renaissancesalon der Arcisstraße auf den samtenen Bänken am Fenster sitzen; und ich spüre den eigenartigen Geruch des dämmerigen Raumes, dessen Geruch von Teppichen, Ledereinbänden, altem Samt und Ölgemälden, den ich keineswegs zu schildern vermöchte, aber den ich erkennen würde unter Tausenden von anderen Gerüchen.

Die Sonntagnachmittage zerfielen in zwei Hälften, von denen eine jede gleich köstlich und erregend war: erst die Lektüre, dann der erwachsene Tee mit den Gästen. Wir rückten unsere Stühlchen zurecht wie im Theater und hörten gierig, wie die Großen sprachen. Jeder Gast ward benotet, bis zu welchem Grade er amüsant war. Theaterleute standen am höchsten im Kurse, weil sie samt und sonders Anekdoten erzählten. Uns schwindelte, wie sie nur so nachlässig und elegant sein konnten, wenn sie höchst nebenbei bemerkten, daß sie rasch mal «auf einen Akt in den ‹Tristan› müßten». – Nicht nur während der Kriegsjahre, sondern sicher noch bis 1920 war es üblich, daß wir zu diesen Teebesuchen unser eigenes Schwarzbrot mitbrachten, da uns das großelterliche Haus nichts von seinem kostbaren Markenbrot abgeben konnte. Die Situation ist charakteristisch: wir Kinder auf den Samtbänken dieses prachtvollen Salons, der von Kunstschätzen voll war, unser mitgebrachtes Kleiebrot verzehrend.

Nach dem Tee musizierte Großvater Ofei mit einem Freunde auf zwei Flügeln nebenan im Musiksaal. Sie spielten Wagner, manchmal auch Beethoven oder einen anderen Klassiker; aber ich fand den «Liebestod» weitaus am schönsten. Freilich war meine Auffassung der Tristan-Musik durchaus unselbständig und bestimmt von der Wagner-Psychologie meines Vaters (damals lernte ich eben «Buddenbrooks» und die Novellen kennen). Es wäre interessant festzustellen, wie weit mir diese Beeinflussung klar war, oder ob ich mir einbildete, selbständig zu reagieren. Wahrscheinlich ist letzteres der Fall gewesen. – Wagner ist in Wahrheit niemals ein Erlebnis für mich geworden (wenn auch oft ein musikalisches Genußmittel) –, eine Indifferenz, die ich übrigens mit meiner ganzen Generation teile.

Mit demselben Feuereifer, mit dem ich Literatur aufnahm, produzierte ich: der Berg von Dramen und Romanen, den ich schon früher erwähnen mußte, schichtete sich in diesen Jahren immer höher und höher. Es war ganz enorm, was ich schrieb – quantitativ betrachtet. Dabei quälte mich schon, daß meine Erzeugnisse keine andere Funktion haben sollten als die, in meiner Lade zu liegen. Um eine gewisse Öffentlichkeit zu gewinnen, benutzte ich sie mit Vorliebe als Geschenkartikel: ich schenkte etwa Offi ein Schauspiel über die Jugend Friedrichs des Großen zu Weihnachten (es war kraß, beinahe schon expressionistisch verzerrt, dabei aber den Naturalisten nachgemacht), Mielein, zur Geburt von Bruder Bibi, eine Komödie, die unter den Dienstboten unseres Hauses spielte, ihre Zänkereien behandelte und «Die Schlacht» hieß. Mir schien sie sehr drollig und als Wochenbettgeschenk bestens geeignet, mein Vater aber erklärte mir bei Tisch rundheraus, daß sie eine «Taktlosigkeit sei, die nur meine große Jugend entschuldige». Ich war vollkommen fassungslos. Aber durch nichts einzuschüchtern, versuchte ich mit allen Listen über den Familienkreis hinaus zu wirken, und bot meine Tragödien in Schulheften und kindlich aufgeschrieben, dem Verlag Müller unter dem Pseudonym Karl Trebitsch an. Als Natascha Huber telefonierte ich mit Paul Brann, dem Leiter einer Marionettenbühne, dem ich einen Dreiakter «Das fremde Weib» eingereicht hatte. Der gutmütige Mann – an dessen tiefe Stimme ich mich sehr gut erinnere – forderte mich auf, zu ihm zu kommen, aber ich lehnte mit hoher Damenstimme ab, da mich Rücksichten auf Verwandte bänden.

Die einzigen Publizierungen, zu denen es kam, waren in der Gymnasiasten-Zeitschrift «Der Jugendfreund», die einige aufgeweckte Jungen am Wilhelmsgymnasium herausgaben, und an deren Redaktion ich mitwirkte. Ein Tolstoi-Aufsatz von mir bekam den zweiten Preis bei einer literarischen Konkurrenz; aber eine Skizze «Die Gotteslästerin» – politisch etwas zu radikal und stilistisch etwas zu keß – erregte unangenehmes Aufsehen, so daß der Rektor selber mich zu sich beschied und mir nahelegte, von solchen Veröffentlichungen lieber Abstand zu nehmen.

Was ich an Geschriebenem aus dem Jahre 1918 und 1919 finde, hat beinah alles noch dieses Leerlaufende, grotesk Konstruierte, völlig Erlebnislose wie meine allererste Produktion, von der ich gesprochen habe. (Der Trieb zu formen, zu spielen, zu dichten war da, aber hatte noch keinen Inhalt; oder vielmehr: den Inhalt konnte ich noch nicht fassen.) – Es reizt mich, eine kleine Probe aus einem dieser Dramen abzuschreiben; sie ist ganz zufällig; ich könnte ein Dutzend anderer statt ihrer wählen, alle finde ich sie von einer ganz gleich überraschenden Komik.

«Marie Heilmann»
Tragödie in zwei Teilen

1. Teil

Personen:
Marie Heilmann, Sentimentale
Lottchen Kraus, Naive, ihre Freundin
Dussan, französischer Schriftsteller
Nimmann, Wagnersänger
Sein Freund
General von Bernow
Zwei alte Damen
Zuschauer, Volk, Gäste
Das Stück spielt in Straßburg.
(«Straßburg» durchgestrichen; statt dessen: Paris.)

1. Akt

Abend. Vor dem Eingang des Theaters. Der Eingang wird umstanden von einer Menge Leute. Marie Heilmann mit Lottchen Kraus tritt heraus. Marie ist eine sehr schöne Figur, blendend schön, teuer und elegant gekleidet. Lottchen klein, niedlich, «naiv». Die Leute klatschen.

Leute: Bravo! Bravo! Heilmann! Fräulein Heilmann! Bravo!
Heilmann: Danke! Danke bestens! Aber lassen Sie mich bloß weg!
Leute: Bravo! Bravo! Großartig! *(Marie tritt in den Vordergrund.*

Sie fährt sich mit der Hand über die Stirne und lächelt. Es liegt etwas Selbstbewußtes, Gemachtes in dieser Geste und in diesem Lächeln.)

(Herr Nimmann tritt auf sie zu. Ein großer, hagerer, brünetter Mann. Er gibt ihr einen Strauß weißer Rosen.)

MARIE: Danke. Oh, das duftet. Ich liebe die Rose.

NIMMANN: Sie bedeutet Liebe.

Pause

NIMMANN: Sie sind wundervoll als Gretchen.

MARIE: Ich liebe die Rolle.

NIMMANN: Wenn Sie so auf der Bühne stehen, mit den wilden Augen, den leise zitternden Lippen, den Strähnen Haars, die über die entblößte Schulter fallen, den zusammengekrampften Händen und dem weißen Kleid, dann verehre ich Sie aus tiefstem Herzen. – Sie sind doch eine große Schauspielerin.

MARIE *(leicht und kühl)*: Sie verstehen es zu schmeicheln, Herr!

NIMMANN: Schmeicheln? Nein, Fräulein. Glauben Sie das nicht von mir. Ich verehre Sie – ja, noch mehr – ich – Genug, mein Fräulein. Ich will Sie nicht kränken, ich will Sie nicht beleidigen. Sie können mich nie lieben. Ihr Gemahl muß mal ein Dichter sein, ein recht großer, feuriger Dichter, ein Goethe, ein Shakespeare – aber kein lumpiger Sänger mit tausend Reichsmark Gage.

MARIE: Meinen Sie?

NIMMANN: Mein Fräulein, gestehen Sie es, Sie lieben den Dichter Dussan.

MARIE: Was geht Sie das an?

NIMMANN: Mein Fräulein, ich glaube, Sie werden einmal einen Franzosen heiraten. Sie sind im Geist eine Französin. So fein, so elegant und so rücksichtslos. Ein Stendhal müßte Ihr Gatte werden – oder ein Dussan.

MARIE: Lassen Sie mich, ich muß nach Hause. Ich bin müde. Das Gretchen strengt an.

NIMMANN: Fräulein, ich glaube, Sie verhöhnen mich. Sie wissen, daß ich Sie liebe und sind doch so zu mir. Ist das nicht Hohn?

MARIE: Gut'n Abend, Herr Nimmann. Morgen singen Sie den

Siegfried, nicht wahr? Ich werde kommen. Geben Sie sich Mühe, dementsprechend. Adieu. *(Ab.)*

NIMMANN: Sie trägt eine vorzügliche Maske. Aber sie liebt mich. Was hilft das Leugnen, das Hochmütigtun? Sie liebt mich dennoch!

Der Salon der Marie. Weiche, tändelnde Formen. Auf einem niedrigen Sofa Marie, in weite, schleierhafte Gewänder gehüllt, mit nackten Schultern und fast nackter Brust, mit offenem Haar, in dem Rosen stecken, liegend und aus dem «Faust» übend. Das Textbuch liegt auf einem kleinen Tisch.

Der Tragödie erster Teil entwickelt sich dahin, daß die üppige Heilmann den Heldentenor mit den lumpigen tausend Reichsmark in der Tat heiratet, aber eigentlich nur, um den Dussan zu ärgern. Alles geht dermaßen schief, daß, als ein sonst unbekannter Freund im 2. Akt den Opernsänger fragt: «Nun sei mal offen zu mir, Nimmann; ist deine Ehe mit Marie gut? Ich will jetzt keine allgemeinen Phrasen hören: Ist sie gut oder schlecht?» – Nimmann zugeben muß: «Sie ist schlecht. Ich sag' es dir jetzt offen, denn du bist mein Freund. Ich hasse sie sogar nach und nach. Sie ist unverschämt, weißt du.» – In der nächsten Szene nennt Marie ihren Gatten schon «Brüllaff» und behauptet, ganz ohne Grund, daß sie seine «Sklavin», seine «feile Dienerin» wäre. Kurz und gut: sie ermordet ihn und tut noch so, als wenn dem feurigen Dichter Dussan ein Gefallen damit geschähe.

Der zweite Teil zeigt die Witwe Nimmann in einem Wolkenkratzerstübchen zu New York – «klein, häßlich, dunkel» – und verheiratet mit Andres Ivoniewitsch, «einem kleinen, echt russischen Typ». Der echt russische Typ beschäftigt sich damit, daß er distinguierte Fremde vom Bahnhof in seinen Wolkenkratzer lockt, wo er sie dann erwürgt. Marie, so verkommen sie innerlich schon ist, will erst nicht mitspielen, wird aber auf die brutalste Art dazu gezwungen und beteiligt sich an der Erwürgung eines fremden Bankdirektors. Ihr kleiner Gatte kommt diesmal auf und soll hingerichtet werden, wozu die Heilmann aber kühl bemerkt: «Was weiter? Einmal wärest du doch gestorben, und ist denn das Leben schön?» – Ihr selbst gelingt es, nach Europa zu fliehen, wo sie nicht mehr viel Gutes erlebt. Den feurigen Franzosen sieht sie nicht wieder, nur einen alten Bekannten, General von Bernow, der sie empfängt: «Wie? – Marie Heilmann? – Oh – ja – ja – nun erkenne ich Sie wieder! Wie sehr haben wir Sie hier vermißt! Wollen Sie wieder spielen – ja – das ist recht – wie früher – setzen Sie sich doch – Sie haben sich sehr verändert –» Darauf Marie: «Das Leid ist dem Alter zuvorgekommen. Ich bin bereit zu sterben.» Und der General: «Wie! Gnädiges Fräulein! In Ihren Jahren!» – Sie vergiftet sich mit derselben Droge, die sie auch dem Tenor Nimmann eingegeben hat, und spricht scheidend, zu Dichter Dussan gewendet: «Schon spüre ich jene Schmerzen, die er fühlte, dein Feind. Ich sterbe, ich sterbe – ich räche, ich leide, ich sterbe – aus Liebe – aus Liebe –»

Es ist mir beinah völlig unvorstellbar, und ich kann es mir heute nicht nachkonstruieren, was in mir vorging, als ich Stoffe konzipierte, die von meinem wirklichen Erleben so weltenweit entfernt waren, und keinen Zugang finde ich mehr zu der inneren Verfassung, die mich Hebbel und Schiller gegenüber kritisch sein, aber nicht merken ließ, mit welch kindischer Ungeschicklichkeit ich einen Liebesdialog, eine Sterbeszene führte. Dabei kann ich nicht umhin, die Großzügigkeit zu bewundern, mit der ich ein bewegtes und weites Frauenleben zur Tragödie zusammenzufassen suchte, und ohne fürchten zu müssen, eitel zu scheinen – denn was hat meine Handschrift von heute noch mit dieser dreizehnjährigen Schrift zu tun? –, stelle ich fest, daß mir diese groteske «Marie Heilmann» als eine Art Wurf in ihrer infantilen Schmissigkeit imponiert.

Die Theaterstücke, Verse und Romane stiegen wie Seifenblasen von meinem Schülerpult auf – unverbindlich, fast gewichtslos. Märchendramen, von denen ich hoffte, daß der Mimikbund oder ein Marionettentheater sie aufführen würde; völlig ungefühlte, rhetorische Huldigungsstrophen an Mädchen. Am meisten Lebensgehalt finde ich noch in den Arbeiten, die sich mit der Schule beschäftigen. Elfjährig setzte ich der «Tragödie eines Knaben» als Motto voraus: «Wähnet nicht, ihr Pädagogen, das Kind kenne nicht den tiefen Schmerz, sondern lernet, daß auch ein Knabe leiden kann! – Der Verfasser.» Das Stück war meinem Klassenkameraden Gert Seuffert gewidmet, alle meine Mitschüler und Professoren kamen in ihm vor. Es behandelte einen Schülerselbstmord (das war aber, ehe ich «Frühlings Erwachen» kannte). Eine spätere Novelle «Professor Engelmann» bekommt durch den fanatischen Haß, den ich auf den schon erwähnten Professor W. hatte, eine gewisse Echtheit und Vehemenz. Sie fängt an: «Mit rollenden Augen eröffnete Professor Engelmann das Semester. Er sprach auf eine kurze und seltsam verärgerte Weise über Ausgeruhthaben, neuen Fleiß und dergleichen und lockerte dabei seinen schmutzigen Kragen, der seinen fetten, roten, schwitzenden und mit widerwärtigen Pickeln bedeckten Hals stören mochte. Man merkte sehr deutlich, daß die allgemeinen Phrasen ihm wenig von Herzen kamen. ‹So. Und nun wollen wir einen Schritt weiter, ins Gebiet der griechischen Sprache wandern!› sagte Professor Engelmann, schwitzend vor Begierde, seine Schüler um einige neue Verben auf mi zu bereichern.» – Die Klavierstunden, die ich um diese Zeit bei der Pianistin Hedwig Schöll nahm – einer lebhaften und netten Dame, die ich ziemlich bewunderte –, regten mich zu einem Gedichtzyklus an, den ich «Musikalische Aphorismen» nannte und der allerlei klassische Piecen (den «Verlorenen Groschen», ein Mozart-Menuett, die «Holländer»-Ouvertüre, Schuberts Militärmärsche usw.) lyrisch paraphrasierte. (Der Band war Gretel Walter gewidmet.)

Sehr langsam und allmählich fangen andere Bedürfnisse als nur das – zu fabulieren, zu spielen – an, auf das Entstehen meines Geschreibes einzuwirken. Probleme stellen sich, mit denen die Auseinandersetzung zur akuten Notwendigkeit wird. Eine Streitschrift gegen die Religion stammt aus meinem dreizehnten Jahr. Sie beginnt mit den Sätzen: «Ich glaube nicht. Seitdem ich nicht mehr an den Klapperstorch, an den Nikolaus glaube, glaube ich nicht mehr an die Religion. Ich will dies, meine Damen und Herren, begründen. Warum? – 1. Eine Hauptpropaganda, möchte ich sagen, der Religion ist doch ‹die Güte› Gottes. Warum sehe ich die Güte Gottes? fragt Luther in seinem kleinen Katechismus. – Daran, wie er die Welt regiert, antwortete dieser große Reformator. Ist denn das wahr? Sagt selbst – ihr Priester – ist denn das wahr? Seht diesen Krieg! Seht dieses Massenelend! Seht diese Kreaturen in den großen Städten! Seht diesen Sieg der Starken, der überall triumphiert – und dann sagt: Gott regiert die Welt gütig!» In diesem vernünftigen Ton geht es weiter. Ich erinnere mich, daß ich die «Streitschrift», im April 1919, nicht in meinem Zimmer, sondern auf der Diele verfaßte, während meine Mutter Bibis Entbindung überstand. Der Geheimrat, der bei meiner Mutter war, ertappte mich bei der Arbeit, las die Polemik und freute sich über sie: er war genau meiner Ansicht. – Zur selben Zeit notiere ich: «Abends in der Dunkelheit ging ich mit Ricki spazieren. Er glaubt auch nicht an Gott.» Es war meine rationalistische Zeit. Daß ich heute den Atheismus als eine vor allem *primitive* Weltanschauung empfinde, kommt vielleicht, weil ich meinerseits ihn mit dreizehn und vierzehn Jahren durchmachte.

1918: «Ich schreibe jetzt einen neuen Roman. Wilhelm heißt er. Der Held hat den Grundgedanken, daß das irdische Dasein nichts wert sei, daß man für etwas ganz anderes da sei. Ich wollte die Sache, mit der ich mich schon lange trage, einmal ausführen.» Man sieht: während es sich bei Produkten von der Art der «Marie Heilmann» um reine Spielereien einer nicht beschäftigten Phantasie handelte, ging es bei diesen Versuchen einer Auseinandersetzung mit den großen Problemen, die anfingen, mich zu bedrängen, in der Tat um Dinge, mit denen ich mich «schon lange trug». Ich will nicht sagen, daß sie mich nachts nicht schlafen ließen (denn ich schlief ausgezeichnet), aber sie beunruhigten mich, wenn ich allein spazierenging, und über ihnen sann ich bei den Schulheften. – Mit dreizehn Jahren schrieb ich eine Art abgekürzten Entwicklungsroman, «Heinrich Hollmann, die Geschichte einer Jugend»; sie ist das Interessanteste, was ich von mir aus dieser Zeit an Geschriebenem finde. Das muß ich gefühlt haben, denn als einzige Arbeit zeigte ich gerade diese meinem Vater. Ich erinnere mich, daß er mir sagte, als er sie mir zurückgab, er habe sie «nicht ungern gelesen» – und einige Worte mehr, die mich ziemlich stolz machten. Es ging in der Geschichte dieses Heinrichs – mit dem ich mich selbst meinte und den ich mit einer gewissen eitlen Gehässigkeit charakterisierte – um ein echt moralisches Problem, ja recht eigentlich um *das* moralische Problem par excellence: wie der Mensch als geistig-sinnliches Zwitterwesen in einem Zwiespalt von Sinnenlust und höchster Verpflichtung hin und her gerissen wird; wie das Tier in ihm mit dem Gott in ihm hadert; der Leib mit dem Geiste; das Träge mit dem Beflügelten. Heinrich neigte sehr zum lasterhaften Sich-in-den-Pfuhl-sinken-Lassen – worein ihn die Liebe zu einer zynischen jungen Frauensperson, der Sünde und Gewissenlosigkeit selbst, nur noch tiefer verstrickte –; während er sich andererseits der Welt des Geistes schwärmerisch verbunden fühlte – «ein tragisches Zwitterwesen, das an diesem Zwiespalt zugrunde geht». «Der Mensch ist ein Wesen, das zu hochmütig ist, sich von vornherein als Tier zu stempeln, und nicht Kraft, Wille und Fähigkeit hat, ein Gott oder sonst rein geistiges Wesen zu sein.» Heinrich versinkt in einen Abgrund, da er erkannt zu haben glaubt, daß auch die Geistesheroen, die er anbetete, schließlich nur Tiere waren, in denen jener göttliche Funke um eine trostlose Kleinigkeit stärker brannte. «Von seinen Eltern enterbt und preisgegeben von seiner Familie, dem tugendsamen Bruder verhöhnt und verlassen, floh er nach London, wo er im Opiumrausch in den Armen einer gewerbsmäßigen Dirne starb – ein sogenanntes verlorenes Subjekt, ein Mensch, in dem das Tier gesiegt hatte, ein ruhelos umhergetriebener Mann, der den Genuß suchte und ihn tief verachtete, der die Menschen und die unsterblichen Werke ihrer Kultur verhöhnte und sie liebte mit der ganzen vulkanisch-tierischen Kraft seiner Seele.» Mein eigenes Ende konnte ich mir nur verkommen und in sündigem Elend denken; in dieser Vorstellung schwelgte ich – wie denn überhaupt, ziemlich genau gleichzeitig mit meiner Hinneigung zum moralischen Thema, eine starke Sympathie für das moralisch Degradierte, Verlorene, Sündige, Angefaulte bei mir sich einstellte, die ich behalten habe, und deren ich mich nicht schäme: sie ist die Kehrseite jedes tieferen moralischen Interesses.

Von meinem Vater finde ich in dem blauen Schulheft, das die Geschichte Heinrich Hollmanns enthält, dünne Bleistiftkorrekturen – übrigens nur solche orthographischer und grammatikalischer Art (am meisten freut mich das feine Fragezeichen, das er hinter das Wort «Kokotte» setzte, da ich es völlig ahnungsloserweise für eine Dame gebrauchte, von der ich sagen wollte, daß sie kokett und viel umworben war). Ich weiß aber schon, warum er meine doch so typisch dreizehnjährige Geschichte trotz allem «nicht ungern» gelesen hat. Es wird ihn amüsiert haben, festzustellen, wie die kolossale moralische Krise der Zeit ihren Schatten sogar in meine blauen Hefte warf und wie ein Kind mit ergriffen wurde von ihrer großen Bewegung. Denn schließlich stellte ich als Dreizehnjähriger nicht selbständig Werte in Frage, die einem Vorkriegs-Dreizehnjährigen unantastbar gewesen wären. Ich spürte, daß etwas vorging mit diesen Werten, daß man sie revidierte, daß man einen Gerichtstag über sie hielt, wie sie ihn seit Beginn des Christentums nicht auszustehen gehabt hatten; einen Gerichtstag, den Nietzsche begann und der, nach dem Weltkrieg, gleichsam öffentlichste Angelegenheit wurde. Ich wußte das nicht, aber ich ahnte es. Sonst hätte ich diesen «Heinrich Hollmann» nie schreiben können. Deshalb scheint er mir für den Jungen dieses Jahrgangs in einem höheren Sinne charakteristisch – wenn er auch, so wie er ist, von dem Milieu, das meines war, bedingt wurde. Aber charakteristisch für eine Generation ist, was eine Generation vorher oder nachher *nicht* eben so hätte hervorbringen können. Die Sorgen, Nöte und Gewissensbisse, die ich mir machte, würde ein Dreizehnjähriger von 1931 sich nicht mehr machen – mag er literarisch noch so infiziert sein. Meine moralischen Grübeleien kamen nicht aus literarischer Beeinflussung, sondern beeinflußt durch die Zeit und ihre Aufgewühltheit (jener Aufgewühltheit, die den Expressionismus gebar). – Ein ganz junger Mensch, der auf die Strömungen der Zeit reagierte, würde heute soziologische Studien oder patriotisch-mystische Kriegslyrik schreiben und sich um die moralische Bestimmung des Menschen den Teufel was scheren.

Diese Mischung von Zynismus und menschheitsbeglückerischem Pathos in mir – typische Seelenverfassung der Pubertät – studierte ich mit dem eitelsten Interesse; ich finde Ähnlichkeit zwischen meiner «Weltauffassung» und der Lord Byrons, wie sie mir aus dem «Don Juan» hervorzugehen scheint, geniere mich zunächst, es auszusprechen, tue es dann aber doch und ausführlich. Es ist mir kurios, zu beobachten, wie sich um diese Zeit bei mir die halb posierte, halb nur zu echte Bitterkeit des Weltschmerzes und der frühen Blasiertheit ständig mit der natürlichsten Lebenslust und der kindlichsten Aufnahmefreudigkeit kreuzt; wenn ich etwa, dreizehnjährig, in angeekelten und müde hochmütigen Tönen von einem Fest bei Hallgartens spreche (es handelte sich um den 50. Geburtstag von Rickis Vater), auf das ich keinesfalls gehen möchte – weil ich nämlich noch nicht eingeladen war. Als ich dann im letzten Augenblick eingeladen wurde, ging ich natürlich doch hin; und den nächsten Tag beschreibe ich ganz naiv, wie sehr herrlich alles gewesen war: Tischreden, Frackhemden, Lichterglanz, Schokoladenspeise und gar der Champagner.

Man fand die Welt oft ganz ekelhaft schlecht, aber andererseits glaubte man doch, daß sie zu ändern sei. Ein ganz vager und romantischer Glaube an den sozialen Fortschritt – den man für «revolutionär» hielt – konnte sehr wohl zusammengehen mit all dieser melancholischen Heine-Stimmung. Wenn ich in den ärmeren Gegenden von München spazierenging oder radelte – wie ich damals oft und mit einem gewissen bitteren Genusse tat –, empfand ich den ersten Schauder darüber, daß man Menschen so leben läßt. Dieser Schauder war sentimentalisch und ohne Konsequenzen; mehr ein lyrischer Kummer, denn ein wirkliches Aufbegehren. («Nachmittags hole ich mit Golo Kartoffeln in der Hohenzollernstraße. Ich muß in einer muffigen Mietswohnung eine halbe Stunde lang warten. Wie es nur Menschen gibt, die in solchen Wohnungen leben können, ohne erdrückt zu werden! Aber Heine», füge ich sehr bürgerlich hinzu, «hatte in Paris auch nur ein kleines Zimmer und trotzdem konnte er die Lorelei dichten.»)

Aus diesen verblasenen und konventionellen Äußerungen geht wenigstens das eine hervor: daß ich mich von dem reinen Narzißmus des Knaben zu lösen begann; daß ich zu fühlen anfing, *wie die Menschen leben*. Zwei Situationen sind merkwürdig lebendig in mir geblieben; sie müssen von entscheidender Bedeutung für mein Verhältnis zur Umwelt gewesen sein. – Ich sehe mich, auf den Beginn einer Turnstunde wartend, in einem halbdunklen Hof, etwa sechs Uhr nachmittags – es muß Herbst gewesen sein. Mit einem Male spürte ich, daß hinter jedem dieser Fenster, die trübe auf mich herunterblickten, ein Mysterium stand; es war das Mysterium des menschlichen Lebens, das sich hinter ihnen abspielte. Das Gefühl einer magischen Zusammengehörigkeit mit allen diesen ergriff und überwältigte mich. – Solche leisesten Augenblicke, deren Nahen keiner bemerkt, sind bedeutungsvoller für unser Leben als die großen, die mit Lärm daher kommen.

Entscheidend, wie dieser, scheint mir ein anderer, der sich in der Nähe des Max-Monuments, dem Wilhelmsgymnasium gegenüber, abspielte. Er hatte dieselbe abendliche Stimmung wie der eben erzählte, aber eine etwas stärkere äußere Handlung. – Vor einem Hause hielt ein Leichenwagen. Ein Sarg wurde aus dem Hause gebracht und in den Wagen geschoben. Am Fenster der Parterrewohnung stand eine Frau im schwarzen Schleier und weinte. Die Pferde zogen an, der Wagen begann zu fahren. Die Frau, von Schluchzen geschüttelt, winkte mit einem kleinen und zerknüllten Taschentuch, während sie das verzweifelte, nasse Gesicht wegwandte. – Ich glaube, es waren die ersten Tränen eines Erwachsenen, die ich mit Bewußtsein gesehen. Es war, als habe ich in diesem Augenblick erkannt, daß es den Schmerz in der Welt gäbe. (Übrigens ist es charakteristisch, daß diese beiden großen Situationen in meiner gesamten, umfangreichen Produktion dieser Zeit nicht den mindesten Niederschlag gefunden haben; aber mein Gedächtnis hat erkannt, wie sehr wichtig sie sind, und hat sie bei den Kostbarkeiten aufgehoben.) Bemerkenswert ist, daß dem Kinde vor Eintritt der Pubertät – also ehe es eine irgendwie «erotische» Beziehung zur Umwelt gewinnt – jeder Sinn für die Natur fehlt. Es sieht die Landschaft nicht, durch die es geht, es empfindet weder die Begeisterung des Frühlings noch die Trauer des Herbstes; es reagiert nicht, es scheint beinah stumpf, weil es unsentimentalisch ist, Teil der Natur und deshalb ohne Gefühlsspannung zwischen sich und ihr. – Mit dreizehn Jahren fange ich plötzlich an zu spüren, daß der warme Föhnwind, der mir ins Haar fährt, voll von Reizen und Verführungen ist; Sonnengeglitzer auf dem harten Schnee entzückt mich, ich schwärme vor der ausgestirnten Nacht und trauere vor den fallenden Blättern. – Das muß zu derselben Zeit sein, da ich als Offenbarung spüre, daß hinter allen Fenstern Menschenschicksale wohnen; zu derselben Zeit muß das sein, da eines Tages, mitten während des Phantasierens am Klavier im halbdunklen Zimmer, jene Veränderung an meinem Körper geschieht – die mich übrigens nicht entsetzt, wie das angeblich stets der Fall zu sein hat.

Ich war als Kind, bis zu meinem dreizehnten Jahre, völlig uninteressiert an den «verbotenen Dingen», an den Erwachsenengeheimnissen. Als plötzlich dieses Neue für mich begann, war ich gänzlich unvorbereitet; ich verstand nichts, aber es erschreckte mich trotzdem nicht: ich empfand es als ganz in Ordnung, und außerdem fand ich es schön. Auf langen und dunklen Spaziergängen mit Ricki wurde ich mir halbwegs darüber klar, wie dies alles zusammenhinge.

Die Gedichte, die ich um diese Zeit so schwärmerisch an junge Mädchen richtete, hatten mit meinen neuen physischen Sensationen nichts zu tun; die Gefühle, die ich zu hegen glaubte, waren nicht einmal eine Sublimierung von diesen, sondern ich meinte, sie mir ganz einfach schuldig zu sein; sie gehörten dazu. Das hinderte nicht, daß sie innig waren. Ja, vor allem in einem Falle, der sich durch Jahre zog, waren sie so zerknirscht wie enthusiastisch; opferbereit, demütig, überschwenglich. Ich gefiel mir darin, das Mädchen zur grausam-zauberhaften Carmen-Lulu zu stilisieren, und hatte ihr gegenüber so arge Minderwertigkeitskomplexe, wie ich sie seither nie wieder gekannt habe. Ach, wie interessant und rührend ich mich fand in der Pose des Minnesängers und des werbenden Pagen!

Aber inzwischen begann schon, tragisch und real, häßlicher und größer als all diese poetische Pseudowirklichkeit, das wahre Leben des Geschlechts; mit seinen ersten Erniedrigungen, den ersten, fast unerträglich starken Augenblicken des Glücks.

Merkwürdige Situation, wiederkehrend in jeder Familie: der Knabe, der sich mitten in der Krise der Pubertät befindet, lebt mit den Eltern, den kleineren Geschwistern noch ganz wie ein Kind; nimmt an den Erregungen und Späßen des Alltags teil – gemütliches Spiel, Zank ums Essen, Ärger der Schule –, während er in seinem Innern das Erwachen eines Chaos belauscht. Er spielt eine höchst doppelte Rolle, nicht aus Falschheit, sondern weil er in der Tat zwischen zwei Welten steht. Der dreizehnjährige Junge, der sich bei Tisch über ein größeres Stück Pfannkuchen diebisch freut und der abends vor dem Einschlafen mit Gott hadert und sich kindisch raffinierte Orgien des Geschlechts ersinnt: ich weiß keine widerspruchsvollere, unmöglichere Figur weit und breit in der ganzen menschlichen Gesellschaft. – Kein Wunder, daß sowohl meine Mutter als auch das junge Mädchen, das ich verehrte, ehrlich entsetzt waren, als ich ihnen leichtsinnigerweise Einblick in meine Tagebücher gestattete – oder eigentlich *nicht* leichtsinnigerweise, denn ich wollte ja wohl ihr Entsetzen provozieren. Nein, das hätten sie nicht von mir gedacht; sie hatten nicht angenommen, daß ich so aufgewühlt und zynisch war, da ich mich doch ganz friedlich und verständig zu geben pflegte.

Unser Familienleben war undramatisch. Wir vertrugen uns ausgezeichnet – sowohl die Kinder sich untereinander, als auch die Kinder sich mit den Eltern. Die Schule brachte manchmal Ärger mit ihren abscheulichen «Mitteilungen nach Hause». Im übrigen gab es noch nicht jene Mißverständnisse und Peinlichkeiten, die zwei und vier Jahre später Erregungen in die Idylle brachten.

Wir waren diese ganzen Jahre beinah immer in München. Im Sommer gingen wir ins Ungererbad und mit Vater und Hund Bauschan im Herzogpark spazieren (es war die Zeit, in der «Herr und Hund» entstand, wir bekamen manchmal aus der Erzählung vorgelesen, und es war merkwürdig schmeichelhaft und reizvoll, Dinge, die doch unser tägliches Leben ausmachten, in so hochliterarischer Stilisierung wiederzufinden); im Winter fuhren wir auf den steilen und kurzen Hängen des Herzogparks Ski oder wir unternahmen richtige kleine Skitouren in die Gegend von Ebenhausen, zum Beispiel mit einem Schulkameraden Hoffmann, mit dem ich später auseinanderkam, weil er so arg reaktionär wurde. (Ich erzähle von ihm: «Der Hoffmann ärgert sich, weil ich einen Bismarck als Weihnachtszeichnung abgeschmackt finde; sagt U.S.P. dieser Esel.») – In der Familie aber bleibt es bei verhältnismäßig harmlosen Reibereien; so, wenn ich eines Morgens halb erbittert, halb ehrlich bewundernd konstatiere: «Heute nannte mich der Golo ‹verkotztes Sauvieh› – prima, nicht wahr?»

Im Sommer 1919 gingen wir an den Chiemsee. Wir waren erst mit Mielein alleine in Stock, und ich erinnere mich sehr wohl, daß es grauenvoll war. Die bayerischen Bauern und die Gastwirte in den kleinen Flecken haben keinen guten Charakter. Während des Krieges und in den schlechten Zeiten danach haben sie bewiesen, wie sie sind: geizig und hart. – In Stock wurden wir aus einer Gastwirtschaft buchstäblich herausgeworfen, weil meine Mutter leise und bescheiden gesagt hatte, der Schinken sei ihr für fünf Personen zu teuer, das nächste Mal wolle sie Rindfleisch bestellen. – Dasselbe geschah uns einen Tag später in dem Gasthof, wo wir einquartiert waren: während Mielein oben mit Fieber lag, wurde uns drunten vom Besitzer erklärt, wir hätten auszuziehen, sofort und mitten in der Nacht, weil Golo (zehnjährig!) in einem Brief an einen Freund geschrieben hatte, wir wohnten in einem Loch. Den Brief hatte er liegenlassen, das Stubenmädchen hatte ihn gelesen. Wir weinten bitterlich. Ernst Bertram, der in der Nähe wohnte, mußte herbeieilen als der rettende Engel und die wirklich finstere Situation retten.

Wir zogen nach Herrenchiemsee, es war das erste richtige Hotel, das ich kennenlernte, und es erschien uns phantastisch. Täglich notiere ich ehrfurchtsvoll das ganze Menü, das es zu unserer Entzükkung gab. Aber ich erinnere mich auch noch sehr wohl an schönste Spazierfahrten mit unserem Vater, Ernst Bertram und seinem Freunde Glöckner zur Fraueninsel; eine merkwürdig südliche Vision ist mir von diesem Ort geblieben – den ich übrigens seitdem nie wiedergesehen habe –: von antikem Gemäuer, ganz blauem Himmel, gegen den Sonnenblumen stehen. Ich weiß noch, wie uns Bertram – der eine sehr schöne ernste und nicht auf «kindlich» verstellte Art mit uns hatte – von einer Kirche erzählte, sie sei aus dem XII. Jahrhundert. Wenn ich an diese Kirche denke, sehe ich blaue Glokkenblumen vor mir, die an ihrem grauen Stein gediehen sein mögen.

So lebte man tags ohne sehr viel Renitenz, von den Erwachsenen geleitet und betreut, ohne daß man sich viel Gedanken drüber machte. Abends aber schreibt man ins Tagebuch:

«Jetzt ist es dunkel. Ich möchte so gerne berühmt werden.»

Triumph der Bösheit
(Januar 1921 bis Frühling 1922)

Warum ist das Kind *böse*? Warum gibt es kleine Jungen, die mit grausiger Selbständigkeit darauf verfallen, Fröschen Strohhalme in den Hinterteil zu stecken und so lange hineinzublasen, bis das Tier buchstäblich platzt? Katzen in einem Sack tot zu prügeln? Maikäfern die Beine auszureißen? *Jedes Kind ist ein Anarchist und ein Widersacher der Gesellschaft.* In jedem liegt ein atavistischer Urtrieb – der: zu zerstören; und im begabten am stärksten. Ich brauche, um klassisch zu argumentieren, nur an Goethes berühmte Anekdote vom zerschmissenen Geschirr aus «Dichtung und Wahrheit» zu erinnern (Exzeß der Zerstörungswut!), oder an die absurde und unbegreiflich tückische Verlogenheit des kindlichen «Grünen Heinrich»; oder, um zeitlich Näherliegendes zu nehmen, an die diabolischen Experimente, mit denen die Knaben in André Gides Erziehungsroman «Die Falschmünzer» sich vergnügen. – Offen gesagt: ich mache Umstände und zitiere diese erlesenen Geister, um unsere eigenen Schandtaten ein wenig zu entschuldigen. Denn wir haben es arg getrieben. Ich muß, damit wir nicht gar zu finster dastehen, nochmals betonen, daß wir gleichsam doppelt entschuldigt waren: nicht nur durch die biologische Krise unseres Alters, sondern mehr noch durch die Krise des Landes und des Erdteils, dessen Kinder wir waren. Anarchie war der Zustand, der eine Welt beherrschte, welche vor unseren Augen sich in apokalyptischen Zuckungen wand. Wie absolut und völlig mußten erst die Seelen derer von ihr ergriffen sein, die sich mitten in dem anarchischen Abschnitt ihres Lebens befanden.

Anarchisten sind asozial, aber doch wieder nicht gänzlich. Sie bedrohen die Gesellschaft lieber in Gruppen als wirklich einzeln und isoliert. Wir bildeten eine richtige Horde, ich sagte es schon – und zu vergnügen wußten wir uns, sehr zum Nachteil der Mitwelt.

«Herzogpark-Bande»: die Bezeichnung hatte einen deutlichen Akzent von Grauen, der uns mit Genugtuung erfüllte. «Die Mannskinder kommen, die Mannskinder kommen!» hieß es panisch, wenn wir das Trottoir hinuntertobten; und wir trugen den Kopf höher, da wir merkten, mit welcher Scheu man uns auswich. Wir verdienten unseren Ruf. Mit dem Schlimmsten, was wir betrieben, möchte ich anfangen: *Wir waren Diebe*, und zwar raffinierte.

Es begann damit, daß wir auf den Rat eines gewitzteren Bekannten Pralinés, Schokoladetafeln, Marzipaneier in kleineren Spezialgeschäften klauten; bald gingen wir zu Parfümflaschen, Büchern, Seife und ganzen kleinen Baumkuchen über. (Noch sehe ich einen meiner Freunde einen mit Schokoladeguß überzogenen und recht stattlichen Baumkuchen mit pathetisch weitem Griff in die Falten eines schwarzen Wotan-Capes stecken.) – Einmal arrangierten wir ein kleines Festmahl, bei dem *alles* gestohlen sein mußte: vom Rollschinken über die Orangen und den Englischen Kuchen bis zum Mineralwasser und zum Klosterlikör – mit Bienenfleiß hatten wir's innerhalb einiger Tage zusammengerafft.

Mit Erfahrung und Übung stellte sich Technik ein; eine Technik, ausgebildet bis ins allerkleinste und feinste. – Wenn wir das zum Opfer auserkorene Geschäft betraten, wirkten wir zunächst nicht anders denn etwas exzentrische, doch recht herrschaftliche junge Leute: eine von uns schon in der schwarzen Pelzjacke (angefertigt aus Mamas gutem, abgetragenem Winterstück; wir in schlichten, aber flott gegürteten Lodenmänteln. Kaum waren wir eingetreten, verständigten wir uns darüber, ob das Etablissement für unsere Zwecke geeignet war oder nicht. Wenn irgend etwas uns störte, sagte gleich einer von uns: «Ach nein, dieses ist wohl kaum das Geschäft, das uns Mutti geraten hat.» Entsprach das Geschäft «Muttis Rat», blieben wir unerbittlich. – Erika nimmt ihre ganze Würde zusammen und verlangt mit damenhaft umflorter Stimme *Ingwer*. Unsere reifste und feinste Freundin, die in der Pelzjacke durch den dämmerigen Hintergrund des Ladens streicht, erinnert hochmütig: «Ingwer in *Packungen* – vergessen Sie nicht, liebe Baronin.» Die Verkäuferin bekommt schon erstaunte Augen, doch das weltgewandte Fräulein im Lodenmantel verzieht keine Miene. «Es ist für ein Hochzeitsgeschenk», erklärt sie vertrauenerweckend. Und, plötzlich redselig: «Einige Bügeleisen und sonstiges hartes Gerät wird darübergepackt werden, so könnte die zarte Delikatesse nur zu leicht deformiert ankommen – ach, so vorsichtig muß man ja sein.» Das geängstigte Fräulein schielt mißtrauisch zu mir, der ich mich gar zu interessiert über ein Tischchen beuge, auf dem Bonbonnieren gruppiert sind. Aber Erika lenkt durch das enervierte Räuspern der anspruchsvollen Kundin die Aufmerksamkeit des armen Mädchens wieder auf sich: «Ingwer in Blechpackung also, wenn ich bitten darf.» Das Fräulein kann nur die Achseln zucken: «Ob wir das gerade vorrätig haben ...» Aber die feine Dame im Lodenmantel bleibt halsstarrig und kapriziös, so hält sie das Fräulein in Atem. Während sie kramt und forscht, beschäftigen wir uns anderweitig. Jemand raunt mir zu: «Gib acht auf den Spiegel! Die Person kann dich sehen!» – Spiegel sind eine große Gefahr. Aber das bedauernswerte Fräulein ist zu sehr auf die Blechpackungen konzentriert. – Schließlich kauft Erika ein Osterhäschen für 40 Pfennig. Als wir nachher in einem stillen Winkel unsere Taschen umdrehen, stellt sich heraus, daß wir mindestens für 4.50 Mark Süßes zu uns gesteckt haben. Ein Reingewinn also von 4.10 Mark. Wir finden, daß der Streifzug gelohnt hat.

In der Tat arbeiteten wir so geschickt, daß wir bei einem solchen gemeinsamen Ausflug niemals aufgekommen sind (ich später einmal alleine, aber das war nicht mehr in München) –, nur ein einziges Mal *beinahe*, als wir die Gegenwart eines ganz kleinen Kindes im Geschäft für ungefährlich gehalten hatten. Das böse Fünfjährige aber verriet uns seiner Mama, der Ladeninhaberin, kaum, daß wir das Geschäft verlassen hatten, und die Matrone trat vor die Türschwelle, um drohend uns nachzublicken. Sie wisse alles, stand in ihrem Blick geschrieben –, und wir retteten uns in einen Hausgang, wo wir die ganzen kostbaren Konfitüren ohne Genuß herunterwürgten, um nur nichts mehr bei uns zu haben, falls die Polizei uns nachsetzen würde.

Berauscht von der neuen Entdeckung – der: daß man *böse* sein konnte –; hingerissen von den rebellischen Wonnen – das zu tun, was die Erwachsenen unangebracht und häßlich fanden – trieben wir unser Wesen. Aber ich muß betonen, daß es eigentlich und letzten Endes ein harmloses Wesen war. An wirklich Bedenklichem geschah nichts zwischen uns. (Wohl gab es das wirklich Bedenkliche in meinem Leben schon, aber es hatte nichts mit unserer Gemeinschaft zu tun.) Wir trieben nur Schabernack und bildeten uns ein, ernsthaft sündig zu sein.

Denn wir spürten die Schauer der Hölle, wenn wir etwa über dem Schreibtisch des gerade verreisten Vaters uns den Schwur ewiger Verderbtheit leisteten. Zu diesem feierlichen und argen Zweck hatten wir Wedekinds Erdgeist-Lied in vier Exemplaren vervielfältigt:

«Greife wacker nach der Sünde.
Aus der Sünde wächst Genuß,
Ach, du gleichest einem Kinde,
Dem man alles zeigen muß.

Meide nicht die ird'schen Schätze,
Wo sie liegen, nimm sie mit –
Hat die Welt doch nur Gesetze,
Daß man sie mit Füßen tritt.

Glücklich, wer geschickt und heiter
Über frische Gräber hopst,
Tanzend auf der Galgenleiter
Hat sich keiner noch gemopst.»

Dieses war unser hübscher kleiner Wahlspruch. Wir begossen ihn mit süßem Likör, der auch die Platte des Schreibtischs klebrig besudelte, und murmelten Flüche und Schwüre.

Mit Lotte und Gretel zusammen – die ich beide zäh und innig verehrte und bewundernswert fand – trafen wir uns nachmittags in der Wohnung eines verreisten Walterschen Bekannten, zu der die Mädchen Zutritt hatten, um uns beim schwülen Dämmer einer rotseiden verhüllten Lampe Schnitzlers «Reigen» mit verteilten Rollen vorzulesen. Ich glaube nicht, daß ich bei diesen schlimmen Lesestündchen irgendein anderes Vergnügen empfunden habe, als das: Böses zu tun. Nicht das Stoffliche dieser zynisch-anmutigen Dialoge erhitzte so sehr unsere Wangen, sondern einzig und allein das Bewußtsein hier zu sitzen, während die Eltern uns in der Turnstunde wähnten.

Walters-Mädchen waren unsere besten Freunde von damals. Rikki befand sich um diese Zeit in einer ernsteren moralischen Verfassung als wir: er stand schon unter dem Einfluß der Jugendbewegung und lebte viel mit Jungen, die wir nicht kannten, in einer Gebirgshütte. Wenn er zu uns kam, machte er natürlich mit, aber gerade damals tat er es wohl mehr aus Treue für uns, als – wie wir – aus grundsätzlicher Frivolität. Mit Süskind begannen wir, viel zusammen zu sein. Mehrere Jahre älter als wir, erfaßte er den Stil, den wir mit einer merkwürdigen Naivität lebten, in seiner moralischen und ästhetischen Extravaganz und stilisierte ihn literarisch. Dadurch trug er zu seiner Steigerung bei – wenigstens was mich persönlich betraf –, ohne daß er selbst aktiv viel an Tollem beigetragen hätte.

Erika und Gretel dehnten ihre entsetzlichen Scherze auch auf die Schule aus – sie besuchten dasselbe Töchterinstitut (während ich in meinem alten Wilhelmsgymnasium verhältnismäßig zurückhaltend war) – und waren der ganze Schreck und die ganze Liebe ihrer Anstalt. Sie sanken während der Unterrichtsstunden ohnmächtig aus den Bänken, ließen sich auf die Toilette geleiten und eilten von dort aus in den Keller, wo sie mit Streichhölzern spielten. Einmal hätten sie bei solcher Gelegenheit um ein Haar das ganze Haus in Flammen aufgehen lassen. – Auf der Treppe pflegten sie vor einer schüchternen jungen Handarbeitslehrerin tief in die Knie zu sinken und betend die Hände zu falten, worauf das arme Geschöpf, die gar nicht wagen wollte, das ungezogen zu finden – denn dann wäre es ja gleich *zu* ungezogen gewesen –, hilflos murmelte: «*Wie* die kleinen Englein – –»

Spaziergänge am Abend: was machten wir aus ihnen für räuberische Expeditionen! Die Mädchen flohen in die Wohnungen von irgendwelchen feineren Leuten, die wir nicht kannten, standen keuchend vor der verwirrten Hausfrau, stotterten: mehrere Wüstlinge verfolgten sie unten, auf die Straße wagten sie sich nun keinesfalls mehr, erst müsse man um männlichen Schutz telefonieren. Die Hausfrau, gerührt von so viel verfolgter Unschuld, gab den armen jungen Dingern Kuchen und Tee; inzwischen telefonierte man an eine Stelle, wo ich wartete. Ich eilte herbei, man empfing mich als

Retter, und die Dame warnte mich, meine hübschen Verwandten jemals wieder im Dunkeln spazieren zu lassen.

Die einsame Köchin, der wir auf der nächtlichen Allee begegneten, umtanzten wir plötzlich in groteskem Ringelreigen, wozu wir die Augen unschuldig und gleichsam selbst ratlos über das, was vorfiel, aufgerissen hielten (wir nannten es «das Erstaunte») – während die Beleibte mit dem Marktkorb denken mußte, arge Geister seien aus der Isar gesprungen. – Wir markierten Radunfälle größten Stils, indem wir plötzlich alle unsere Räder übereinander warfen, uns obendrauf, und, eilten Passanten herzu, über die peinlichsten inneren Verletzungen klagten. – Oder wir betrieben das harmlose und geschmackvolle Spiel, das «die Juden entbieten» hieß; das heißt: wir kletterten, von der Finsternis geschützt, an einer Herzogpark-Villa hoch, in der Herrschaften wohnten, die zwar ein wenig semitisches Blut hatten, aber nicht gern viel davon hergemacht sahen. Drei Fäustepaare klopften an das traulich verhängte Fenster, hinter dem die Herrschaft bei der Abendmahlzeit saß, und mit gräßlich rauhen Stimmen schrien wir: «Judden – Judden» (wobei wir, nur der Unheimlichkeit halber, das U ganz kurz, heulend hervorstießen und ihm ein merkwürdig ordinäres und aggressives Doppel-D folgen ließen). – Die Herrschaften klagten nachher mit Recht über den Münchener Antisemitismus, mit dem es doch immer abscheulicher würde, berichteten aber stolz: «Na, wir haben es den Lümmeln aber tüchtig gegeben. Mein Mann ist mit dem Spazierstock vor die Haustür gesprungen» – während sie doch so mucksmäuschenstill bei ihrer Traulichkeit geblieben waren.

Bei Föhn und warmem Regen sprangen wir wie die Irren in den Alleen und Anlagen des Herzogparks herum. Gretel hatte ihr Haar aufgemacht, so daß es schwarz und triefnaß um ihr wildes Gesicht wehte. Dem einsamen Herrn auf der Max-Joseph-Brücke sprang sie mit schrecklichem Geschrei entgegen und schlug ihm ihr barbarisches Haar um die Ohren. «*Hui–iii –*» machte sie, windsbrautgleich, junge Blocksberghexe, die den Wanderer überfällt.

Was für ein mörderisches Werkzeug mußte in den Händen von so außer Rand und Band geratenen Kindern das Telefon sein! Wir handhabten es auf das abscheulichste.

Erika konnte wunderbar nachmachen. So war sie es, die unsere

Mutter mit der Stimme von Cousine Eva-Marie anrief, um ihr mitzuteilen, Butter und Eier seien aus Polling eingetroffen. Wenn man dann in die Prinzregentenstraße zu den Verwandten schickte, um die guten Dinge abholen zu lassen, fand man nichts als die erstaunten Gesichter. – Auch wie Delia Reinhardt konnte Erika sprechen, das ist die wunderbare Sängerin, für die damals alle Backfische Münchens schwärmten. So bat Erika, mit Delia-Stimme, verschiedene Backfische ans Telefon, um sie sanft und würdevoll zu einem Tee einzuladen, den sie für alle ihre jungen Freundinnen zu geben gedächte. Sämtlich sagten sie zu, mit Stimmen, die vor Freude zitterten. Es muß gräßlich für die arme Delia Reinhardt gewesen sein. – Wir scheuten uns sogar nicht, bei Onkel Heinrich Mann anzurufen – der für uns doch nur eine weit entfernte, legendäre Figur bedeutete, da wir ihn die ganzen Jahre nie gesehen hatten – und Tante Mimi mitzuteilen, wir seien das Hotel Vier Jahreszeiten, dortselbst wohne Maximilian Harden, der darauf bestünde, daß Heinrich Mann ihn *sofort* besuche. Tante Mimi war ganz aufgeregt und sagte, ihr Mann werde sogleich kommen.

Unvergeßlich ist mir die Betrübtheit des biederen Volksschullehrers, den ich mit scharfer Damenstimme zur Rede stellte, er habe meinen Sohn, den Meyer, so brutal geprügelt. Welchen Meyer, fragte der erschrockene Mann, den Willi oder den Albert? – Selbstverständlich den Willi, man habe ja Striemen gesehen. «Ich bin doch sonst immer so gut mit den Buben», sagte der rührende Mensch. Aber es könne ja wohl sein, daß er dem Meyer mal eine habe überziehen müssen. Wann es denn gewesen sein solle? Seit zehn Tagen sei er, der Herr Lehrer, ja wegen seines leidigen Rheuma gar nicht in der Schule gewesen. – Oh, das war mindestens drei Wochen her, aber haarsträubenderweise seien die Striemen eben immer noch sichtbar. – Der Herr Lehrer war den Tränen nahe. Nie wieder solle es vorkommen, man möge doch von einer Anzeige diesmal absehen, er würde den Meyer Willi ab heute auch immer gewiß ganz milde anfassen.

Wir aber, völlig mitleidlos, wollten uns totlachen über seine Bestürztheit.

Übrigens hatten diese teuflischen Telefonscherze ein Resultat für mein und für Erikas Leben, das erfreulich und wichtig ist. Denn den jungen Schauspieler Bert Fischel, der damals am Münchener Staatstheater auftauchte und uns begeisterte, lernten wir dadurch kennen, daß wir ihn mit hoher Piepstimme als junges Mädchen aus dem Volke anriefen, das in dem Stück statierte, wo er auftrat, und auf ein Zeichen der Huld von ihm hoffte. Er war von einer charmant zerstreuten Liebenswürdigkeit gegen das aufdringliche Ding und gewährte ihm ein Rendezvous, welches dieses natürlich nicht halten konnte. So gab es weitere Telefongespräche und Komplikationen. Einige Wochen später trafen Walters unser Idol bei Bekannten und entdeckten ihm das Geheimnis der kleinen Statistin. Wir lernten ihn kennen. Das ist zehn Jahre her. Seitdem ist er einer unserer liebsten Freunde.

Wir verkehrten mit ihm heimlich, obwohl dazu eigentlich kein Anlaß bestand. Aber wir nahmen an, daß die Eltern gegen einen Verkehr, der unter so ausgefallenen Umständen begonnen hatte, etwas würden einzuwenden haben – was vielleicht auch der Fall gewesen wäre. (Inzwischen ist er auch ihnen, den Eltern, ein lieber und naher Bekannter geworden.) Damals bedeutete das Heimliche keinen Nachteil, sondern einen starken Reiz mehr. Es war herrlich, einen Freund zu haben, den zu besuchen so viel Lügen daheim kostete. Lügen war ein köstlicher Sport, in dem wir uns hohe Perfektion aneigneten. (Dadurch hat sich der Reiz der Lüge inzwischen völlig für mich abgenutzt; es langweilt mich heute dermaßen, ein unwahres Wort zu sprechen, daß ich es beinahe nicht über die Lippen bringe, und auch anderen Menschen glaube ich absolut alles, so verfehlt das doch ist.) – Wenn wir Bert Fischel zum Tee besuchten, mußten wir angeben, daß es ein kleines Turnfest auf dem Hirschanger sei, zu dem wir notwendig mußten; und wenn wir uns abends in seine Garderobe stahlen, glaubten die Eltern, wir säßen in einem Lichtspielvortrag über das Deutschtum im Ausland.

In einer echten Theatergarderobe, zum erstenmal! Mit was für Seligkeit wir den Schminkegeruch geschnuppert haben (es war doch der Schminkegeruch eines echten Theaters, nicht der unseres Mimikbundes). Und wenn die Klingelzeichen schrillten; und der Garderobier zur Eile mahnte; bei der Premiere, einen Schluck Sekt vor dem Auftritt: mit welcher Ergriffenheit schauten wir das mit an! – Und welcher Stolz, als Fischel auf der Bühne eigens für uns ein Zeichen machte, das unser Freundschaftszeichen war. Wie ausgezeichnet saßen wir unter den vielen!

Wir trieben einen richtigen kleinen Kult mit ihm. Eine Zeitlang ging es so weit, daß wir das Wort Fischel überall einsetzten, wo es keineswegs hinpaßte; etwa in Sprichworte. Wir sagten: «Viele Fischel verderben den Brei»; oder «Fischel ist der beste Koch» – nur, um seinen Namen recht oft aussprechen zu können.

Ich wollte am liebsten genau so werden, wie ich ihn fand; und ich fand ihn tänzerisch, melancholisch, scheu und klug. Wir bewunderten ihn in allen Rollen, als «Carlos» und in Wildes «Ernst». Am meisten faszinierte er mich als dekadenter Millionärssohn in Mohrs poetisch sehr intensiven «Improvisationen im Juni», wo er eine hochgeschlossene, dunkle Samtjacke und das Gesicht blaß geschminkt trug. Seine Haltung, seine Stimme suchte ich nachzuahmen, und die Art, wie er abwehrend die Hände hob. Wenn wir nachmittags bei ihm waren, las er uns Dinge vor, die mich bezauberten und mir etwas wie eine neue Welt eröffneten, die Welt der schwermütigen Verfeinerung: vor allem Huysmans, dessen «Arebour» mich beinah so erregte, wie es den jugendlichen Dorian Gray erregt; und die von Reiz und Trauer schwere, von allen Farben des Herbstes und der beginnenden Umnachtung trunkene Lyrik Georg Trakls, die mich heute noch ebenso tief und fremdvertraut anrührt, wie sie es damals tat.

Während so unsere Beziehungen zum wirklichen Theater an Dichtigkeit zunahmen, hörte auch der Mimikbund nicht auf zu wirken. Aber es muß gesagt werden, daß «Minna von Barnhelm» und «Was Ihr wollt» die beiden Höhepunkte seiner Entwicklungskurve gewesen waren. Kurz danach trat Regisseuse Gerta in den Stand der Ehe. Wir studierten, ihr zum Abschied, Thomas «Kleine Verwandte» ein (was nachher, mit «Erster Klasse» zusammen nochmals in den Spielplan aufgenommen wurde) – und Erika mußte vorher in einem purpurroten Kapuzenmantel einen Prolog deklamieren, den ich gedichtet hatte und in dem wir Abschied von der Führerin nahmen. Der Prolog war recht gestelzt und ungeschickt, Erika konnte sich keine Lorbeeren mit ihm holen.

Die Regisseuse war fort, auf Walters nicht mehr gar zu fest zu rechnen: eine gewisse Unordnung griff Platz. Der echte Herzogpark-Geist war dahin – dieser Geist eines kindlich-eifervollen Fanatismus; mehr und mehr mußten wir uns mit bürgerlichen jungen Leuten zusammentun. Auch auf diese Art war es ganz nett, aber eben doch das Wahre nicht mehr. Unser anspruchsvolles Unternehmen drohte zum herkömmlichen Liebhabertheater auszuarten. Eine freundlich-harmlose Geselligkeit bemächtigte sich des Instruments, das wir geschaffen hatten.

Ja, wir begannen in verschiedenen guten Stuben zu verkehren, in die wir Töne trugen, die nicht für sie paßten. Nie wieder habe ich so vergnügte kleine Tanzereien seitdem mitgemacht. – Die Bourgeoisie ist eine zähe Schicht. Trotz Radio, Frauenemanzipation und Jazz hat sie ihre Daseinsformen viel weniger geändert, als man meist annimmt. Auch die Moral, theoretisch so sehr überwunden, ist praktisch noch recht intakt. (Grundsätzlich ist heute vieles erlaubt, was einst unschicklich war; aber wenn es wirklich geschieht, erregt es doch Anstoß.) – Wieviel pures, unverfälschtes Biedermeier in diesen urgemütlichen kleinen Tanzabenden, die sich an unsere Proben anzuschließen pflegten! Wirklich, wir tanzten Française. Mehrere junge Herren von vorzüglichen Umgangsformen machten Erika den Hof, und ich schwärmte nun für ein junges Mädchen mit blonden Zöpfen.

Der Mimikbund nahm – große Ehre für mich – eines meiner Dramen zur Aufführung an. Obwohl jenes eigentlich etwas fremde, blonde junge Mädchen, dem ich so bemüht den Hof machte, die Hauptrolle spielte, war es doch die letzte Veranstaltung, die wahren Mimikbundgeist atmete. – Meine Tragödie hieß «Ritter Blaubart». Durch die Lektüre von Hebbel und Gerhart Hauptmann hatte ich schon zu viel Naivität verloren, um den Frauenmörder einfach als Wüterich und Unhold darzustellen. Vielmehr war *er* der an den Frauen Leidende, der durch tausend Qualen bis zu seinen Untaten schritt, immer wieder betrogen und enttäuscht durch den animalischen Leichtsinn, die verlockende Ungeistigkeit des geliebten Weibes. Mir scheint, Ritter Blaubarts düsteres Pathos ließ den Einfluß von Hebbels tragisch eifersüchtigem Herodes spüren, während Gersuind, sein siebentes Eheweib, die grausam Verspielte, gläsern Seelenlose, Züge von Hauptmanns Elga trug. – Im übrigen hatte das psychologische Ritterdrama auch Elemente des schlichtesten Märchens: die Möbel unterhielten sich raunend über ihrer Herrin gefährliches Schicksal, Golo – immer noch dämonisch – spielte einen gräßlich bösen Kastellan, Süskind eine symbolische Traumerscheinung, die «das graue Männchen» hieß und von ihm auf eine suggestiv zarte und schwebend eindringliche Art verkörpert wurde – ohne Frage war es die stärkste schauspielerische Leistung seines Lebens; während ich einen jungen Ritter mit semmelblonder Perücke darstellte, der sich einstens um Gersuinden beworben hatte und dann auch im rechten Augenblick da war, sie zu retten.

Natürlich war ich aufgeregt und stolz wie nie zuvor. So viele Dramen von mir lagen in der Schublade, ganz tote Wesen, und nun ward eines von ihnen plötzlich lebendig. Andere hatten Worte auswendig gelernt, die ich genau so nebeneinander gesetzt, genau so gruppiert hatte: eine tiefere Schmeichelei war meiner Eitelkeit nie widerfahren. Ich erinnere mich, wie ich, etwas dumpf und benommen im Kopf und mit jenem wundervollen Schmerz der Erregung in der Magengrube, unsere steile, hintere Treppe hinunterkam, während unten auf der Diele meine Verse gesprochen wurden, die so ungeschickt waren und die so prachtvoll mir im Ohre klangen. In der Anrichte erwartete mich Lotte, festlich und schön im Nachmittagskleid. Ehe ich rüstungsklirrend auf die Diele – das heißt: auf die Bühne – schritt, drückte sie mir – große, romantische Situation – einen leichten Kuß auf die Wange.

Wir suchten das Böse, wo immer es uns auffindbar schien. Das Theaterspielen war zu legitim geworden. Heimlicher, schlimmer, reizvoller fanden wir zum Beispiel den Sport des *Tischrückens* und der dilettantischen Geisterbeschwörung, der, obwohl von den Eltern nicht geradezu verboten, doch die Atmosphäre des Abseitigen, Finsteren und Argen mit sich brachte. Manchen Abend vergnügten wir uns, indem wir uns vom Klopfen des Tischbeins Zukunft und Vergangenheit weissagen ließen. Vor allem Ricki und Golo zeichneten bei diesen nächtigen Spielen sich aus: sie neigten dazu, in eine krampfartige Verzückung, eine hysterische Trance zu verfallen. Der Tisch raste; einmal glaubten wir, daß er geschwebt habe. Später wurde behauptet, dabei sei viel Schwindel unterlaufen – wie derlei argwöhnische Gerüchte immer nach solchen Sitzungen aufkommen. Sogar wenn sie stimmen, niemals werden sie ein Beweis gegen die Echtheit mancher Phänomene werden. *Daß alles existieren kann,* kein Wunder ausgeschlossen wäre – ist für mich, heute wie damals, etwas ganz und gar Feststehendes. Wenn in neunundneunzig Fällen das Mysterium als künstlich fabriziert erwiesen ist, werde ich nie aufhören zu glauben, daß es im hundertsten um so echter war. – Wir zerstreuten uns um dieselbe Zeit mit den kindlichen Beschwörungen der Unterwelt, als unser Vater die Séancen des Barons Schrenck-Notzing besuchte. In seinen Darstellungen hat er das Böse und Schabernackhafte besonders betont und deutlich gemacht – das einzige Element eben, was uns an ihnen locken konnte.

Die Essenz des Bösen aus jeglicher Unternehmung, auch der harmlosesten, ziehen, war unsere beste und einzige Kunst. Im Sommer 1920 zum Beispiel machten wir eine biedere Radtour mit den jungen Geffckens ins Tirolische. Wir lernten Salzburg kennen und nahmen in Werfen Quartier. Wir sollten nach Linz und nach Klagenfurt radeln, vorher aber im Örtchen Werfen ein wenig die Kräfte sammeln. Die Zeit wurde uns lang, obwohl wir sie uns verkürzten so gut es ging. In Werfen war es, wo ich mich das erste Mal in meinem Leben richtig betrank, mit endloser Übelkeit und dem schauerlichen Zimmer, das nicht aufhören will, sich zu drehen. Junger Herr Geffcken machte Erika den Hof, und um ihn aufzuregen und zu vergrämen, ließ diese sich von einem fingierten Verehrer – der eigentlich Lotte und Gretel war – die schelmischsten Briefe schreiben. Ich bekam Episteln von demselben inexistenten jungen Mann, die ich dem Geffcken zeigen konnte, damit er sähe, wie fesch sein Nebenbuhler war. In denen stand etwa: «Vergaß Dir zu schreiben, daß ich gestern ein tolles Weib kennenlernte. War schon bei ihr! – Fabelhafte Figur. Potz Blitz – ein Kernweib.» Doch, wie gesagt, diese Späße konnten uns den Aufenthalt im Gebirgsort auf die Dauer kaum erträglich machen. Wir entschlossen uns also zu einer Gewaltskur und brachten auch junge Geffckens dazu, so böse zu sein, wie wir es wieder mal sein mußten. Während uns die Eltern im bürgerlichen kleinen Gasthaus wähnten, kratzten wir alles Geld zusammen, um rasch mal gemeinsam nach Wien zu reisen. Wir fuhren dritter Klasse; ich glaube, die Reise dauerte hin und zurück vierundzwanzig Stunden mindestens. Dafür konnten wir zehn Stunden in Wien bleiben. Wir glaubten sie am besten auszunutzen, indem wir das Burgtheater ausführlich von innen besichtigten, zum Kahlenberg fuhren und abends in eine grauenhafte Operette gingen. Wir taten nichts Sündiges, nicht einmal etwas Amüsantes; aber daß der ganze Ausflug so ungemein sündig war, machte ihn schön.

(Der Rest der Radtour verlief programmgemäß, nur daß Erika in der Nähe von Klagenfurt gräßlich vom Veloziped stürzte und in einem verwanzten Hotel, vor dessen Fenstern ein Karussell tobte, längere Zeit an einer Gehirnerschütterung litt.)

Man sieht: wir waren so kindisch wie radikal. Wir taten gern das Verbotene, aber – wenn wir es gemeinsam taten – waren es beinah nie schlimme Dinge. Man sagte sicher von uns, daß wir «frühreif» wären, und in manchen Beziehungen waren wir es gewiß. Aber wie sehr, sehr dreizehnjährig waren wir andererseits. Wenn ich mich etwa erinnere, wie Erika, Ricki und ich dem fünfzigjährigen Gustav Waldau, den wir so liebten, zum Fest gratulierten. Ricki und ich hatten Fräcke an, am hellen Vormittag (meiner von Bert Fischel, Rickis von seinem Papa ausgeliehen); Erika ein schauerlich steifes, weißes Ehrenjungferkleid. Das Gräßlichste für uns war, daß Waldaus unseren Feststaat, den wir doch als feinen Scherz gemeint hatten, völlig ernst nahmen und meinten, das sei doch gar nicht nötig gewesen. Erika trug ein Gedicht vor, das Süskind sehr hübsch für die Gelegenheit gefertigt hatte. Die Überlieferung berichtet, daß Frau von Hagen Tränen der Rührung in die Augen bekam. Wir erhielten Südwein und kleine Kuchen, selig, so großartig und erwachsen aufgenommen zu sein.

Zur selben Zeit begeisterte ich mich an einem so krassen und abwegigen Buche wie Stilgebauers «Ulla Ull», was ich für einen großen Zeitroman hielt. (Es gibt nichts Gespalteneres und Gegensatzreicheres als die Seele des vierzehnjährigen Knaben.)

Meine literarische Produktion aus dieser Zeit interessiert mich viel weniger als die ein oder zwei Jahre früher entstandene: sie ist nicht mehr so naiv und aufschlußreich wie die von damals, und beinah ebenso unreif. Das dominierende Wort wird: Sehnsucht. Eine Vorliebe für die blassen und kranken Farben, für eine kindlich kraß betonte Morbidezza herrscht. In einem Gedichtzyklus «Zwölf Lieder vom Pierrot» schildere ich die melancholischen Begegnungen meiner tänzerischen Idealgestalt mit einigen recht angegangenen

Persönlichkeiten: der blonden Dame, der Dirne, dem schönen Knaben, der kleinen Balletteuse – und wie er schließlich, irre und verzückt lächelnd, den Perlmutterrevolver aus dem Ebenholzkästchen holt, sich auf weiße Rosen bettet und ein Ende macht –: alles sehr fin de siècle, sehr auf décadence, wenn auch unbeholfen (wie es denn überhaupt merkwürdig ist, daß ein Junge in den Entwicklungsjahren zunächst kaum fähig scheint, die Strömungen und Imperative seiner eigenen Zeit aufzunehmen – oder nur in den seltensten, schlafwandlerischen Fällen glückt ihm das. Zunächst scheint es notwendig, daß er alle Phasen der letzten geistigen Vergangenheit *in sich* noch einmal durchmacht, bis er zu dem vordringt, was an der Tagesordnung wäre; daß er sich also durch das romantische Ritterdrama, das naturalistische Sozialstück und schließlich durch alle Hoffnungslosigkeiten und schönen Spiele des «farbenvollen Unterganges», des süßen Sterbens und der geliebten décadence durchbeißen muß, bis er würdig sein wird, des Tages wahre Forderung zu vernehmen). – Ein anderer Gedichtzyklus, «Großstadt», ist «für Elmar, als eine melancholische Huldigung».

Man könnte denken, der Einbruch eines echten und passionierten Gefühls in mein Leben hätte auch das verändern und steigern müssen, was ich schrieb. Aber ich war nicht fähig, den übergroßen Andrang des Gefühls zu bändigen und im Wort zu bannen. Fast alle Verse und Ergüsse, die ich meiner Leidenschaft widme, sind formlos, schwatzhaft und verblasen. Nur in ganz wenigen zeugen Innigkeit und Konzentriertheit des Ausdrucks für die verzehrende Heftigkeit der Sehnsucht, aus der sie kamen.

Ich stehe an der schwierigsten Stelle dieses Buches. Denn wo fände ich Worte, um die Zartheit und Heftigkeit dieses ersten Erglühens deutlich zu machen, ohne sie zu entweihen? – Grüblerisch schon halb, und doch noch von unmündigster Oberflächlichkeit, wie es war, wurde mein unerfahrenes Herz von der Zuneigung zu dem Jungen, der in der Klasse ein paar Bänke hinter mir saß, ergriffen wie von einem Feuer und von einem Sturm. Alle Formeln der Inbrunst, die bis dahin literarisches Gerät für mich gewesen waren, füllten sich innerhalb der entscheidenden Minute, da das Neue mich überwältigte, mit Blut und Leben; sie waren – sonst nur aufgeschrieben oder deklamiert – die Worte, die ich in mein Kissen flüsterte, abends, ehe ich einschlief, und beim Erwachen am Morgen. Süßes Sichzusammenziehen des Herzens, immer, wenn ich seinen Namen dachte – schmerzliche und zauberhafte Reaktion, tausendmal zu wiederholen am Tage. Das Wort «Sehnsucht» – mein hübsches und leichtes Spielzeug bis dahin –: plötzlich eine ungeheure und unbarmherzige Gewalt über meinem Leben geworden, die mich demütigt und segnet und wieder verflucht, tausendmal jeden Tag.

Elmar hatte seidig glattes, kurzgeschorenes, dunkles Haar, pfiffig-melancholische braune Augen und ein braunes, glattes Gesicht. Er war ein sehr guter Turner. Während der ganzen Zeit, die ich ihn liebte – es waren mehrere Monate –, habe ich noch keine fünfzig Worte mit ihm gesprochen. Einmal schickte ich ihm eines der Gedichte, die ich für ihn gemacht hatte, anonym und mit der Schreibmaschine abgeschrieben zu. Ich habe nie erfahren, was er sich dabei gedacht hat, und ich möchte es heute noch so gerne wissen. Er muß gewußt haben, von wem es kam; längst mußte ihm auffallen, wie ich während der Pausen, ja während des Unterrichts, jede seiner Gesten verfolgte. Aber unbarmherzig schien er alles zu übersehen.

Wochenlang malte ich mir aus, daß ich ihn ins Theater mitnehmen würde. Ich könnte die Walterschen Plätze haben. Er würde neben mir sitzen. – Unzählige Male berechnete ich alle Möglichkeiten der Antwort, die er mir geben würde, wenn ich ihn einlud: er könnte grob werden oder er könnte sich freuen, er könnte mich auslachen oder mir einfach, daß er keine Zeit habe, sagen. – Wie sehr genau erinnere ich mich noch des Nachmittags, da ich ihn fragte. Es muß Spätherbst gewesen sein, zwischen fünf und sechs Uhr, im Klassenzimmer brannten Gaslampen. Wir hatten keinen Unterricht, sondern ein Arzt prüfte uns auf unseren Gesundheitszustand. Jeder hatte einzeln in das kleine Zimmer des Konrektors zu treten, wo der Doktor über den Tabellen saß, um sich ihm entkleidet vorzustellen. Der Klassenlehrer saß neben dem Doktor. Ich fand es peinlich, aber auch amüsant, plötzlich nackt vor dem Professor zu stehen. Mein Gesundheitszustand war befriedigend. Während ich untersucht wurde, beschloß ich, daß ich Elmar «fragen» wolle, wenn ich ins Klassenzimmer zurückkäme. – Ich fragte ihn, wobei sich mir die Kehle zuschnürte: «Du, ich hab für morgen abend zwei Karten zur ‹Carmen›. Magst du mitgehen?» Er lachte ein bißchen, warf mir einen schrägen Blick zu und sagte: «Morgen abend habe ich keine Zeit.» – Das ist unser einziges Gespräch gewesen.

In einer kleinen Geschichte, die ich damals, eben fünfzehnjährig, schrieb, finde ich soviel von der süßen und gespannten Atmosphäre dieses begeisterten halben Jahres, daß ich sie trotz komisch-ungeschickter Stellen, die sie enthält, hierher setzen möchte. Sie heißt «Vorfrühling» – besser könnte sie nicht heißen – und es ist amüsant, auf welch schlaue Art ich die beiden Idealtypen, die mein Herz beschäftigen – nämlich die Figur, die so war wie ich hätte sein wollen, mein gesteigertes Ich (das war der junge Schauspieler, der mir Huysmans und Trakl zeigte), und die andere, die ich hoffnungslos begehrte –, zueinander in Beziehung brachte; wie ich sie konfrontierte, um die Schönheit des einen an der des anderen zu steigern. – Die Geschichte lautet:

«Die Straße, in der die Wohnung lag, war schmal und still. Raimund fand, daß sie vom Getriebe der Stadt sehr weit ab lag, daß sie etwas Reserviertes, Vornehmes habe. Da er die Stille über alles liebte, mietete er.

Vielleicht war es auch deshalb, weil das Zimmer nicht ganz so unpersönlich und inhaltsleer wirkte, wie Zimmer dieser Art sonst.

An der Wand hing ein originelles Bild, darstellend eine schwarze Pierrette, die mit irrem und benommenem Lächeln auf einen toten Herrn im Frack stierte, der schwarz und steif zu ihren Füßen lag. Hatte sie ihn getötet? Oder war er von dem anderen Kavalier, der ernst und gereckt hinter der Dame stand, aus Eifersucht erschossen worden?

Raimund fand das Bild geheimnisvoll und von unerklärlichem Charme.

Ihm gegenüber hängte er eine Serie von japanischen Grotesken auf, die er selbst mitgebracht hatte.

Die Tapeten waren mattgrau.

Seltsam grell und phantastisch hoben die exzentrischen Zeichnungen sich von diesem farblosen Hintergrund ab.

Ein unwahrscheinlich kleines Dienstmädchen war immer zu seiner Verfügung. Sie hielt sich in seiner Nähe, eilfertig und mit verliebter Unterwürfigkeit seine Wünsche erratend, ihm von den Lippen ablesend.

Raimund nannte sie Frieda. Aber er hatte keine Ahnung, ob dieses in der Tat ihr Name war.

Die Wirtin und die Hausfrau sah er nur selten.

Ab und zu ging sie lächelnd im Halbdunkel des muffigen Korridors an ihm vorüber. Dann fiel ihm auf, daß sie stets welke, weiße Rosen auf ihrem hohen Busen trug. Die rochen süß, mit einem Unterton von Fäulnis und Verwesung.

Auch hatte sie einen Sohn, der vierzehn Jahre alt war. Raimund hatte gehört, daß man ihn Elmar rief. Er mochte viel krank sein. Wenigstens besuchte ihn des öfteren ein älterer, graubärtiger Hofrat mit Säcken unter den Augen.

Raimund empfing wenig Besuch.

Zu seiner Geliebten kam er nur selten, meist am späteren Nachmittag. Es war eine nicht mehr ganz junge, sehr vermögende Dame mit schwerem rotblondem Haar und müden, gepflegten Händen.

Wenn er zu ihr kam, saß sie in ihrem verhangenen Salon und lächelte ihm mit gesenkten Lidern entgegen.

Dann ließ er sich auf einem Kissen zu ihren Füßen nieder, und sie streichelte mit ihren schweren, duftenden Händen sein Haar. Streichelte nur immerfort sein Haar, als wolle sie all seine Kraft, all seine Jugend lächelnd aus ihm herausstreicheln.

Wenn es später ward, brachte ein bleicher junger Diener Likör und allerlei zähes, unverdauliches Mandelgebäck.

Tief in der Nacht kehrte Raimund nach Hause zurück, erschöpft und völlig ausgesaugt.

Da er fand, daß diese Visiten ihn ungemein anstrengten, stellte er sie mit der Zeit gänzlich ein. Natürlich verübelte ihm dies jene Dame sehr.

Er aber besaß natürlichen Egoismus genug, seine Jugend zu gut zu finden, um sie von diesen parfümierten Frauenfingern totstreicheln zu lassen.

Eines Tages kam sie selbst zu ihm, all ihren Stolz vergessend und mit bebenden Lippen, um sein kleines Zimmer mit ihren zu starken Wohlgerüchen und ihrer schmerzensvollen Empörung anzufüllen.

Sie klagte, daß er sie so selten besuche, sprach von Treulosigkeit und Infamie.

Er saß ganz jung und ganz schlank dabei und betrachtete seine Hände – fremd und voll Höflichkeit. Dann sagte er, daß er Besuch gehabt habe.

Seine Geliebte, die wußte, daß es gelogen war, verließ ihn, weinend vor Zorn und Empörung.

So blieb er allein in dem kranken Frühling seiner komplizierten Jugend.

Er studierte damals den Hamlet.

Stundenlang saß er allein und sprach die Monologe des Dänenprinzen vor sich hin. Oder er stand einfach vorm Spiegel, denn er war schön. So jung sah er aus, daß ihn einmal jemand für sechzehn Jahre alt gehalten hatte.

Manchmal kam es vor, daß er sich schminkte; ganz für sich alleine und weil er so gerne hübsch war: blau um die Augen und ganz rote Lippen.

Nach Tisch ging er spazieren.

Es war Februar, beinahe März.

Abends stiegen die weißen Nebel, es wurde kühl.

Aber mittags war es so mild, so warm. Der Frühling lag in der Luft als etwas Süßes und Herbes.

Raimund genoß es lächelnd, wenn er hörte, wie die Liebesleute sich gierige Worte ins Ohr flüsterten.

Abends fuhr er ins Theater und spielte den Moritz in ‹Frühlings Erwachen›. Er liebte damals dieses Stück besonders wegen seiner Stimmung, die zwischen kindlicher Keuschheit und früher Verderbnis schwankte. Seine Stimme klang, wenn er den Moritz sprach, wie eine richtige Knabenstimme: stets ein wenig belegt und dann wieder losbrechend. Alle Leute im Theater waren verliebt in ihn.

Einmal bemerkte er plötzlich, daß Elmar im Theater saß, als er den Moritz spielte. Mitten während des Sprechens traf er den Blick des Knaben, der ganz vorn im Parkett saß und stumm zu ihm hinaufsah.

Einen ganz kleinen Moment hielt Raimund im Sprechen inne. Aber dann spielte er weiter, spielte die Rolle zu Ende und empfand es als die allerseltsamste Erregung, daß Elmar da drunten saß und ihm zuschaute, wie er im Weidengebüsch den Monolog seiner Verzweiflung deklamierte.

Er hatte gar nicht gewußt, daß dieser Junge – Elmar – so wunderschöne, tiefe und schwarze Augen hatte.

Übrigens wunderte es ihn, daß seine Mutter ihn in dergleichen Stücke gehen ließ. Sie wußte es wohl gar nicht, daß er da war.

Das nächste Mal sah er ihn ein wenig genauer an, als er im Gange an ihm vorüberging.

Er war ungemein schmal. Nicht allzu groß und sehr schlank. Sein Mund war sehr rot. Die Oberlippe war ein bißchen zu kurz und ließ beim Lachen die blitzend weißen Schneidezähne sehen. Das Schönste aber waren seine dunklen und kindlichen Augen.

Raimund war es aufgefallen, wie nahe Elmar an ihm vorbeigegangen war, obwohl der Korridor breit genug gewesen wäre.

Da das unwahrscheinlich kleine Dienstmädchen erkrankt war, brachte Elmar das Tablett herein, als Raimund später nach dem Tee klingelte.

Als Elmar mit dem heißen Geschirr in der Türe stand, trafen sich ihre Blicke.

Raimund hatte sich halb erhoben. Etwas wie ein Zucken lief durch seine Hände. Plötzlich wußte er, daß er den Knaben liebte, der dort, schmal und dunkel, mit dem Teegeschirr in der Türe stand.

Dann ließ Elmar, dem plötzlich war, als wenn er umsinken müsse, das Geschirr fallen, das klirrend zerbrach.

Dampfend und braungolden rann der Tee über den Teppich.

Draußen jauchzte irgendein blondes, bleichsüchtiges Mädchen sein Frühlingslied. Die Stimme zitterte und trillerte. Sie klang ungesund, schwindsüchtig.

Die Vögel sangen jetzt auch schon.

Es roch förmlich nach Frühling.

Elmar sagte, sehr leise: «Entschuldigen Sie.»

Raimund atmete die frische Luft durchs offene Fenster ein.

Jetzt war er ganz nahe bei Elmar. Während er sein Haar zu streicheln begann, sagte er:

‹Es macht nichts – du. Es macht wirklich nichts. Ich werde es zahlen. Selber zahlen werde ich es. Damit du wegen dieser Geschichte keine Schelte bekommst, damit du ja keine Schelte bekommst. Ich will es nicht dulden, daß sie dich schelten. Hörst du? – Hörst du –›

Dann brach er plötzlich ab und wandte sich.

‹Was willst du noch hier?› sagte er. ‹Ich zahle es. Es ist ausgemacht, daß ich es zahle.› Und nochmals, schreiend, als wenn er sehr zornig geworden wäre: ‹Was du noch willst?!›

Elmar fing an zu weinen. Stromweise stürzten ihm die Tränen aus den Augen, dabei versuchte er zu reden: ‹Ich – – Ich – –›

Aber dann brach er ab.

Raimund schien es, als strecke er die Hände nach ihm aus. Er spürte wohl, wie groß dieses Knaben Sehnsucht nach ihm war.

Aber er hob nur die Schultern und sagte: ‹Wieso? Warum weinen Sie?›

Er nannte ihn ‹Sie›, dabei kam es ihm vor, als wenn jemand ihm mitten ins Herz stäche.

Dann wandte sich Elmar zum Gehen. Seine schmale Gestalt ward geschüttelt vom Weinen. Er hielt die ungepflegten, rauhen Hände vors Gesicht, nur sein Mund blieb sichtbar.

Es war, als wolle er sich an der Türe noch einmal umdrehen. Aber Raimund wandte ihm den Rücken zu. Während sein Herz zerspringen wollte, betrachtete er nervös und mit einem Lächeln, das wehtat, seine trainierten und schmalen Hände.

Langsam schloß sich die Türe.

Draußen hatte das schwindsüchtige Mädchen ihr Lied zu Ende gebracht.

Jetzt stiegen die weißen Nebel, wie ein geheimnisvoller Spuk die stille Straße erfüllend. Aber über ihnen stand noch der Frühlingshimmel, klar und hellblau. Eine Glasscheibe. Auf ihm blitzten vereinzelte Sterne.

Wirr grinsten die japanischen Grotesken.

Irrer denn je lächelte die mörderische Pierrette.

Raimund saß allein da, bleich, schmal, mit zusammengezogenen Schultern, auf den Knien die Hände.

Als des Knaben müde und schleppende Schritte auf dem Gang verhallt waren, spürte er, daß Tränen langsam über sein Gesicht rannen.»

Mein Bild aus dieser Zeit, das ich mich bemühe anzudeuten, würde nicht echt sein, wenn ich verschwiege, daß ich eben diese Geschichte, in der so viel Sehnsüchte von mir sich wie zu einer kleinen Fuge ineinander verschränken und in der ich den Höchstbegehrten Tränen um den vergießen lasse, der so war, wie ich sein wollte – oh, kindlich armselige Genugtuung für so viel Erlittenes –! meinen beneideten und gesteigerten Doppelgänger aber ebenso heiße Tränen um den Höchstbegehrten –: daß ich eben diese beziehungsweise und doppeltbekenntnishafte Studie meinem – Klassenlehrer zur Lektüre lieh. Nichts verband mich mit dem Herrn Professor, der uns das ganze Schuljahr hindurch in den Deutschstunden eine monströse Angelegenheit lesen ließ, die sich «Dreizehn Linden» nannte, und bei dem ich keinerlei Verständnis für die Abenteuer meiner Seele voraussetzen durfte. Was also brachte mich zu dieser schändlichen Preisgabe? – Einerseits war sicher die gewöhnlichste Eitelkeit im Spiele; andererseits der Wunsch, den Vorgesetzten zu verblüffen und einzuschüchtern, indem ich ihm Einblick in eine so kranke und sündig-schwermütige Welt gewährte; dann wohl auch das Bedürfnis, Elmar – dem ich anonym das Gedicht zugesandt hatte – dadurch gleichsam öffentlich zu huldigen, daß ich den Leiter unserer Klasse zum Zeugen meiner Passion für ihn machte; schließlich aber ganz einfach jener eingeborene *Exhibitionismus*, der fast unvermeidbar mit dem Phänomen der künstlerischen Begabung – oder auch nur mit dem Trieb zur artistischen Sich-selbst-Darstellung – zusammenhänge; *die tiefe Lust jedes artistischen Menschen am Skandal*, an der Selbstenthüllung; die Manie, zu beichten – wem es auch immer sei –, da erst nach den Geständnissen das eigentliche und wahre Geheimnis beginnt.

Ich erinnere mich, daß der Professor, als er mir meine Dichtung zurückgab, sowohl schmerzlich als verächtlich zu mir sagte: «Wenn *das* Ihr Frühling ist –» wobei er auf eine bittere, ja saure Art die Mundwinkel senkte.

Verschiedenes, was wir getrieben hatten, war «aufgekommen», so auch unsere unschuldig-heimliche Freundschaft mit dem Bert Fischel. Ein ethisches Fräulein der Kleinen, das frisch-kameradschaftlich zu uns stand, aber es dann doch mit den Eltern hielt, hatte den großen Klatsch angerichtet. Golo wurde als Sendbote in Erikas

Schule geschickt, wo diese vielleicht gerade Kniefälle vor einer kleinen Lehrerin machte. Der Sendbote raunte ihr zu, daß unvermittelt «alles» entdeckt worden sei. Erika, tatkräftig noch im Augenblick der Katastrophe, setzte sich sofort mit Gretel und mir in Verbindung, damit festgesetzt werde, was jetzt zuzugeben sei, was immer noch verheimlicht werden sollte. Es war genug, was wir zugeben mußten.

Wir fielen in tiefste Ungnade. Ich glaube, daß unser Vater ehrlich enerviert und angewidert über unsere moralische Desorientierung war. (Fräulein Thea hatte ihm etwa hinterbracht, daß ich gesprächsweise geäußert hatte: «Komisch, ich habe überhaupt kein Ehrgefühl – –» Schlaglichter auf meine innere Verfassung, die ihn beunruhigten). – Unsere Mutter aber war wirklich traurig. Wir merkten das wohl. Aber wir waren noch in dem Alter, wo man die Eltern und sogar die Mutter – wenn wir sie auch zärtlich geliebt haben zu jeder Stunde – immer noch als eine Art von fremder Macht betrachtet, von der man nicht glaubt, daß Gefühle ihr ernsthaft etwas anhaben könnten.

Man beschloß, daß wir in München nicht mehr bleiben konnten. Den Versuchungen der Stadt waren wir nicht gewachsen, zudem mit unserem Bekanntenkreis zu sehr auf das böse Leben eingespielt. – Die Eltern hatten bei Gelegenheit eines Aufenthaltes in Frankfurt am Main (ich glaube, es war, als mein Vater die große Rede von der deutschen Republik in Gegenwart Gerhart Hauptmanns und des Präsidenten Ebert hielt) den Professor St., der am Vogelsberg in Oberhessen eine Landschule zu begründen dachte, kennengelernt und Vertrauen zu ihm gefaßt. In Professor St.'s neue Schule sollten wir. Sie hieß Bergschule Hochwaldhausen. Für Ostern waren wir angemeldet.

Ich weiß nicht mehr, ob wir traurig waren. Wahrscheinlich waren wir teils schmerzlich, teils aber auch freudig erregt. Der Abschied von den Münchener Freunden und Gewohnheiten fiel schwer. Andererseits lockte das Neue. – Mit den Eltern standen wir wieder gut, seit es feststand, daß wir uns im Landerziehungsheim zu tüchtigen und schlichten Menschen entwickeln würden.

Den letzten Abend vor unserer Abreise gedachten wir noch so zu gestalten, daß er würdiger Abschluß und gediegene Krönung der letzten Monate wäre. Zu diesem Zwecke hatten wir uns mit Walters zur nächtlichen Stunde auf der Föhringer Allee verabredet. Während unsere Mutter in ihrem Zimmer unsere Koffer packte, schlichen wir uns an ihrer angelehnten Türe, aus der Licht fiel, vorbei – wohl gerührt darüber, daß sie bei der Lampe noch für uns hantierte, aber mitleidslos gemacht durch den Reiz von Gefahr und Abenteuer. An verabredeter Stelle trafen wir die beiden Mädchen: Lotte trug Herrenkleider, grauen Gehpelz und karierte Hosen, Gretel: wildes, rotes Kopftuch zu weißem Pelzkragen. Wir waren alle vier bunt bemalt um Augen und Lippen – alles, damit es abenteuerlicher und großartiger sei. Walters führten in zwei Bierflaschen schwarzen Kaffee mit sich, falls die Müdigkeit uns überkomme. Wir nahmen ein Taxi – wohl das erste, das wir in unserem Leben selbständig mieteten. Die Adresse, welche Lotte – großer Kavalier mit etwas schwellenden Formen – mit höchster Piepstimme nannte, war die von Bert Fischel. Der wollte uns aber nicht einlassen, wir sahen ihm zu sonderbar aus. Er riet uns, schlafen zu gehen. Daran war nicht zu denken. Vielmehr schlürften wir zunächst den Kaffee aus den Bierflaschen, Lotte und Gretel hatten ihn selbst zubereitet, er schmeckte etwas satzig und war lauwarm. Wir trieben uns noch ein wenig in den Straßen Münchens herum, die zur Nachtzeit so still sind. Es passierte nichts weiter an diesem Abend – wie nie etwas passiert, wenn wir gemeinsam ausschweifen gingen. Alles war entsetzlich bös geplant, und alles verlief als die Harmlosigkeit selbst. Vielleicht erschreckten wir ein paar alte Herren, die aus ihrem Bräu heimkehrten und sich nach den vier bunten Kindern erstaunt umwandten, durch grelles Gekicher und kleine Sprünge.

Am nächsten Morgen waren wir frisch und adrett an der Bahn. Wir tauschten mit Walters, während der Zug anfuhr, so ernst und ausführlich das große «Fischel»-Zeichen, daß uns ein Mitreisender nachher fragte, ob wir Freimaurer wären.

Landerziehungsheim
(Ostern 1922 bis Sommer 1923)

Die Landschaft des Vogelsbergs war von einer melancholisch herben Weite. Wir liebten sie vor allem am Abend, wenn über die Wiesenhänge – die in meiner Erinnerung nicht grün, sondern hellgrau sind – die Nebel stiegen. In den ersten Frühlingswochen, die wir dort waren, scheint mir das Wetter ziemlich rauh gewesen zu sein. – Erika und ich blieben in der Bergschule von April bis Juli 1922.

Zunächst waren wir etwas erschrocken über die Primitivität der Zimmer, des ganzen Hauses und vor allem des Essens. Wir waren von zu Hause bescheidenes Essen gewohnt, aber hier schien es uns beinah ungenügend. Wenn ich an die Verpflegung in der Bergschule denke, fallen mir immer nur die unerfreulichen Nudelgerichte ein und ein merkwürdig schales Apfelkompott. Etwas später hatten wir unsere eigene Butter, die wenigstens das erste Frühstück und den Tee zu schönen Mahlzeiten machte.

Der Abschied von Mielein, die uns hinbrachte, fiel schwerer, als wir es uns vorgestellt hatten. München verschwand – – Es hätte sehr bitter sein können, aber Erika und ich waren zusammen.

Die Bergschule bestand aus mehreren Häusern, einem Haupt- und drei bis vier Nebengebäuden. Sie lag oberhalb eines Dorfes, in dem Bäcker Fink und Gastwirtschaft Öchler die Attraktionen bildeten. Der nächste größere Platz war Fulda. Hinter den Baulichkeiten der Schule gab es Hügel, Wald und ein Gebirgsflüßchen, das Schwarzbach hieß.

Erika wohnte von Anfang an in einem der Nebengebäude; ich erst im Haupthaus, dann in einer kleinen Privatvilla oben im Wald, wo wir einmal Marmeladetöpfe aus der Speisekammer klauen konnten. Ich teilte die ganze Zeit über mein Zimmer mit einem portugiesischen Jungen, der Alex genannt wurde und der Anthroposophie zuneigte – mit ihm blieb ich auch später noch ziemlich lange befreundet –; Erika das ihre mit einer blonden und lieben Haushaltungsschülerin (dem Erziehungsheim war eine Haushaltungsschule angegliedert).

Die Prinzipien unseres Professors und Leiters schienen die allermodernsten, obwohl er selbst keine radikale, sondern eher eine bürgerlich-maßvolle Natur sein mochte. Er war klug und wohlmeinend, wenn auch den überraschenden Schwierigkeiten, welche die merkwürdige Zusammenstellung der jungen Leute dort droben für ihn mit sich bringen sollte, nicht völlig gewachsen. Fortgeschritten, gütig und intelligent genug, uns eine große Freiheit zu gewähren, wie er war, fehlten ihm die persönliche Suggestionskraft und die psychologische Einfühlungsgabe, mit den Blüten fertig zu werden, die unsere gefährliche und schöne Freiheit so üppig und so exzentrisch trieb.

Wir genossen alle Errungenschaften der radikalen Reformschule: von der spartanischen Einfachheit der Lebensführung mit «praktischer Arbeit» und Selbst-sein-Bett-Machen bis zur Koedukation und dem Kurssystem im Unterricht, statt des Systems der Klasse; von der Schulgemeinde, in der die Angelegenheiten der Gemeinschaft von den Schülern verhandelt und in allen wichtigeren Dingen Recht gesprochen wird, bis zu der Einrichtung des Patronats eines älteren Schülers über einen jüngeren. Das Wort «Gemeinschaft» war das dominierende in der Terminologie dieser Heime. Wie sträubten wir uns gegen dieses Wort, das eine Forderung enthielt, und wie suchten wir es zu ironisieren! Trotzdem, gleichsam ohne es zu merken, *lebten* wir sie, die Gemeinschaft – wenn auch nicht als eine frische und frohe der Arbeit, wie unser Professor es wollte, sondern als eine der Problematik, der gemeinsamen Unsicherheit und der gemeinsamen Not. *Daß wir gemeinsam jung waren, bleibt das Entscheidende* – was immer wir auch aus dieser Jugend gemacht haben mögen. Als ungeheures Geschenk der «Jugendbewegung» fiel uns zu, daß wir diese Jahre mit Bewußtheit und mit Stolz auf all ihre Zerrissenheit, Unklarheit und Qual durchlebten, nicht nur als Vorbereitung auf irgendein «erwachsenes» Dasein, das wir gering genug achteten. Die Frische, Naturnähe und den Optimismus eben dieser Jugendbewegung übernahmen wir kaum, wohl aber ihren beinah schmerzenden Stolz des Jungseins, einen produktiven und guten Stolz, solange er nicht in den absurden Hochmut des Jungseins ausartet, was so leicht geschieht.

Wir lebten uns bald ein, Erika und ich, jeder auf seine Art. Erika wurde schnell eine «Stütze der Schule», der Professor vertraute ihr ganz besonders. Sie konnte in der positiven Arbeit genauso energisch sein wie im destruktiven Ulk. Ihr «Schützling» wurde der sehr niedliche und brave Sohn eines Schweizer Bildhauers. Ich aber bekam keinen Schützling zugewiesen, weil ich zu jung, wahrscheinlich aber auch, weil ich zu anrüchig war. Ich erlebte die Gemeinschaft, indem ich gegen sie opponierte. Zwar hatte ich schnell Freunde, vor allem unter den Mädchen. Aber ich bildete mit ihnen eine Outsidergruppe, anstatt mich mit ihnen in den Dienst der Sache zu stellen, die ich doch als etwas Schätzenswertes und Rechtes anerkannte. In gewissen Jahren kann man nur aus der negativierenden Stellung etwas für sich selber gewinnen. Ich erlebte die Gemeinschaft, die ich abzulehnen glaubte, mit einer solchen Intensität, daß heute noch dies Erlebnis nicht aufgehört hat, in mir nachzuwirken.

Wer die Luft des Landerziehungsheims einmal geatmet hat, bekommt ihren Zauber nicht mehr aus seinem Blute. Jeder Empfänglichere, der eine Zeitlang an einem solchen Orte gelebt hat, wird es bezeugen: etwas Magisches ist in dieser abgetrennten Landschaft, die, klösterlich entfernt von dem Getriebe der Welt, nur belebt ist von den Gesprächen und Liedern, den Gelächtern und Seufzern der Jugend. Es gibt Schriftsteller, die mit dieser Sphäre in Berührung kamen und die so tief in ihrem Banne blieben, daß sie nur dann noch ihr künstlerisch Bestes und Intensivstes zu geben vermögen, wenn eben jene Sphäre wieder in ihr Werk eindringen darf. Wie der Dichter Joseph Conrad ans Meer, sind diese Autoren an die Stätte ihrer Jugend fixiert. *Heimweh* gibt ihren Sätzen den schönen Ton, wenn sie diese Stätte noch einmal schildern. Ja, immer wenn ich mich daran mache, vom *Zusammenleben* irgendwelcher Menschen zu erzählen – sei es in einem Hotel, sei es in einem Kloster –, kann es geschehen, daß die Atmosphäre des Landerziehungsheims mir unvermittelt dazwischenkommt, um ihren Einfluß zu üben.

Merkwürdig, sich vorzustellen, daß auf denselben Hügeln und Wegen, ja, zwischen denselben Häusern, die damals Zeuge unseres komplizierten, unruhigen und kindlichen Lebens waren, heute, mit

Milcheimern Burschen und Mägde herumlaufen – weiß Gott, welches landwirtschaftliche Institut sich nun dort angesiedelt hat, wo damals die Bergschule war. Aber ist es dann noch derselbe Ort? Doch entschieden nicht. Proust, dessen ganzes zaubervolles Œuvre dem Mysterium des Gedächtnisses gewidmet ist, hat recht, wenn er sagt, daß die Orte *nur in der Zeit* existieren, niemals real; daß sie sich ständig verändern, auflösen, zerfließen und *nur in unserem Gedächtnis* das bleiben, was sie damals wahrhaft gewesen sind. Wiesen des Vogelsberg – wenn ich heute zu euch reiste, um euch wiederzufinden, ich erkennte euch nicht. Von der Oberfläche der Erde seid ihr verschwunden, ihr, die ich damals gekannt habe. Aber wenn ich tief hinunterhorche in die verborgenen Schichten meiner Erinnerung, spüre ich plötzlich euren Geruch wieder, genau wie er war, wenn wir abends aus dem «Haupthaus» traten, um nach dem Essen noch ein bißchen spazierenzugehen. Ihr steigt auf, wie in der Zauberoper die Dekoration aus der Tiefe, und eure geheimnisvolle Realität ist nicht weniger dicht, nicht weniger bestrickend, als sie damals war.

Wir schlendern, ein paar Gruppen von «Großen» und jungen Lehrern, vom Haupthaus in der Frühlingsdämmerung nach oben, während die Kleinen noch auf der Wiese spielen – man hört ihr helles Geschrei –: Erika mit einem jungen Lehrer, der die englische Shakespeare-Stunde gab – ein sensibler, leidender und unternehmungslustiger, künstlerisch hellhöriger Mensch – und mit dem nachdenklichen Portugiesen, der den Kopf mit den schweren Lippen und den goldbraunen, grüblerischen Augen gesenkt trug, während er von der Funktion der Erzengel sprach; ich mit ein paar Mädchen und dem hübschen kleinen Amerikaner, der so niedlich wie ein Teddybär aussah. Erika geht mit ihren zwei Freunden noch ein wenig spazieren. Ich aber begleite die Mädchen lieber in ein Musikzimmer, wo ich ihnen auf dem Klavier vorphantasiere. Eine von ihnen tanzt dazu. Es ist die hysterische kleine Berlinerin mit dem rotentzündeten, schmachtend und begehrlich lächelnden kleinen Mund im blassen und verfrorenen Oval des Gesichtchens. Sie tanzt kümmerliches und süßes Ballett im rosa Spitzenröckchen, um mir zu gefallen, während die anderen Mädchen an der Wand sitzen: kluge, murmelnde Ilse, zuverlässige und sanfte Kameradin, mit der ich später noch auf der Odenwaldschule zusammen war; gepreßte, gedrungene Lotte, Tochter des Frankfurter Gelehrten; rabiate Gert, Gert von damals, noch dick und von vehementer Unternehmungslust – seit unserem ersten Spaziergang meine liebe Freundin für immer.

Erster Spaziergang mit Gert, waldaufwärts: was ich ihr gleich alles erzählt habe von meinen Abenteuern und meinen Ekstasen, wie aufgeschlossen wir waren, einer dem anderen, und wie dankbar dafür, daß jemand uns zuhörte. – Tage des Skandals, als das tänzerische Berliner Mädchen, nach allen Seiten verliebt und geschüttelt von der Hysterie ihrer Jahre, Hals über Kopf abreiste nach Wilmersdorf zu ihrer Mama; oder als Karl Richard, der luziferische Geist unseres Kreises, mit dem Professor sich befehdete; Karl Richard, den die Aufgewühltheit seines Alters, unserer Zeit und des Milieus, in dem wir lebten, beinah ins Genialische steigerte, so daß ich mich an Aussprüche und Briefzeilen von ihm erinnere, die würdig eines Knaben gewesen wären, der Großes vollbringen sollte.

Einen Teil von all diesem, einen Ausschnitt aus dem beziehungsvollen Komplex, den das Zusammenleben so vieler über Durchschnitt intensiver junger Menschen ausmacht, habe ich, noch fünfzehnjährig und gerade von der Bergschule kommend, in einer Novelle darzustellen versucht, welche «Die Jungen» heißt und später das erste Stück meines ersten Buches wurde. Sie scheint mir heute noch, fast Wort für Wort, gültig für das, was wir damals waren – merkwürdiger Glücksfall zu einer Zeit, da ich sonst beinah nur die sentimentalste und unklarste Lyrik produzierte («freie Rhythmen», Mischung aus Walt Whitman und Peter Altenberg). In den «Jungen» ist das enthalten, was die Grundstimmung unserer damaligen Existenz bedeutete: das destruktive, verneinende Pathos; dieses Pathos aus einer starken Vitalität, die sich aber über ihre eigenen Ziele und Möglichkeiten noch so gründlich im unklaren ist, daß ihr kein anderer Ausweg zur Entfaltung bleibt als der zur Melancholie und der bitteren Wonne des Sich-selbst-Erniedrigens. – Natürlich waren auch Kräftigere und Schlichtere unter uns. Das Element des Wandervogels war vertreten, vor allem durch ein sehr schönes und klares Mädchen, das Trudl hieß. Sie hatte mit der Jugendbewegung von der verschwärmten, fidusnahen Sorte nichts zu tun; sondern sie war solide, von praktischer Intelligenz und wirklich «erdnahe». Aber nicht ihre gesunde, ethische Tüchtigkeit, sondern unsere unruhvolle und gepeinigte Sensationslust bestimmte die Atmosphäre des Ortes.

Ich sammelte um mich alle die, so nach sündigen und bunten Scherzen gierig waren; Erika aber tröstete die Problematischen, die Aufgewühlten, die ganz Verwirrten. Wie manchen Abend mögen Alex und Karl Richard, ja sogar irgendein junger Lehrer, der noch nicht ganz mit sich fertig wurde, bei ihr gesessen haben, um ihr von Geistessorgen und Gewissensnöten, die sie plagten, mitzuteilen. Karl Richard, von einer heftigen, ja, aufgebrachten und jäh aggressiven Intelligenz, trug den Geist des Aufruhrs auf einer trotzig senkrecht gehaltenen Stirn und in den stahlgrauen, rund aufgerissenen Augen, die unter den blonden, zusammengezogenen Brauen vor innerer Bedrängtheit beinah wütend blickten. Mich verachtete er ein wenig, da er mich für verspielt und weichlich hielt. Immerhin sprachen wir manche Stunden leidenschaftlich über große Gegenstände, vor allem über die Literatur. Er war es, der mich damals auf Büchner aufmerksam machte. «Danton», «Woyzeck», «Leonce und Lena» wurden meine größten dichterischen Erlebnisse dieser Zeit. In jedem zweiten Brief zitierte ich die Worte des Mädchens Marion, daß es auf dasselbe hinausläuft, woran man seine Freude hat. «Wer am meisten genießt, betet am meisten.»

Es war reizend für uns, als wir «Leonce und Lena» auf einer Wiese hinter unserer Waldvilla aufführten. Erika war Lena, ich Leonce. Ich weiß noch, daß Erika als Kostüm ein langes weißes Nachthemd mit altertümlichem Silberschmuck um den Hals trug, dazu ein schwarzes Lodencape dramatisch über die Schulter geworfen. Meines war raffinierter: zu einem schwarzen Badetrikot hatte ich lange, schwarzseidene Strümpfe, dazwischen ein Puffhöschen aus lila Satin; als Ärmel wiederum schwarze Strümpfe, von denen die Füße abgetrennt waren, dazu eine Krause, aus schwarzem und lila Papier geschnitten. So heftig und phantastisch war ich geschminkt, wie ich mir vorstellte, daß sich Nijinsky im Irrenhaus vor seinem einsamen Spiegel das Gesicht vermalt. Es existieren von dieser Aufführung Fotografien, auf denen ich aussehe wie ein im Schrecken erstarrter Theaterschüler, Erika wie eine Tragödin der Wiener Burg, mit dräuenden Augenbrauen. – Aber mit welcher Inbrunst wir die Sätze Büchners sprachen! Ich höre noch Lenas Klage, hergerufen von Erikas Stimme: «Ist denn der Weg so lang –?»

Meine Leidenschaft als Schauspieler versöhnte die Schulleitung und auch den enttäuschten Professor sicher ein wenig mit meiner sonstigen Nachlässigkeit und Renitenz. Denn ich war ein aufsässiges und schlappes Mitglied der Gemeinschaft, außerdem ein mindestens ebenso schlechter Schüler wie auf dem Gymnasium, und auch störrisch in der praktischen Arbeit (Holzhacken, Kartoffelschälen usw.). Der Unterricht in der Harmonielehre bei einem sehr ernsten und witzigen Mann namens Hitzig machte mir Freude; aber auch darin erreichte ich nicht viel. Meine verschwommenen und formlos gefühlsüberfüllten Verse kannten nur die Getreuesten. Man hatte Grund, mich für ein zersetzendes Element zu halten. Ich war keineswegs alleine schuld an dem inneren Zerfall der Schule – der dann mit ihrer äußeren Auflösung endete; aber sicher trug ich mit dazu bei. Den Zersetzungsprozeß genoß ich innig und unverantwortlich als ästhetisches Schauspiel. – Mit dem Professor hatte ich niemals den mindesten Kontakt, was ich heute noch mehr als seine, denn als meine Schuld empfinde. Ohne Frage unterschätzte ich ihn damals, er war klug, gerecht und bemüht. Aber von seiner besorgten Stirne ging keinerlei Faszination aus. Was ist ein Pädagoge, der kein Seelenfänger ist?

Ich verliebte mich mehrmals, aber nicht mit der verzehrenden Inbrunst wie im Fall Elmar oder wie in dem anderen, der in der Odenwaldschule mich erwartete (und den ich, in der späteren Fassung der «Jungen», in die Bergschule vorverlege). Das Gefühl ergriff mich damals nie völlig und ganz; ich vermochte es immer als hübschen und notwendigen Faktor in dem Puppenspiel von Beziehungsverflechtungen unterzubringen, das ich mir zum Pläsier arrangierte. Von diesen Puppenspielen schwärme ich selbstgefällig in den Briefen, die ich um diese Zeit etwa an Süskind schreibe. Ich finde alles, was mir widerfährt, so unendlich wunderlich und drollig; andererseits sehnen wir uns zurück nach München.

Mit unseren alten Freunden waren wir keineswegs außer Kontakt gekommen, wir korrespondierten eifrig mit Walters, Ricki, Süskind, hoffen auf einen Brief von Bert Fischel, als auf das schönste

Geschenk. Vor allem flehen wir ständig alle Welt um Freßpakete an. Die Mischung aus geistiger Ekstase und Verfressenheit ist höchst charakteristisch für diese ganze Zeit des Landerziehungsheimes.

In den Briefen an Süskind – dem ich mich am offensten anvertraute – kehrt das Wort «lasterhaft» mit einer beinah manischen Vorliebe wieder. Nichts kann peinlicher sein, als heute derlei nachzulesen. Alles, was ich trieb, fand ich dermaßen lasterhaft, daß es eine Wonne und ein Entzücken für mich war. Ich lechzte nach Großstadt, anstatt mir den Reiz dieses eigenartigen Landlebens – dem ich doch in Wahrheit so sehr zugängig war – bewußt zu machen. («München wird uns guttun. Ausschlafen, nette Leute – keine ‹Gemeinschaft›, um Gottes willen kein ‹Landleben›.») Einmal bin ich drauf und dran, durchzubrennen, natürlich gleich nach Berlin, wo ich mich überraschenderweise an jenen Professor Fuchs zu wenden gedachte, der die Sittengeschichten verfaßt hat und den eine Freundin von Gert kannte. Der, dachte ich, müßte schlechthin für *alles* ein Verständnis haben.

Ein Ausflug nach Frankfurt, den Erika und ich mit Gert unternahmen, berauschte uns. Herrlich, herrlich, in dem schönen Haus von Gerts Eltern zu frühstücken, zu baden, Grammophon zu spielen; in ein richtiges Kaffeehaus, ins Theater zu gehen (ich erinnere mich, daß wir die «Räuber» sahen, mit Ebert als Karl Moor); in dem Atelier von irgendwelchen fast erwachsenen jungen Leuten die ganze Nacht zu sitzen, schlechten Vermouth zu trinken und Zigaretten zu rauchen. Wir amüsierten uns damit, auf der Straße, in der Trambahn, im Theater ein Phantasiekauderwelsch zu sprechen, auf daß jedermann uns für die interessantesten Ausländer halte – Ostrumänen zu sein behaupteten wir, wenn man uns fragte. Gert erwies sich als hochbegabt für solches Treiben, ja, sie brachte einen wahren Feuereifer dafür mit. Kindlich entflammt für alles Sensationelle und Neue, suchte sie uns womöglich an ruchlosem Wagemut noch zuvor zu tun. – Grün im Gesicht und von einer Art leichter Nikotinvergiftung gequält, kehrte ich in die gute Luft von Hochwaldhausen zurück. Es muß wohl Pfingsten gewesen sein, jedenfalls gab es eine fröhliche kleine Festivität in der Schule. Eine Aufführung war arrangiert, Gert und ich sprachen zusammen einen Dialog aus «Nathan der Weise», wobei ich der Tempelherr, sie irgendeine bejahrte

Persönlichkeit geistigen Standes – ich fürchte: ein Derwisch – war. Und ich konnte mich doch vor Müdigkeit und übelstem Befinden beinah nicht auf den Beinen halten.

Es war uns allen klar, daß wir nach den Ferien nicht in die Bergschule zurück wollten. Obwohl die Zusammenstellung der jungen Leute so merkwürdig und in einem gewissen Sinne ersprießlich gewesen war, durfte sie sich keinesfalls wiederholen; es hätte dann nur Zänkereien gegeben, statt der erregten und erregenden Strömungen hin und wider. In diesem Sinne wurde den Eltern geschrieben. Was der Professor dabei empfand, als wir ihm solcherart alles kaputt machten, konnte uns kaum berühren. Wir bemitleideten ihn, aber kühl. Am ehesten hatte noch Erika eine Beziehung zu ihm gefunden. Karl Richard, stets von luziferischer Ergrimmtheit, haderte mit ihm wie der Widergeist mit der väterlichen Güte – die zu schwach ist, um auf Erden etwas auszurichten; immerhin war es eine Auseinandersetzung. Gert und ich aber genossen kindisch-verantwortungslos, wie alles so interessant abbröckelte. Wenn es gar zu verwirrt und unangenehm wurde, pflegte Gert mit klagend-quäkender Stimme: «Schwarzbach letzte Möglichkeit – –» zu rufen. Ilse – der wir nicht nur in intellektuellen Dingen sehr vertrauten, sondern die auch eine dominierende Rolle spielte, weil ihre Eltern eine Schokoladenfabrik hatten und man ihr Pralinés klauen konnte – erzählte mir mit murmelnd-verführerischer Stimme von der Odenwaldschule, wo ihre Freundin Eva seit geraumer Zeit weilte.

Das Experiment war als mißglückt zu bezeichnen; andererseits hatte es unberechenbar starke Wirkungen für uns gehabt. Unser Gesichtskreis hatte sich enorm erweitert. Wir hatten Menschen kennengelernt, die unter sehr anderen Voraussetzungen als wir groß geworden waren – sei es unter exotisch-großzügigen, sei es unter kleinbürgerlich-zerrütteten –, und wir hatten uns mit ihnen auseinandersetzen müssen. Das hatte unser Selbstbewußtsein gesteigert, denn viele hatten uns gern gehabt, einige uns geliebt; andererseits aber unsere Selbstkritik wesentlich geschärft. Wir hatten eine intensivere und strengere Beurteilung erfahren als je zuvor – wie war es mir in die Glieder gefahren, wenn Karl Richard auf seine stoßweis drohende Art mich glattweg einen «Parasiten», eine «Randexistenz» gescholten hatte, wobei er mich mit den wütend stählernen

Augen durchbohrte; oder wenn Alex mit weicher, singender Stimme meinen religiösen Ernst in Frage stellte.

Der Geist der Jugendbewegung, mit dem wir, wenn auch auf indirekte, übersetzte Weise, in Berührung gekommen waren, hatte uns nicht gleich vom Grund verändert, naturnahe, schlicht und fröhlich gemacht; aber er hatte doch heftig dazu beigetragen, das Problematisch-Jugendliche in uns bewußt werden zu lassen, aufzuwühlen und gleichsam ins Programmatische zu stilisieren. Wenigstens in meinem Falle war das so. Erika, in sich geschlossener, beruhigter und weniger anfechtbar, ging wahrscheinlich gereifter und kenntnisvoller, aber weniger erschüttert als ich, aus diesem Abenteuer hervor. Ich aber war zu dieser Stunde wahrhaft bereit, den Anstoß zu empfangen, der meine angeregten, aber unnütz sich verspielenden Kräfte produktiv machen und wenigstens einigermaßen konzentrieren würde. Der Anstoß sollte geschehen.

Damals wußte ich beinah nichts als immer nur, daß ich jung war. Ich konnte nichts, als von den Kindern träumen, die da mit den tiefen Augen aufwachsen, und mich ihnen zurechnen. Keinen Stolz hatte ich, als den, Sohn einer gefährlichen Zeit zu sein. Hofmannsthals hochmütig-wehmütigen Satz hatte ich, damals schon, meiner Novelle von den «Jungen» vorausgesetzt:

«Merkt auf, merkt auf, die Zeit ist sonderbar.
Und sonderbare Kinder hat sie: uns.»

Von der Bergschule aus hatten wir verschiedene andere Landerziehungsheime besucht: Bieberstein, eine Gründung des Doktor Lietz, wo wir eine sehr reizvoll-herbe «Sommernachtstraum»-Inszenierung von Knaben gesehen hatten, wo ich es aber sonst zu «kadettisch», zu stramm und spartanisch fand; und die Odenwaldschule. Diese hatte es mir bis zu dem Grade angetan, daß ich eine Sehnsucht nach ihr behielt, wie nach einem Menschen. Es war Verliebtheit in einen Ort, mit seiner Stimmung, und in seine Bewohner, die ich dort vermutete, ohne sie noch zu kennen.

Im Sommer 1922 waren wir mit Mielein auf der Insel Reichenau im Bodensee. (In dem Hotel, wo wir wohnten, bedienten russische Emigranten höchsten Adels, die aber hochmütig und unwirsch gegen die Gäste waren, wie ich das nie wieder gefunden habe, und sich untereinander stets mit eisernen Mienen Fräulein Meier und Herr Schulz nannten.) Dort war es übrigens, wo ich die «Jungen» schrieb. Wir machten einen Ausflug zu der Schloßschule «Salem» am Bodensee; Kurt Hahn, der sie leitet, ist ein alter Bekannter unserer Mutter. Man empfing mich dort mit Interesse, aber man wollte mich nicht gern dabehalten. Der Leiter der Schule – der sich mehr von den englischen Erziehungsmethoden als vom Pathos der deutschen Jugendbewegung beeinflussen ließ und von der Jugend als Programm, als eigenem Lebensalter mit eigener Ethik nicht viel hielt – sagte einiges Schmeichelhafte über mich, vor allem aber, daß ich «gefährdet» sei. Schon zu weit schien ich ihm in der Gefährdung gekommen, als daß er einen Rettungsversuch an mir riskieren wollte. (Später ist mein Bruder Golo viele Jahre sein Schüler gewesen.) – Mir konnte es recht sein, denn ich wollte doch in die Odenwaldschule.

Im September 1922 reiste ich, diesmal allein, über Heidelberg nach Heppenheim an der Bergstraße. Von dort aus geht man etwa eine Dreiviertelstunde zu Fuß hinauf zur Odenwaldschule. Erika war in München geblieben, wo sie sich in stürmischstem Tempo für die Aufnahmeprüfung in die Oberprima des Mädchengymnasiums vorbereitete. Es war das erste Mal, daß ich ohne sie sein mußte.

An der Bergstraße ist es milder als am Vogelsberg. Im Spätsommer waren die Farben der Laubwälder zauberhaft bunt; als die Äpfel reif wurden, pflückten wir sie den Bauern von den Bäumen weg – sie hatten so viele –; der Geschmack dieser Odenwaldäpfel scheint sich mir vom Geschmack aller anderen Äpfel, die ich inzwischen gegessen habe, zu unterscheiden; ich spüre ihn noch, wenn ich die Augen schließe. In der Obstkammer der Odenwaldschule, in der wir manchmal frisch gepflücktes Obst schichten und sortieren durften, roch es so unvergleichlich rein und stark nach dem Fruchtfleisch, daß immer diese Kammer mir aufsteigt, wenn ich das Wort *Obst* tief denke.

Die Odenwaldschule bestand aus mehreren Häusern, wie Hochwaldhausen; aber hier hatten sie Namen: Goethehaus, Humboldthaus, Lessing- und Fichtehaus; später kam ein Platohaus hinzu. Ich glaube, es gab zu der Zeit, als ich dort Schüler war, 80 bis 100 Kinder, Knaben und Mädchen (inzwischen sind es, soviel ich höre, noch mehr geworden). Die Schüler nannte man «Kameraden», die Lehrer «Mitarbeiter». Die Kameraden waren eingeteilt in «Familien», deren jeder ein Mitarbeiter, in väterlicher oder mütterlicher Art, vorstand. Ich war zunächst in der Familie der Frau von Keller, einer sowohl majestätischen als auch zarten, ja, kapriziösen Dame, die mit großem und würdigem Takt den Typus einer durchaus raffinierten und versierten Grande Dame mit der ethischen Haltung einer Jugendführerin verband. Damals teilte ich mein Zimmer mit einem freundlichen und stillen Gelehrtensohn, der mich nicht sehr viel anging, und mit dem Sohn des Dichters Hermann Kesser, Armin, der gescheit und schön war. Meine Freundschaft mit ihm, die noch lange nach unserer Odenwaldschulzeit nicht aufhören sollte, ruhte vornehmlich auf intellektueller Basis. Er schien mir reifer als ich zu sein, da ich ihn in philosophischen und religionsgeschichtlichen Dingen beschlagen fand, während ich mich selbst recht einseitig literarisch eingestellt wußte. Armin, als erster, ließ mich etwas von der Sphäre ahnen, in der Namen wie Buddha oder Kierkegaard als oberste Sterne herrschen, und in der man, von den Mystikern des deutschen Mittelalters bis Novalis, überall dort andächtig halt macht, wo ein Menschenantlitz mit geschlossenen Augen sich Gott entgegenhält. (Übrigens spricht alles dafür, daß er es inzwischen gelernt hat, diese Sphäre gründlich zu verachten; ich höre, daß er seitdem ein treuer Gefolgsmann jener Berliner «Radikalen» geworden ist, denen das Reich der Seele ein Gelächter bedeutet.) – Später gründete der Philosoph und Zeichenlehrer Heinrich Sachs für mich und meine nächsten Freunde eine Familie. Ich wohnte mit Ulfert Wilke zusammen, dem Sohne des großen Zeichners; er war drauf und dran, selbst Zeichner zu werden, und hatte das laute, heitere, etwas penetrante Temperament, das die Maler zum muntersten und geselligsten aller Künstlervölkchen werden läßt. – Die letzten Monate in der Odenwaldschule bekam ich ein Zimmer allein.

Paulus Geheeb beeindruckte schon durch seine äußere Erscheinung. Der Leiter der Odenwaldschule ist merkwürdigen und bedeutenden Aussehens. Über dem weißen, wehenden Bart ist sein Gesicht, kurz, fahl und von einer seltsam blinden Eindringlichkeit. Sein stapfender, gleichsam tappender Gang paßt unheimlich zu seiner stoßweis behinderten, suchenden Art der Rede. In seinen weiten Augen, die mehr für den Blick in die Dunkelheit als fürs Licht gemacht zu sein schienen, liegen – wenn ich mich nun an sie erinnere – rote, grüne und violette Kreise um die großen, starren Pupillen. Er trägt sich im Stil der Jugendbewegung, mit Hosen, die von den Knien ab die weißen Beine freilassen. Zu dieser Tracht wirkt seine wunderlich konventionelle Konversation, die er nur in seltenen Momenten persönlicher werden läßt, um so erstaunlicher. – Die geheimnisvolle Würde seines erfahrenen und milden Hauptes, das mir uralt schien – viel älter, als es in Wirklichkeit war –, beeindruckte mich so sehr, daß ich später nicht umhin konnte, den tiefen Reiz, den er für mich hatte, literarisch zu verwerten. (Der Alte in «Anja und Esther» trägt Geheebs Züge.) – Das Bild, wie Paulus sich stapfenden Ganges den Tierkäfigen nähert, um seine Rehe und seine großen Vögel zu füttern, gehört zu den klassischen, zu den großen Bildern meiner Erinnerung. Paulus, der mit einer großen Langmut und Geduld – in der vielleicht mehr Skepsis war, als ich damals begriff – sich um Menschen bemühte, liebte die Tiere. Er pflegte zu sagen, daß er sich bei den Kindern von den Erwachsenen, bei den Tieren aber von den Kindern erhole.

Er war von einer großen Toleranz und Weitherzigkeit, vieles schien er mit anzusehen und zu dulden, ohne einen Finger zu rühren. Aber irgendwie war doch *er* es immer, der alle Zügel in der Hand behielt – sehr im Gegensatz zum Professor der Bergschule, der sich so redlich mühte. Geheebs erzieherische Persönlichkeit brauchte kaum je in den Tageslauf der Schule einzugreifen; sie wirkte, da das Bewußtsein ihrer Existenz ständig allen – klarer oder unklarer – gegenwärtig blieb.

Die Odenwaldschule hätte eine Krise, wie wir sie der Bergschule bereiten konnten, ohne große Gefahr überstanden. Sie hatte schon ihre Vergangenheit, ihre Legenden (manche dieser Legenden war recht kitschig und süß, wie die vom Mädchen Drude, über die ein Roman gedichtet wurde). Was immer wir dort anzurichten imstande gewesen wären, es hätte Zwischenspiel bleiben müssen. Die Schule stand fest.

Paulus war einer der ersten Pioniere der deutschen Landerziehungsheim-Idee. Er war, mit Wyneken, Mitarbeiter des Doktor Lietz gewesen. Mit Wyneken gemeinsam gründete er Wickersdorf, aber diese beiden bedeutenden Temperamente konnten nicht lang sich vertragen, sie trennten sich, Paulus zog an die Bergstraße. Die Luft der Odenwaldschule wurde unter der zurückhaltenden, gleichsam beschwichtigenden Führung Geheebs milder und duldsamer als die von Wickersdorf, über das, radikaler, problematischer und genialer, Wyneken herrschte. Es ist charakteristisch, daß Paulus, der Sohn eines Theologen, seinen Entwicklungsweg als Botaniker begann. Er beschäftigte sich mit Moossorten, ehe er sich mit Menschenkindern beschäftigte. Dies große Herz war sich nicht zu schade für ein geduldiges Sichversenken ins Kleinste. – Seine Sympathien fürs indische Wesen, für die indische Philosophie – die inzwischen noch zugenommen haben – beeinflußten deutlich den Geist seiner Schule. Die Götter des Ortes waren, außer Goethe und Plato, Buddha und ein nicht so sehr römisch als orientalisch stilisierter Jesus Christus. Diese von Geheebs Studierzimmer ausgehende friedfertige und tolerante Grundstimmung des Instituts duldete alle Arten von Gegenströmungen, die oft auch zueinander im krassesten Gegensatz standen: so gab es damals eine fast amerikanisiert sportliche, eine jugendbewegt deutsch-romantische, eine auf dem Umweg über Stefan George hellenisierende und schließlich die nicht so leicht zu definierende Strömung, die von der Clique ausgehen sollte, die wir bildeten.

Das Unterrichtssystem der Odenwaldschule kannte ich schon aus Hochwaldhausen: es gab auch hier den freien Kurs anstatt der geschlossenen Klasse, wie die verachtete «Staatsschule» sie kannte. Das heißt: man wurde, je nach dem Grade der Kenntnisse im betreffenden Fach, in einen höheren oder tieferen Kurs eingeordnet, so daß man sehr wohl im Französischen den höchsten, im Lateinischen aber den tiefsten Kursus besuchen konnte. Die Lehrer waren größtenteils jung; einige hatten auf ihren Gebieten schon Außerordentliches geleistet. Ich erinnere mich vor allem an den Kursus über indische Mythen und Lehren, den der Religionsphilosoph Bonus hielt; und an den Harmonieunterricht, den ich bei Frau Sauerbeck nahm, einer Klavierspielerin von geistigsten Qualitäten.

Der Tageslauf war straffer ausgefüllt als der, den ich von der Bergschule her gewohnt war (zu Anfang machte ich ihn enthusiastisch mit; später wurde ich von manchem befreit): er begann mit einem

Dauerlauf im Walde und kalten Duschen; zwischen den Unterrichtsstunden des Vormittags gab es «Luftbad» auf einer eingezäunten Hügelwiese, zu der man im Trabe lief und wo, die Jungen von den Mädchen getrennt, splitternackt Freiübungen gemacht wurden. Die «praktische Arbeit» nach Tisch bestand, wie in der Bergschule, aus Holzhacken, Kartoffelschälen, Schreinern oder im Garten graben. Sonntagvormittag gab es eine «Andacht», wo Paulus, ein Mitarbeiter oder ein älterer Kamerad etwas Besinnliches vorlas; vor jeder Mittagsmahlzeit sprach Paulus einen tiefsinnigen Spruch – meist von Goethe oder aus dem Neuen Testament, soweit ich mich erinnere –; abends fiel einem Kameraden diese Aufgabe zu. (Ich trat einmal hin und deklamierte mein Lieblingszitat vom Beten und vom Genießen, das aus «Danton»; man fand es hörenswert und nicht schlecht gewählt.)

In den ersten Wochen war Armin Kesser mein nächster Umgang; sein durchgeistigter Charme gefiel mir; seine nachdenkliche Anmut ließ mich an die antiken Jünglinge denken, die, im Gymnasion ruhend, den dunklen Kopf aufgestützt, über die letzten Dinge plaudern. – Ich kam in Kontakt mit einigen jungen Mädchen, zwei Wienerinnen, die etwa den Lebensstil pflegten, den ich von der Bergschule und von München her kannte; sie waren mitten im Landerziehungsheim die sensationsfreudigsten Großstädterinnen geblieben. Mit einer von ihnen spielte ich sehr gerne Kino. – Das alles änderte sich, als ich Eva kennenlernte.

Sie war die Freundin jener sanften und zuverlässigen Ilse, die uns schon in der Bergschule mit den elterlichen Süßigkeiten gelabt hatte. Im Gegensatz zu Ilse, die anschmiegsam und fast demütigen Wesens war, fand ich Eva von einer gespannten und schneidenden Intelligenz, einem gewaltig hypertrophierten Selbstbewußtsein, einer aufs äußerste bewußt intensivierten Vitalität. Ihr Einfluß auf mich war enorm; wahrscheinlich der stärkste Einfluß, den je eine Frau auf mich hatte.

Denn sie duldete nicht, was in mir weich, verblasen und verwaschen war; unbarmherzig deckte sie es auf, und unbarmherzig zerstörte sie es durch ihren Spott, durch ein grelles und jähes Gelächter. Den Prozeß, den die abrupte und drohende Kritik Karl Richards an meiner Existenz begonnen hatte, vollendete sie in schärfster Eile.

Sie ergriff mich, sie modelte mich um. Heute mag ich nicht mehr beurteilen, ob sie in der Tat die überragende und wahrhaft phänomenale Persönlichkeit war, für die ich sie damals hielt; genug für mich, daß ich das lohende Signum des Genies auf ihrer Stirne zu erkennen *glaubte*, und daß ich mich ihr verantwortlich fühlte, als sei sie von höchster Macht beauftragt, mich zu leiten, den Weg mir zu weisen, alle Gedanken und Taten mir zu überwachen.

Sie lehrte mich nach außen und innen tiefer und heftiger blicken – einerseits die äußere Welt genauer, grausamer, böser beobachten, andererseits die innigere Konzentration, die mystische Übung, aus der eigenen Tiefe Gott zu beschwören. Sie machte mich zugleich aufsässiger und stiller. Sie sprach von jener Heiterkeit, die über einem Grunde von tiefstem Schmerz ihr wissendes Lächeln erleuchten ließe; sie zeigte mir die ungeheuere Komik der Dinge, wenn man sie am Eigentlichen, Letzten und Verborgensten mißt; gleichzeitig fing ich an, etwas von ihrem bittersten Ernste zu ahnen. Sie verwirrte mich, wie sie mich steigerte. Da ihr eigenes Selbstbewußtsein ein so ungeheuer übertriebenes und beinah klinischer Größenwahn war, wuchs auch meines in eine beunruhigende Höhe. Die Vorstellung – die ich später nie wieder gekannt habe –, einer Art Geheimbund, einer Organisation der Geweihten anzugehören, erfüllte mich ganz und gar. (Dazu trug, außer dem Fanatismus des Mädchens Eva, auch die Lektüre des «Demian» bei, die mich damals beeindruckte.) «Seltsam sind die Augen derer – die die große Sehnsucht kennen», dichtete ich. «Auf der Stirne tragen sie ein Zeichen – –» Und ich empfand, in gefährlichster Übersteigerung, mein Schicksal als schwer und wundervoll, vor allen anderen.

Mir scheint nun, als habe ich in diesen ganzen Monaten in einer Art von ununterbrochener religiöser Verzückung gelebt (wobei ich die gedämpften Stunden des Alltags sicher aus meinem Gedächtnis verdrängt habe). Diese mystische Stimmung aber war durchsetzt und gewürzt von einem wilden, barocken Humor und von einem merkwürdigen erotischen Zynismus, einer gewissen gellenden Unanständigkeit, die wir als die notwendige Ergänzung unserer gottsucherischen Verinnerlichung empfanden. Wir liebten Wedekind ebensosehr wie den Angelus Silesius. Außer der inbrünstigen Gotteslyrik finden sich in meinen Heften von damals einige «Visionen der Unzucht», die sich gewaschen haben.

Die Demut war fast immer nur postuliert; der Größenwahn echt. Einen solchen Rausch des Selbstbewußtseins werde ich nie wieder erleben. Die fixe Idee des Auserwähltseins war uns selbstverständliche Voraussetzung. – Man verzeihe mir, wenn ich mich etwas ausführlicher mit diesen unreifen und nicht einmal ganz sympathischen Seelenzuständen befasse: sie erscheinen mir einerseits sehr typisch jugendlich überhaupt, andererseits charakteristisch für die Zeit und für den Ort, die sie begünstigten; also doch wohl der Rede wert. Extremster, ausschweifendster Individualismus trieb uns fast zur Selbstvergöttlichung. Diese irren Triumphe des Ichs glaubten wir durch Demütigungen erkaufen zu müssen, aber die Demütigungen waren doch wieder nur Akte des Größenwahns. («Nur wer sich erniedrigt hat – wie ich, darf so stolz und einsam sein wie ich!» war eine der Lieblingsformeln meiner damaligen Zeit.) – Das «Herr erbarme dich meiner» kehrt motivisch wieder in meiner schauerlich hybriden und ungeschickt steilen Produktion dieses Jahres. Ich habe ein Recht zu hoffen, daß es zuweilen aus einer echten Zerknirschtheit, einer wahren Bedrängnis kam. Mir wurde angst und bange vor den abenteuerlichen Höhen, auf die ich mich schwang.

«Man hat uns altklug genannt – aber frühweise hätte man uns nennen sollen», begann ich einen «Spruch von den Jungen», nachdem ich doch noch vor einem halben Jahr so pessimistisch und so kleingläubig gewesen war. Einem dicken Wachstuchheft, voll von Versen und Aphorismen, ist als Motto vorangesetzt: «Die größte Sünde ist Halbheit.» Und, eben sechzehnjährig, nehme ich mit tollstem Wagemut das Wort für mich in Anspruch: «Ich verkündige nichts, ich bin.»

Man merkt es schon: ich hatte Nietzsche gelesen, außer den frühen Mystikern, und Novalis. Der «Zarathustra» beeinflußte einen Zyklus «Meine Lieder», den ich Eva widmete; den antithetischen Stil seiner späten Prosa kopierte ich in einer Reihe «Aphorismen über mich». Ich darf an diesen Aphorismen nicht vorbeigehen, obwohl sie mir von ärgster Peinlichkeit sind. Aber in ihnen finde ich – jenseits jeder Pose – einige Grundzüge meines Wesens schlaglichthaft beleuchtet; sie treten mit plötzlicher, frappanter Deutlichkeit hervor, wenn auch bis zur Karikatur übersteigert. Das Unternehmen dieser frühen Selbstanalyse – so bedenklich, ja, abstoßend es mir heute scheint – kann mir doch dazu dienen, viele Tendenzen und Absichten meiner Existenz in ihrem damaligen Stadium klarer zu sehen.

Wenn ich beginne: «Ich bin eine Synthese aus Tänzer, Mönch und Bauer» – so ist das vielleicht vorwiegend der hübschen Wortzusammenstellung halber gesagt, läßt andererseits aber doch schon Schlüsse auf den Typus zu, als den ich mich stilisierte (und dieser Typus war sowohl durch den Zeitgeschmack als durch das Milieu, in dem ich lebte, wesentlich bestimmt). Unverfroren genug nehme ich das Nietzsche-Wort für mich in Anspruch: «Abgerechnet nämlich, daß ich ein décadent bin, bin ich auch dessen Gegenteil»; um dann gleich zu behaupten: «Ich vereine in mir alle erdenklichen Gegensätze – wie jeder wahrhaft *lebendige* Mensch.» (Der Begriff «lebendig» hatte einen besonderen Klang und ein eigenes Pathos für uns bekommen, da er der Titel eines Gedichtbandes war, der einen Freund Evas zum Verfasser hatte; diesem Freund ließ ich beinah kultische Ehren angedeihen, ohne ihn noch zu kennen.)

Nach einem unerträglich steilen Aphorismus wie diesem: «Ich verschwende mich an die Vielzuvielen. Daß ich mich so viel mit Menschen abgebe, die weit unter mir stehen, liegt daran, daß ich es für undenkbar halte, jemals mit *dem* Menschen zusammenzutreffen, der ein passender Umgang für mich wäre –», steht plötzlich, ganz einsichtig und klar: «Ich denke zu viel; in praxi lebe ich nicht genug.» Oder: «*Ich spreche viel zu viel aus.* Mein Trost ist, daß mein letztes Ausdrucksmittel das Schweigen bedeutet.» Ich stelle fest: «Überhaupt wäre ich mir etwas fatal, wenn ich nicht letzten Endes ein so großes Kind wäre» (wobei die Tatsache, daß ich diese Kindlichkeit konstatiere, doch entschieden *gegen* ihre Echtheit spräche; kurioserweise steht diese *trotzdem* außer Frage).

Mit merkwürdigem Irrtum glaube ich feststellen zu müssen: «Daß ich faul – d. h. unfleißig – bin, brauche ich kaum zu sagen. Ein fleißiger Künstler – das wäre ein Paradoxon!» (Und das Gegenteil ist doch beinahe wahr.) – Wie sehr aber erschreckt mich die Härte einer viel wesentlicheren Konstatierung wie dieser: «Ich kann mein Ich nicht verschenken. *Mir fehlt die wahre Hingabefähigkeit.* Ich verschwende Teile von mir – das Letzte halte ich stets zurück. Daß ich eigentlich nicht lieben kann – das ist Tragödie meines Lebens.» Hinter diesem aber finde ich einen Aphorismus, der mit einer so jähen und überraschenden Heftigkeit Grundbedingungen meines Lebens aufschürft und freilegt, daß ich vorziehe, ihn hier zu verschweigen.

Man spürt, wie in diesem zugleich dünkelhaften und zerknirschten Narzißmus – von persönlichen, privaten Eigenschaften abgesehen – der gewaltige Einfluß Nietzsches sich mit den atmosphärischen Gegebenheiten des Ortes mischt, wo ich mich ihm so ungehemmt ergab. Denn die freie Schulgemeinde züchtet, gleichsam ohne es zu beabsichtigen und bei allem Gemeinschaftskult, unter der Hand den allerextremsten Individualismus. «Die Kritiker Nietzsches wollen wir nicht sein. *Wir sind seine Nachfolger, seine Erben*», behaupte ich sechzehnjährig in einem kleinen Aufsatz «Nietzsche und unsere Generation». Um mir dies zu beweisen, kopiere ich den Dithyrambenstil des «Zarathustra», in einem «Sturmlied», einem «Spottlied», «Tanzlied» usw. Charakteristischerweise stehen im «Liebeslied» die echtesten Töne:

«In deinem Haar ruh'n meine Hände aus.
Nach all dem vielen Suchen, all dem Tasten
Kam mich die Sehnsucht an, hier auszurasten –
In deinem Haar ruh'n meine Hände aus.»

«Verzeih, verzeih, wenn ich dir wehe tue –
In dieses Schicksal mußt du dich bescheiden:
Von mir geliebt sein, heißt gar manches leiden.
Dennoch, verzeih, wenn ich dir wehe tat.»

Die Demut in einem «Schülerlied» ist wahrer als die etwas angelernte Aufsässigkeit der Sturm- und Spottlieder; am hübschesten finde ich «Mein Lied vom großen Lächeln»; es hat unverfälscht die Stimmung der sechzehn Jahre.

«Daß Knaben da sind, die ihre schmalen Leiber
gegen die Sonne recken:
Siehe – das macht mich so lächeln.

Daß an Abhängen irgendwo schneebelastete
   Tannenbäumchen stehen:
Siehe – das macht mich so lächeln.
Daß ich so jung bin,
Daß ich so gläubig bin,
Daß ich einst so stille sein werde –:
Siehe, das ist es, was mich so lächeln macht.»

Als bitterer Epilog zu diesem rebellischen und sentimentalen Liederzyklus steht im schwarzen Wachstuchheft mein «Lied vom Ekel», das mir beweist, wie, mindestens zu gewissen Stunden, die Kritik und der Zweifel am eigenen Wert nicht weniger radikal, nicht weniger stürmisch und vielleicht echter waren als die hysterische Selbstglorifizierung.

«Du hast mir große Demut gegeben, Herr –
Aber eitel blieb ich trotzdem.

Auch weiß ich Herr, daß ich noch keine eigene
   Sprache fand,
Zu dir zu beten –
Anderen, Größeren entlieh ich mein Gebet.» (!)

Eine tödliche Angst, ein Überdruß am aussichtslos extremen Individualismus spricht aus Zeilen wie diesen:

«Herr, Herr – mich ekelt –
Gar zu lange schon habe ich mich bespiegelt,
Und kokettiert mit mir und viel gelächelt – –

Herr, ich will Gerichtstag über mich halten.
Frühe Weisheit gabst du mir, Herr –
Aber ich tat zuviel hinzu von meiner Menschenklugheit.
Großen Glauben gabst du mir, Herr –
Aber ich tat zuviel hinzu vom spöttischen Zweifel.
So gläubig bin ich nicht, Herr,
Wie dein Diener es sein müßte.»

Ja, ich schlage mir wahrhaft die Brust, streue mir Asche aufs Haupt und heule in büßerischer Selbstanklage:

«Ach, was bin ich denn?
Meine Ekstase ist zweitrangige Pubertätserregung,
Übele Schmutzerei ist meine Inbrunst.
Wenn ich zu Jahren komme, wer weiß,
Stille wird sein, was jetzt nach dir schreit.
Fett und glattrasiert und gepudert werde ich sein.
Herr, mein Innerstes flüstert mir zu:
Literat bist du.
Ästhet bist du,
Größeren entliehst du dein Schrei'n.
Du hast Nietzsche gelesen –
Mein Gott –
Mehrer gibt's, wie du, Parasit, der du bist.

Herr, Herr, warum tatest du mir das?
Mir Einsamem, den Ekel an mir selbst geben,
Hieß mir die schwerste Last aufladen –»

Man kann nicht eben sagen, daß ich mich schonte; überall dort geißelte ich mich, wo ich am empfindlichsten war. Diese Zerknirschtheit scheint mir von einer brutalen Echtheit zu sein. In anderen Fällen wird es schwieriger, das Echte von der Pose zu scheiden – denn die Lust zur Pose mischt sich in diesem Alter so leicht in den zunächst unmittelbarsten Affekt. Aber ich weiß, daß gewisse Stimmungen, in denen ich dithyrambische Ergüsse hinschrieb und den «Flug meiner Seele zu Gott» nannte, von einer wahren Entrücktheit waren – Trancezustände einer religiös-erotischen Verzükkung. – Eine echte Bereitschaft, ein wirklicher Wille zu Dienst und Gehorsam muß in mir gewesen sein, als ich an einem Apriltag um halb fünf Uhr morgens, plötzlich aus dem Schlafe aufschreckend, die Zeilen hinschrieb:

«Eine fremde Stimme weckte mich aus dem Schlaf.
Wer rief mich?

Jedem Führer folge ich nach.
Gleichviel – jeder Führer führt mich zu mir.»

In einem großen Gedicht aber «An meine Schwester» finde ich, bei allem Pathos, Gesetze formuliert, die, heute wie eh und je, für immer unverrückbar über meinem Leben stehen.

Wenn ich mich um einen rein lyrischen Ton bemühte, war es immer noch Georg Trakl, dem ich ihn entlieh – Trakl, über den ich, neben merkwürdig steifen Bemerkungen zu Schillers «Don Carlos» im Vergleich zum historischen, einen Aufsatz in mein schwarzes Heft notierte, den Siegfried Jacobsohn anderthalb Jahre später für die «Weltbühne» annahm. Durch meine Strophen aber geistert der Knabe Elis mit den mondenen Augen und mit den hyazinthenen Fingern die Mönche.

«Trabte durch schwarzes Gestrüpp
Sanftes blaues Getier.
Trug das blaue Getier
Einen Knaben durchs dunkle Gestrüpp.
Sank der Knabe dahin,
In den starren Dornbusch hinein –
Sank weiß in die Dornen hinein.

Irgendwo weint ein Tier,
Seine Tränen in schwarzen Sand.
Da kühlt seines Mundes Brand
Der Mönch an grüner Verwesung.
Herr, sei unserer armen Seele gnädig.»

Nun fürchte ich, daß ich mich ärger dargestellt habe, als ich war. Der Größenwahn und die Zerknirschtheit konnten nur bestimmte Stunden meines Tages beherrschen. Nebenbei war ich sechzehn Jahre alt. Dieses Alter entschuldigt viel Verkampftheiten – soweit andere und besondere Umstände sie nicht entschuldigen würden –; es verklärt sie, indem es ihnen von seinem biologischen Charme etwas abgibt. Das wußte ich wohl, verschmitzt wie die Sechzehnjährigen sind. Da ich alles formulieren mußte, machte ich auch aus dieser meiner letzten Entschuldigung ein Gedicht.

«Wie in purpurn überdeckter Schale
Trage ich mein heimlich-süßes Glück,
Und die Menschen, die mich lächeln sehen,
Wissen nichts von meinem hohen Glück.

Gleich wie wundersame Heimlichkeiten,
Gleich wie allerköstlichsten Gewinn
Weiß ich es bei mir und lächle d'rüber:
Daß ich Ich und noch ein Knabe bin.»

Heinrich Sachs, der unserer «Familie» vorstand, hatte ein Gesicht, wie von Meister Riemenschneider geschnitzt; hartes und edles Antlitz, dessen Lippen die Worte langsam formten und dessen Augen den ausspruchvollen Blick hatten, der uns verpflichtete. Er hatte sich die schwierigste und problematischste Familie gewählt, denn wir waren schon wieder «Outsider», wenn auch freilich auf recht andere Art als damals in der Bergschule (wie unendlich lange her mir das vorkam! Was bedeutet in diesem Alter ein Jahr!). Wir liebten die Schule, hielten sie für die beste aller denkbaren Schulen und schrieben es nur unserer enormen Eigenartigkeit zu, wenn wir uns nicht völlig in sie einfügen konnten. Es kam so weit, daß ich, als ich nach den Osterferien 1923 noch einmal in die «Oso» zurückkehrte, beinah vom ganzen Tageslauf dispensiert wurde: ich brauchte weder an den Kursen noch an der praktischen Arbeit teilzunehmen, sondern durfte den ganzen Tag spazierengehen, lesen, dichten und sinnen. Dieses pädagogische Experiment hätte kein anderer Erzieher, von dem ich weiß, je gewagt. Ich bin Paulus Geheeb heute noch dankbar, daß er es riskierte. Nur der für die sportlichen Dinge verantwortliche Junge wollte sich damit nicht abfinden. Als ich einmal zehn Uhr vormittags, während ich im «Luftbad» hätte sein müssen, in Evas Zimmer saß, um allerlei Ernstes mit ihr durchzusprechen, stürmte Wurstl, der Sportgewaltige, mit einem Dutzend anderer Burschen das Gemach, wo wir in den Disput vertieft nebeneinander auf dem Bette saßen, eigentlich, um mich zu verhauen, was aber Evas Gegenwart denn doch nicht zuließ. Immerhin schrien die Luftbad-Fanatiker mir zu: «Mach doch deine Liebesgeschichten zu einer anderen Zeit ab, als gerade während der großen Pause –», was mich ehrlich empörte.

So einfach lagen denn die Dinge doch nicht. Unser Bund war innig, aber nicht ganz so, wie die Sportboys dachten.

Es waren drei Mädchen, mit denen ich meistens zusammen war: Eva, Ilse und eine dritte, Oda, die, grotesk und hochbegabt, mit einem merkwürdig kurzen mongolischen Gesicht pittoresk in sich zusammengeduckt auf Schränken oder Fenstersimsen zu hocken liebte. Sie konnte phantastische und krasse Tänze aufführen; ebenso phantastisch und kraß konnte sie zeichnen und malen. Auf ihren Blättern hoben sich Gespenster aus Flaschen, Schlangen kringelten sich um verkrümmte Bäume. Eva und sie waren ein fast unheimlich stilvoll gegensätzliches Paar: Oda gedrungen, von einer barocken, überraschenden Grazie; Eva eckig, gereckt, von einer gelblichen Magerkeit; im Oval des Gesichts die dunklen, schwerlidrigen Augen von ägyptischem Schnitt. Eva, schwankend zwischen starrem, übermäßig konzentriertem Ernst und einer grellen Vergnügtheit; Oda, oft von stummer Traurigkeit, oft von hopsender Tanzlust. Daneben Ilse, klug, gehorsam, mit dem schrägen Nacken.

In unseren Zimmern waren an der Wand mit Reißnägeln befestigt Reproduktionen von Michelangelo-Statuen oder von Köpfen gotischer Plastik. In einer blauen Glasschale lagen Orangen und Äpfel neben Bernsteinketten oder Schnüren aus den roten Vogelbeeren. Neben den Mathematik- und Griechischheften lag der Band Nietzsche oder Angelus Silesius. Die Betten waren sehr schmal und hart. Unter den Betten standen die derben Stiefel, die wir selbst putzen mußten. Der Stuhl vor dem Tisch war wacklig, aber er hatte den Blick ins Laub oder auf die kahlen Äste, wenn die Blätter gefallen waren. – In einem dieser Zimmer trafen wir uns abends. Wir hatten Kerzenlicht, weil es romantischer war. Einer von uns las etwas vor: «Zarathustra» oder die «Franziska» von Wedekind. Manchmal gab es abends Musik. Frau Sauerbeck spielte Bach, Mozart und Bruckner; ein sehr schönes Mädchen spielte zuweilen die Geige; sie sah wie ein Erzengel aus, hatte sie das Instrument am Kinn. (Es ist auffallend, wie an geistig hochanspruchsvollen Orten, gleich der Odenwaldschule, jede Beschäftigung, auch die scheinbar harmlose, kultisch-sakralen Charakter bekommt.) Wir saßen an den Wänden des Musikzimmers nebeneinander, die Augen geschlossen, versteinert vor Andacht. An anderen Abenden trafen wir uns in Paulus'

Studierzimmer mit einigen anderen großen Kameraden. Auf seinem Schreibtisch stand der Dornauszieher-Knabe, dem merkwürdigerweise das Haar *nicht* ins vorgeneigte Antlitz fällt, und den ich damals als das Symbol aller Anmut empfand; in der Ecke des Zimmers hing ein gotischer Christus. Paulus bot uns Äpfel aus einer Tonschale an und kleines Gebäck, das eine Kameradin auf seinen Wink aus dem Schranke holte. Wir debattierten im Kreise, während er auf dem Sofa lag und mit den weiten, tierhaft-hellsichtigen Augen entweder zu uns hin oder zur Decke schaute.

Wir liebten die weiten Spaziergänge, nachmittags oder gegen Abend, durch die milde Hügellandschaft der Bergstraße. Mir scheint, nie wieder habe ich den Ablauf der Jahreszeiten mit solcher Aufmerksamkeit, solcher Innigkeit erlebt: das wunderbare Goldenwerden der Blätter im Herbst und ihr Fallen; der graue feuchte Himmel des Dezembers über dem Odenwald. Im Januar oder Februar konnten wir ein paar Tage lang Ski laufen. Der Schnee wurde aber bald klebrig, der leichte Frost hielt nicht an. – Frühling des Jahres 1923: ich atmete seinen Geruch mit einer Hingerissenheit, die mir das Nahen keines anderen April je gewährt hat. Meine Beziehung zur Landschaft und zur ganzen Natur war von der mystisch-erotischen Verfassung mitbestimmt, in der ich mich befand: ich umarmte Bäume, ich legte mein Gesicht an ihre Rinde, und ich fühlte die weiche Substanz des Mooses als Liebkosung unter den dünnen Sohlen meiner Sandalen. Gegen den Wind zu rennen: aufrührerische Lust, wilder und besser, als ein «Sturmlied» zu schreiben. Begeistert vom Geruch des allerersten Grüns eilte ich in das kleine Gotteshaus, das auf dem Wege von der Oso nach Heppenheim lag, um dort niederzuknien oder um, mit absurden und närrischen Formeln der Aufsässigkeit, den Herrn zu lästern und anzugreifen.

Während meines Aufenthalts in der Odenwaldschule gab es zwei große «Wanderungen», eine im Herbst, eine im Frühling. («Wanderungen» waren die Reisen und Touren, die von der Schule aus in Gruppen unternommen wurden, denen ein Mitarbeiter oder ein älterer Kamerad vorstand.) Bei der ersten Wanderung schloß ich mich der großen Gruppe von Paulus Geheeb an; sie ging in die Rhön. Mir ist daran nur eine Erinnerung geblieben von Nebel, eisigem Wind, kahler Weite; von einem Unterkunftshaus auf einer endlosen Bergwiese, um das Stürme heulten. Paulus, in dessen Bart der Nebel gefror, mit einem Knotenstock durch die Landschaft stapfend, schweigender Rübezahl, den Unbilden der Witterung unter dem Bart grimmig zulachend. Wenn die Nebel sich lichten, sehe ich nur die verkrümmtesten Büsche, rotbraun oder schwärzlich verbrannt. In meinem Gedächtnis hat die Vegetation dieser Gegend etwas Eingedorrtes, Kahles, Krummes und Groteskes.

Die Frühlingswanderung machten wir ohne einen Erwachsenen; ein rüstiger junger Wandervogel, der Artur hieß, führte uns. Wir waren in Bamberg und Würzburg. Es war das einzige Mal, daß ich wirklich in Jugendherbergen schlief, wirklich die Tage durchwanderte mit dem Rucksack. Merkwürdige Abende auf den Strohsäkken der Unterkunftshäuser, wo die Wandervögel um mich herum über die Ethik Wynekens und Blühers disputierten. – In Bamberg waren die Maienandachten. Die Stunden im Dom, als wir der Orgel zuhörten und zum Standbild des Reiters hinaufstarrten, sind in mir lebendig geblieben, als seien sie gestern gewesen. – In Würzburg erinnere ich mich nur an eine schrecklich enge Herberge, wo wir uns mit anderen Wandersleuten zankten, und an ein schmiedeeisernes Barockgitter im Dom, das ich seit damals nicht mehr gesehen habe und dessen einzelne Arabesken ich beinah glaube, mir nachkonstruieren zu können.

Übrigens ist es vielleicht für meinen damaligen Zustand nicht unbezeichnend, daß ich eben zur Zeit dieses Wandervogellebens so völlig und komplett ohne Ortssinn war, daß ich mich auf einem Waldspaziergang in nächster Nähe der Schule verirrte und zehn Stunden lang nicht zurückfand. Sicher ein dutzendmal kam ich an einer Stelle vorbei, die noch keine zehn Minuten von den Schulgebäuden entfernt war und wo vier Waldwege sich kreuzten. Mit traumwandlerischer Sicherheit bog ich immer in einen der drei falschen ein.

Eine Zeitlang, vor allem in den Frühsommerwochen 1923, als ich so wenig anderes zu tun hatte, wanderte ich beinah jeden Nachmittag nach Heppenheim oder Bensheim hinunter, um Schokolade und Bonbons zu kaufen. (Das Essen war hier nicht viel besser, als ich es leider von der Bergschule her kannte; um ein Margarinebrot gab es noch immer Geriß, das Flehen um Freßpakete in allen Briefen hörte nicht auf.) – Während dieser Gänge, die schließlich einen so materiellen Zweck hatten, versuchte ich mir über die Einzelheiten eines kolossalisch geplanten Christus-Dramas klarer zu werden, das ich als eine Mischung aus mittelalterlichem Mysterienspiel, Sensationsfilm und Nietzsche wollte. Ich sehe mich in meinem blauen Leinenkittel die Landstraße hinuntertraben, den Bonbons zu, und in den ungeheuren Ausmaßen des Stoffes schwelgen, den ich bewältigen zu können dachte. Unterwegs gab es sehr viele Gänse, die mit gräßlichem Geschrei nach meinen nackten Waden hackten, und die ich fürchtete und haßte. – Wir aßen besonders gerne Milchschokolade, mit Orangenschalen daraufgelegt. Das war die Leckerei unserer romantischen Abende. – Unsere schönste Veranstaltung war der Tanz, den Oda und ich zu Evas Geburtstag einübten. Wir tanzten ihn nur für sie, nachmittags im Musikzimmer, mit großer Sorgfalt hatten wir Kostüme und Musik zusammengestellt. – Ilse spielte eine Bachfuge. Ich nahte mich aus dem Hintergrund, als Nonne verkleidet, die weiß gemachten Hände gefaltet, und wandelte betend einige Schritte, in der starren Pose geistlicher Verzückung. Aus dem Schatten sprang mir der Böse entgegen. Odas breites und wildes Gesicht war grün, schwarz, orangegelb bemalt. Sie hüpfte geduckt, die kleinen und starken Hände zu Krallen gekrümmt. Ich wich zurück, worauf ihr gräßliches Werben um die Heilige erst richtig anhub. Sie umsprang und umschmeichelte mich, duckte sich, reckte sich, grinste und fletschte die Zähne. Immer wieder entweicht die Fromme dem Dämon; aber wehe, in ihre keuscheste Abwehr mischt sich Koketterie. Sie flieht, aber sie lächelt dabei. Wünscht sie nicht heimlich, daß der Böse sie erhaschen möge? Ist sie nicht schon fast in seinen Armen, von sündiger Neugier immer näher an ihn herangetrieben? Der Satan stampft, keucht, ist schon ganz nahe. Da erst, in der Sekunde äußerster Gefährdung, macht die Heilige von ihrer letzten Waffe Gebrauch: sie reckt das Kruzifix gegen den Versucher. Der muß verschwinden, mit allen Grimassen der Wut. Sie aber, die befreit Zurückbleibende, kann die Hände wieder falten, um nach hinten abzuschreiten; in der Miene, die den starr verzückten Ausdruck wieder annimmt, doch auch ein wenig Enttäuschung ...

Das war unser Geschenk zu Evas Geburtstag.

Außer dieser privaten Darbietung – der neben Eva, soweit ich mich erinnere, nur Frau Sauerbeck beiwohnte – spielte ich noch einmal Theater während der Odenwaldschulzeit: mit hohl geschminkten Wangen und in schwarzes Tuch eingeschnürt war ich der Tod in dem mittelalterlichen Weihnachtsspiel, das im Dezember einstudiert wurde.

Durch die heftige Freundschaft mit Eva und den Mädchen, die zu ihr gehörten, war ich in dem Grade absorbiert, daß ich nicht viel andere engere Kameradschaften schließen konnte, ja sogar die vernachlässigte, die sich in den ersten Wochen ergeben hatten. Meine Freundschaft mit Armin Kesser war auf einem toten Punkt; wir sahen uns nicht mehr viel. Auch anderen Mitschülern meines Alters gegenüber blieb ich fremd, obwohl ich mir vielleicht mit manchem von ihnen viel zu sagen gehabt hätte, und einer oder der andere später ein Freund von mir geworden ist, draußen in der Welt; so der leidenschaftlich intelligente und unglückselige Wolfgang Deutsch, der die Möglichkeit zu seinem bitteren Ende damals schon im unruhigen, reizbaren und krampfig lebenshungrigen Antlitz trug. – Unter den Kameraden, die ich nur flüchtig kannte, beobachtete ich am liebsten die ausländischen: ich erinnere mich eines wunderschönen italienischen Mädchens, das Lätitia hieß und zu hellem Haar ganz weite, dunkle Augen hatte; einer kleinen Griechin mit elfenbeinmatter Haut und schwarzem Haar, das sie in strengem Pagenschnitt trug (sie war ein besonderer Liebling von Paulus), und eines russischen Jungen, der ein schwermütiges, stumpfes, schläfriges Gesicht hatte und zuweilen nach dem Abendbrot slawische Volksweisen sang, deren süße Trostlosigkeit mich ergriff. Auch im Kindergarten, der der Schule angegliedert war, gab es ein paar ganz kleine Russenzwerge, die mir viel hübscher und drolliger vorkamen als die kleinen Deutschen. – Mit den Kindern des Pariser Kommunisten Cachin glaube ich kaum je gesprochen zu haben, aber ich weiß noch, daß sie kluge, lustige Gesichter hatten.

Mit den kleineren Jungen hatte ich nicht viel Kontakt, vor allem, nachdem ich mich von Sport und praktischer Arbeit immer mehr fernhalten durfte. Eine zärtliche Freundschaft mit einem kleinen Welsch-Schweizer, für den ich in Heppenheim gräßliche Tiere aus rotem Zucker zu kaufen pflegte, war bald abgeklungen. Die dominierende Rolle unter den Jüngeren spielten drei Buben, die zur Familie von Frau Geheeb, «Tante Edith», gehörten, und die alle drei phantasiebegabte, selbstbewußte und tyrannische Persönlichkeiten waren. Einer von ihnen, Max Schäfer, war der dritte von vier Geschwistern, die zu den zuverlässigsten Stützen der Oso zählten; der andere, ein Sohn des Schauspielers Wegener, war von einer tollen und burlesken Unternehmungslust; der Name des dritten bedeutete mir damals nichts; sehr viele Jahre später sollte ihm eine Gewalt über mein Leben zuwachsen, von der ich damals nichts ahnte, wenn ich ihm auf einem Spielplatz oder im Speisesaal begegnete.

Erst in den letzten acht oder zehn Wochen meines Oso-Jahres verfiel mein Herz einer Zuneigung, die der Elmar-Passion an unmittelbarer Stürmischkeit gleichkam und sie an Pathos noch übertraf, dadurch, daß ich sie, meinem Zustande dieser Zeit gemäß, ins Religiös-Mystische, ja, Kultische stilisierte. Nachts, bei Kerzenlicht, vor mir den Rosenkranz und den Johanneskopf Riemenschneiders, schrieb ich auf, daß ewig schmerzend Materie alle Materie anziehe; daß ich am Kinde Uto leiden müsse, wie Jesus an der Welt gelitten habe («ich bin das Lamm Gottes, das der Welt Sünde trägt»). In einem hybriden Demutsrausch schien es mir, daß ich alle Liebe auf mich nähme, mystisch-stellvertretenderweise, wenn ich nachts meine Stirne an die Türschwelle des blonden Kindes preßte.

Übrigens war es weniger unzugänglich als Elmar. Das Kind linderte meine Ekstase, löste meine Verkrampfung, indem es mir, ahnungslos-gnädig, entgegenkam.

Die Verbindung der freien Schulgemeinde zur «Außenwelt» ist eine lockere und kühle. Man redet dort von den Armen, die da draußen leben, mit derselben mitleidigen Fremdheit, welche die dem «Zauberberg» Verfallenen für die anderen drunten im Flachland haben. Ja, das Draußen ist Flachland. Höhenluft – denkt man – hat einzig und allein die Freie Schulgemeinde. Ich erinnere mich, daß ein gewichtiger Oso-Lehrer allen Ernstes einmal sagte, in den großen Städten habe kein Mensch was zu tun. Die «Staatsschulen» waren ohnedies nur ein Gegenstand bösesten Spottes. Dem Elternhaus gegenüber wurde Respekt bewahrt. Aber mancher entfremdete sich ihm, der zu lange dort oben blieb.

Auch ich war ohne Frage innerlich nie wieder so weit entfernt von zu Hause wie damals. Der Grundton meines Münchener Milieus hatte immer einen Beiklang von Ironie und skeptischem Humor behalten; ich aber war um diese Zeit nur auf das radikalste Pathos eingestellt. Der Jargon unseres Herzogpark-Kreises schien mir oberflächlich.

Zu den Weihnachts- und Osterferien kam ich nach München; außerdem unternahm ich mit Eva einmal eine heimliche Pfingsttour in die Poschinger Straße, während die Eltern verreist waren. Von diesem Ausflug ist mir vor allem eine Erinnerung an unendlich viel Eierkognak geblieben, den wir nicht nur die halbe Nacht durch, sondern auch morgens in der Bahn auf den nüchternen Magen genossen. Das süße und schwere Zeug kann ich seitdem nicht mehr schmecken.

Als ich Weihnachten zu Hause war, hatte der Mimikbund Wildes «Bunbury» einstudiert. Ich war das erste Mal Zuschauer. Erika spielte das wortgewandte junge Mädchen Siselly; Walters durften auch wieder einmal mittun. Es war wehmütig für mich, dabei zu sitzen. Den wahren Mimikbund erkannte ich nicht mehr. – Joseph Ponten schrieb die Kritik in unsere Chronik, die nun Süskind führte. Es machte mir Eindruck, daß seine Besprechung so flott und feuilletonistisch begann: «Nein, das Stück ist nicht gut – –» Ponten war der letzte Kritiker des Mimikbundes.

Während dieser Ferienaufenthalte, in denen ich so absichtlich meinen neuen Odenwaldschul-Geist vor dem Münchener Geist bewahrte, gewannen andererseits viele alte Münchener Beziehungen, deren großen Wert für mich ich mir all die Jahre niemals voll bewußt gemacht hatte, wesentlich an Intensität und Gehalt. So trat meine Freundschaft mit Ricki in ein neues Stadium ein. Sie bekam andere, pathetische Akzente, die sie aus der Sphäre des Altgewohnten plötzlich ins Abenteuerliche, Rührende und stark Bewegte hinüber wandelten.

Übrigens riß die Korrespondenz mit den alten Freunden natürlich nicht ab, während ich an der Bergstraße neue fand. Nach dem mit Erika, war der Briefwechsel mit Süskind am dichtesten. In einem gewissen barock-verschnörkelten Stil berichtete ich ihm treulich über das meiste, was ich erlebte: über die Freundschaften, die Verliebtheiten, das, was ich gedichtet und was ich gelesen hatte: Begeisterung über Klabunds «Moreau», über Rilkes «Stundenbuch» und über Strindbergs «Nach Damaskus». Dazwischen mache ich Vorschläge für die nächsten Winter, wenn ich wieder in München sein werde («Wie wäre es, wenn wir den Saal der Bonbonniere für eine Saison mieteten? Kosten gar zu riesenhaft?») – und verhandle mit ihm gleichzeitig als mit meinem Bankier – denn ich hatte ihm irgendwelches aufgespartes Taschengeld zur Verwahrung gegeben –: «Schicke mir also sofort die 25 000 M.!» (Die Zahlen sind schwindelerregend; während ich dort oben mit Gott haderte und mich von aller Materie ewig-schmerzhaft anziehen ließ, war drunten im Land der gigantische Spuk, der sich Inflation nannte, voll im Gange. Wir merkten davon fast nichts; metaphysisch verzaubert. Als ich aber meine goldene Konfirmationsuhr verkaufte, um zu Pfingsten nach München zu fahren, bekam ich zu meiner Verblüffung 50000 M. statt 10.– M.)

Als dritter Freundeskreis – neben dem von München und dem von der Bergstraße – blieben die Leute, die wir aus Hochwaldhausen kannten. Den nachdenklichen Alex traf ich in Heidelberg wieder, wo seine Mutter ein Haus hatte. (Er besuchte uns auch in München.) In Heidelberg traf ich auch Karl Richard, der dort ein Zimmer gemietet hatte und ein unordentlich-geniales Studiosusdasein führte. Sein Zimmer lag im Parterre; ich erinnere mich der Nacht, da ich durchs Fenster einstieg bei ihm und er mir den «Ecce Homo» zu lesen gab (so wie er mir vor einem Jahr Büchner gegeben hatte). Einige Male kam er zu uns in die Odenwaldschule. Er stiftete Verwirrung, indem er auf seine stoßweis drohende Art absurde kleine Sätze von sich schleuderte, unanständige Dinge zu den Mädchen sagte, und alle Welt mit den runden, eisblauen Augen durchbohrte, die vor innerer Bedrängnis fast zornig schauten.

In Frankfurt aber konnte ich Gert besuchen, die immer noch ihr grünes Wandervogelkleid und rot geschminkte Lippen trug, und mit der es herrlich war, über Vergangenheit, Gegenwart und Zukunft zu phantasieren. Ihre warme und kindliche Bereitschaft zum Leben, ihr enthusiastischer Glauben, daß die tollsten und schönsten Abenteuer keinesfalls ausbleiben könnten, taten so wohl. Wie dankbar war ich, daß ich mit ihr Arm in Arm die Straßen von Frankfurt entlangschlendern konnte, wo die fetten und bürgerlich luxuriösen Auslagen uns zu Lüsternheit und Spott gleichzeitig reizten. (Immer sehe ich fette Gänse, von allerlei Früchten und Flaschen umkränzt, wenn ich an diese Frankfurter Läden denke.) – Abends gingen wir ins Theater. Ein Rieseneindruck war es, Kortner in Wedekinds «Hidalla» zu sehen – einem Stück, dessen moralische Problematik mich so brennend und intim betraf.

Gert war immer noch fünfzehn, ich gerade sechzehn Jahre alt. Wir hatten uns noch mehr um der Zukunft, als um der Gegenwart willen gern. Wir spürten, daß wir noch unendlich viel zusammen erleben würden.

Von so weltlichen Ausflügen kehrte ich zurück zu den einsamen Meditationen meines Zimmers in der Odenwaldschule und zu den großen Gesprächen mit Eva. Ich schrieb an Erika, daß auch sie, meiner Überzeugung nach, zur Geheimorganisation der «großen Sehnsüchtigen» gehöre – sie *mußte* sein, wo ich war, sonst wäre der Ort eine Fremde gewesen.

Nach langen Spaziergängen kam ich, trunken von den rosiggoldenen Tönen der Abenddämmerung, heim zu den Fotografien Utos und des gotischen Riemenschneider-Hauptes. Ich schlug den «Cherubinischen Wandersmann» auf und las, während draußen zum Nachtmahl geläutet wurde:

«Die Seel' ist eine Flamm, aus Gott, dem
Blitz gegangen;
Wie sollte sie da nicht in ihn zurück gelangen?»

Inflation

(Sommer 1923 bis Frühling 1924)

Im Sommer 1923 waren Erika und ich das erste Mal in Berlin (unseren Kinderaufenthalt in der Tiergartenvilla kann ich nicht rechnen). Die Reise geschah ohne Wissen der Eltern, die uns auf einer Tour in Thüringen wähnten. In Wahrheit übergaben wir auf dem Bahnhof zwei Burschen, die nach Weimar weiterfuhren, eine Ansichtskarte, damit sie in der Goethestadt nach München eingesteckt werde. Wir aber reisten dem Anhalter Bahnhof zu. Ab Jena sagten wir uns, immer noch kindisch-böse wie damals, als wir nach Wien fuhren: «Jetzt beginnt das Verbotene – die Ungezogenheit fängt an.» Wir wurden in der Düsseldorfer Straße, bei den Eltern Evas, untergebracht. Im selben Haus wohnte Evas Freund, den ich aus der Ferne schon so verehrt hatte, der Autor des Gedichtbandes vom «Lebendigen». Ich fand ihn persönlich so großen Stils, wie ich es denn doch kaum zu hoffen gewagt hatte. Wir verlebten prachtvolle Tage mit ihm. Andere Freunde von Eva, die ich kennenlernte, gefielen mir nicht weniger ausgezeichnet; vor allen das Mädchen Edda, phantasiebegabt und schon reizvoll umgetrieben wie sie war. Auch diese Freundschaft, damals begonnen, gehört heute noch zu den zuverlässigen und guten Dingen meines Lebens.

Berlin – meine eigentliche Heimat seitdem geworden – ist wirklich gar nicht besonders schön, wenn man es im hohen Sommer, ohne Wagen und ohne Geld, kennenlernt. Wir fanden es trotzdem ganz hervorragend prachtvoll. Die Autobusse, die U-Bahn und die Lichtreklamen stimmten uns enthusiastisch; wir kamen das erstemal in ein richtiges Kabarett (mir scheint, daß es sogar der «Blaue Vogel» war) und in ein Lokal, wo Jünglinge miteinander tanzen. Daß es so was gab, fanden wir toll; und nun gar das fette alte Ungeheuer, das in Damenkleidern drollige Strophen zum Vortrag brachte. Sündiger und widerlicher konnte nichts mehr sein, es war wirklich ganz herrlich, denn der Zwitter-Greis schwabbelte mit dem Fett, wenn er tanzte und sprang, sein großes Gesicht mit Hängebakken und verquollenen Augen war teils kreidig weiß, teils von obszöner Buntheit. – Wir waren gerade in der Stimmung, es für düsteres Symbol zu nehmen, als aus dem schmierigen Parkettboden des Etablissements – das sich im Norden Berlins befand und irgendwie mit einem «Bund für Menschenrechte» zu tun hatte – schmutziges Wasser quoll. Man sagte uns, es sei das Grundwasser, das hier hervortrete, und wir empfanden es als gräßlich charakteristisch für den moralischen Zustand des Ortes.

Nach den Berliner Tagen absolvierten wir die mitteldeutsche Tour, um doch noch etwas Richtiges erzählen zu können. Ich glaube, daß wir nur in Weimar und Jena waren. Eva und Edda reisten mit uns. Die beiden klassischen Städte machten mir fast überhaupt keinen Eindruck, nur das kleine Sterbezimmer Goethes rührte mich. Es ist der einzige Ort dieser Reise, dessen ich mich noch in allen Einzelheiten entsinne. Denn auch das fürchterliche kleine Hotel, in dem wir wohnten, habe ich Gott sei Dank völlig vergessen. Es war unsere erste selbständige Reise und auch gleich die erste, bei der das Geld uns vollkommen ausging. Wir hatten nichts mehr zu essen und mußten in einen Buchladen eintreten, wo wir schüchtern-frech gestanden, wer wir waren und wie es um uns stand. Man gab uns das Allernötigste. Aber wir blieben so arm, daß wir uns ein hartes Ei zu viert teilen wollten. Unvergeßliches Entsetzen, als Eva es alleine in den Mund steckte, das ganze glatte, kühle, ovale, kostbare Ding, und es verschluckte, wie eine Riesenschlange ihr kleines Opfer. Ich hatte ja, daß sie sehr tyrannisch und selbstherrlich war, immer gewußt; aber so viel Rigorosität hätte ich ihr denn doch nicht zugetraut. – Das wesentlichste Ergebnis dieser Reise war mit Edda die neue Freundschaft, die schnell einen gewissen Höhepunkt der Intensität erreichte. – In Saalfeld (von wo aus Eva noch Wickersdorf besuchte) trafen wir um Mitternacht auf dem Bahnhof jenes ethische Fräulein Thea, die damals unser Bert-Geheimnis den Eltern preisgegeben hatte. Merkwürdigerweise war ihr nicht auszureden, daß ich im Begriff sei, Architekt zu werden.

Wir kamen von der kleinen Ferienreise wohlbehalten zurück und erzählten munter, wie angenehm die thüringische Landschaft sei.

Unser Ausflug in die Reichshauptstadt sollte erst bei einer späteren Gelegenheit aufkommen.

Herbert Schlüter nannte unlängst eine Novelle einfach «Das Jahr 1923». Er nahm die Jahreszahl als Symbol für einen Zustand, und es gelang ihm bemerkenswert gut, die makabre und angeregte Atmosphäre dieses Zeitabschnittes festzuhalten: ein Lokal wird pompös eröffnet und denselben Abend wieder geschlossen; ein junger Kokainhändler muß schnell mal ins Ausland, aber ein Mädchen liebt ihn und wartet auf ihn; das Mädchen hat einen Bruder, der ihr hörig ist; es gelingt ihm weder mit seiner inzestuösen Leidenschaft noch mit seiner überspitzten Intellektualität, noch mit der Zeit überhaupt fertig zu werden; so tötet er sich.

Oh, diese Zeit, da man zwischen allen Vergnügungen immer wieder spielt mit der schrecklichen und süßen Idee des Selbstmordes; da man jedem Ausgang eine besondere Weihe abzwingt dadurch, daß man immer wieder beschließt: es sei der letzte, der letzte, der letzte. Zu allen Formen der Selbstvernichtung war man schon fest entschlossen: der Strick hing schon an einem festen Haken im Speicher; dieses Gift könnte man sich so oder so verschaffen; nachts in den Schnee könnte man sich legen, tüchtig Schnaps vorher trinken und dann schlafen – –; oder einfach vom Turm der Frauenkirche springen, das Hirn aufs Pflaster verspritzen. Aufhören wollen, während doch eigentlich alles gerade am besten und am erregendsten ist: absurdeste und schönste Begierde des Siebzehnjährigen.

Im November 1923 wurde ich siebzehn Jahre alt. Da es mit dem Landerziehungsheim nichts mehr war, ich aber zur Staatsschule zunächst den Anschluß verloren hatte, sollte ich durch Privatstunden für die Oberprima vorbereitet werden. Über ein halbes Jahr lang genoß ich Unterricht bei allerlei Herren, in Lateinisch, Englisch, Mathematik usw. – übrigens ohne nennenswerte Erfolge. Ich mochte keinen dieser Pädagogen besonders, am wenigsten einen, der überall ganz außerordentlich beliebt war. Er gab englischen Unterricht, in seinen Mußestunden schrieb er literarische Studien. Ich erinnere mich seiner als eines eisgrauen Gentleman angelsächsischen Typs, von einer gewissen tückisch-loyalen Munterheit, die mich peinigte. – Der Unterricht, den ich als die pure Zeitverschwendung empfand, schleppte sich bis in den Anfang des Jahres 1924. Eines schönen Tages legte ich mich ins Bett, behauptete vor allgemeiner Angegriffenheit schlechterdings unfähig zum Aufstehen zu sein und schrieb meinem Vater, der zwei Stockwerke unter mir in seinem Arbeitszimmer saß, einen Brief, ich könne den Unterricht nicht mehr aushalten und, kurz und gut, ich wolle *sofort* Tänzer werden. Nach Berlin müsse ich, zu Tanzmeister Terpis und mich gleich ausbilden lassen. Daraus wurde nichts, aber mit dem Unterricht war doch Schluß. – Das ereignete sich erst im Februar 1924.

Der Herbst 1923 war von einer tollen und wirbeligen Bewegtheit, auch für uns, die gerade Siebzehn- und Achtzehnjährigen. Diese Bewegtheit schien, was uns betraf, rein privat und zufällig-persönlich – denn zu meinem nachträglichen Erstaunen muß ich gestehen, daß wir an der nationalen und sozialen Katastrophe unheimlich wenig Anteil nahmen –; in Wahrheit waren wir natürlich nur mitergriffen. Während wir uns auf eigene Faust toll zu gebärden dachten, tanzten wir nur nach dem Takt, den die Zeit uns angab.

Unser Freund Theo war der Typ des jungen Mannes vom Jahre 1923 par excellence. Er war sowohl schwärmerisch als geschäftstüchtig; junger Bankmensch mit nervös gespannter, energisch zarter, leicht angegriffener Miene, der sich für Wedekind, Unruh, Georg Kaiser begeisterte, es aber gleichzeitig famos mit den Devisen verstand. Er zauberte Geld, wie es damals vielen begabten Jünglingen glückte; und er verschwendete es hauptsächlich, indem er uns aufs großartigste einlud. Das war eine sehr romantische Verschwendung, denn wir waren Kinder, mit denen in den Nachtlokalen und besseren Restaurants nur Verwunderung zu erregen, keinesfalls Staat zu machen war. Theo, vier und fünf Jahre älter als wir – er war ein Klassenkamerad W. E. Süskinds –, hatte uns wirklich gern; er behandelte uns halb gönnerhaft von oben herab, halb verehrungsvoll, während er uns mit enthusiastischer Großzügigkeit traktierte. Er war pathetisch, naiv und gerieben. Nie wieder hat es diesen Typ des jungen Abenteurers gegeben; denn dieser war hochliterarisch, er redete von «Dynamik» und «Rhythmus der Zeit», während er seine undurchsichtigen Börsengeschäfte betrieb. Er machte den Mädchen Gedichte, abgesehen davon, daß er ihnen schöne Dinge schenkte; mir aber schrieb er Freundschaftsbriefe im Stil der Romantiker. Er hatte einen echten Elan, einen hinreißenden Auftrieb. Jazz-Musik und expressionistische Lyrik versetzten ihn in Ekstase. Er schenkte mir die Gedichte Klabunds, nicht nur Zigarettenspitzen und Likör. – Dem grauenhaften Jahr 1923, das Millionen von Existenzen zerschmettert hat, bleibt der sozial nichtige, ästhetisch aber nicht zu unterschätzende Vorteil, daß es eben diesem Typ des intellektuellen Va-banque-Spielers zu einer phantastischen Blüte verhalf, die er sonst niemals gekannt hätte.

Theo bildete gewissermaßen das Zentrum unseres Münchener Inflationskreises. Außer uns gehörte ihm fest nur noch Süskind an. Andere kamen und gingen. Walters-Mädchen waren zu Anfang ziemlich oft mit von den wilden Partien; später ein zauberhaft unordentliches und konfuses kleines Norwegermädchen, Ella, in die wir alle verliebt waren; noch später Pamela Wedekind. Von ihr ist noch zu erzählen. Sie war Ellas großartiges und krasses Gegenteil. Denn die kleine Skandinavierin war verhuscht und zärtlich; unberechenbar, launisch, witzig und süß. In ihrem Schwabinger Pensionszimmer lagen die Seidenschals über den Teetassen, die Grammophonplatten bei den Scherben zerschmissener Parfümflakons. Schwedische, dänische Freundinnen zwitscherten aus und ein. In den Handtäschchen, die offen hingen, knisterten die Devisen, mit denen man fast umsonst in Deutschland lebte. – Der Typus dieser verwirrten und anmutig schmarotzenden kleinen Ausländerinnen gehört zum Bilde der deutschen Inflationsstädte. Ella, zwischen lauter papageienbunten und zerdrückten Hütchen und Kissen auf ihrer Couch am Teetisch hockend und ihre übermütig-melancholischen Liedchen zur Laute singend: eine Momentaufnahme, die ich mir bewahre, als Symbol für eine bestimmte – die harmloseste und liebste – Seite dieser ganzen Zeit. Am reizendsten und stärksten hat sie W. E. Süskind festgehalten, dem das nordisch kapriziöse Geschöpf zweimal zu seiner schönsten und lebensvollsten Frauengestalt wurde, erst in «Tordis», dann in seinem «Jugend»-Roman.

Theo ließ uns Champagner-Soupers in der Reginabar servieren, es kostete dreieinhalb Millionen pro Person. Nach dem Gastmahl fuhren wir in die Münchener Vergnügungsstätten, die unserer ahnungslosen Lebenslust so ausschweifend erschienen und die vielleicht, in diesen Monaten, wirklich zuweilen etwas wie echte Abenteuerlichkeit zwischen ihren Wänden aufkommen ließen, die seitdem nur auf die trübste Langeweile schauen: Boccaccio, Malkasten, Bonbonniere, Simplizissimus. Bei Papa Benz in Schwabing tanzte «Stella Julotte, das schicke Persönchen», und es wurden die unanständigsten Sketchs gespielt, über die wir vor Lachen bersten wollten. In der Bonbonniere erschütterte uns die Kate Kühl, als sie «Immer an der Wand lang –» vortrug, und wir schrieben dem Tänzer Ingo, daß wir ihn jedenfalls gleich kennenlernen müßten. (Warum mußten wir die Gussy Holl versäumen, die gar nicht so lange Zeit vorher in denselben Räumen ihr Genie entfaltet hatte? Wie hätten wir die Gussy Holl geliebt!) – In Berlin war es die große Zeit des Kabaretts, mit Anita Berber, dem Blauen Vogel, der Trude Hesterberg. In der Münchener Bonbonniere konnte es immerhin geschehen, daß vier Burschen im Chore einen Matrosen-Song des Walter Mehring brachten: das war schon herrlich für uns. Meistens aber herrschte der ödeste Kitsch. Auch über ihn verstanden wir uns zu amüsieren. Wir machten den fetten Onkel auf dem Podium nach, der immer behauptete, in Japan seien die «Kürschen» so süß; Erika und Süskind eroberten sich gemeinsam Tenor Guggenbuhler, der im Gärtnerplatztheater Triumphe feierte und sich nachher im Malkasten mit Erika traf, von der er annahm, sie sei ein liebes Provinzmädel, Süskind ihr Bruder und Referendar.

Wie überraschend und doch, in einem genaueren Sinne, wie zeitgemäß wir ausgesehen haben müssen, wenn wir zusammen in den spießig-lasterhaften Etablissements erschienen! Theo und Süskind schon im Smoking, die jungen Gesichter ganz blond, weich und doch gespannt über den steifen Kragen. Erika in einem merkwürdig geschnittenen schwarzen Seidengewand, das Gesicht gerahmt von langen Ohrringen, einem Geschenk Theos; Ellas Köpfchen mit rotem Hut über dem zugleich mollig untersetzten und grazil biegsamen Körper zwitschernd und schwankend; ihr unruhiges Antlitz mit der flaumigen Haut, den hellen kleinen Augen, die nach dem ersten Glas Champagner trübe wurden, dem unbeholfen beweglichen Mund, der nur lachen, schmollen oder singen konnte. – Am stärksten fiel ich auf, denn ich trug eine blaue Russenbluse, bis zum Hals geschlossen, mit kleinem weißen Umlegekragen; das Gesicht darüber kalkig weiß oder dunkelbraun gepudert. Beim Tanzen ließ ich mich von den Mädchen führen. Ella kicherte und jubelte, wenn ich so betrunken-schwer in ihren Armen hing. – Manchmal war Ricki bei uns, das Haar wirr in der Stirne, das dunkle, ungewöhnliche Gesicht von Haß gegen dies Milieu, das er nicht mochte, verzerrt oder vom Alkohol zu einer rasenden Lustigkeit verändert. Dann umarmte er die Oberkellner und hüpfte gebückt durchs Lokal, mit den Armen wie mit Flügeln schlagend. – Als aber erst Pamela zu uns kam ...

Zu Hause ging es immer noch recht bescheiden zu, während wir es, dank Theos geschickter «Dispositionen», nächtlich oft so luxuriös trieben. Ehe Theo uns in den Strudel riß, waren wir so völlig weltfremd, daß Erika und ich alleine in ein mondänes Nachtlokal gingen im Glauben, man brauchte dort nur ein Glas Wein zu bestellen. Wir waren erst pikiert, dann entsetzt, als der Kellner uns zum zweitenmal eingoß. Es kostete 120000 Mark, wir hatten aber nur 50000 bei uns. So mußten wir Süskind anrufen, daß er komme und uns auslöse. Das Grausige war, daß er sich nicht einreden ließ, daß wir im bittersten Ernste sprachen, sondern der Ansicht blieb, wir machten uns auf unsere schlechte Art einen Scherz mit ihm. So rächte sich alles Üble, zu dem wir je das Telefon mißbraucht hatten. Wir flehten, er möge doch kommen. Schließlich schickten wir den Oberkellner an den Apparat, damit die Wahrheit unserer Angaben erwiesen sei.

Unsere Geselligkeit in der Poschinger Straße war um diese Zeit drollig gemischt. Neben unseren eigentlichen, den etwas exzentrischen Freunden, gab es andere, die biederer waren; so allerlei Verehrer, zu denen Erika während meiner Odenwaldschulzeit gekommen war. Bei kleinen Festen und Tanzereien tummelte sich das alles ganz wunderlich und artig durcheinander. Während Erika mit einem bayerischen Patriziersohn korrekten Walzertakt schritt, stampfte ich mit Ricki oder der beschwipsten Ella die überraschendsten Figuren.

Bedeutungsvoller als diese abendlichen kleinen Freuden waren für mich einige persönliche, nicht ganz so friedlich geartete Freundschaften, die um diese Zeit begannen; zum Beispiel die mit dem Otto Zarek, der damals zwei oder drei Dramen und einen Novellenband «Die Flucht» veröffentlicht hatte, von dem ich feststellte, daß er etwas wie ein jüdischer, expressionistischer «Tonio Kröger» sei. Zarek war Dramaturg an den Kammerspielen und bewohnte ein möbliertes Zimmer in Schwabing. Ein Talent, Jugend zu faszinieren, muß ihm eigen gewesen sein: schon ein Teil der literarischen Oberprima, zu der Theo und Süskind gehörten, war unter seinem Einfluß gewesen. Ich erlebte ihn wie eine Figur Dostojewskijs: unbegreiflich, unerträglich und erschreckend groß. So machte ich den peinlichen Fehler des Siebzehnjährigen, jede Person, mit der er in Berührung kommt, übermäßig zu stilisieren, ihr Format ins Gigantische zu übertreiben – was eine andere, kompliziertere Form der Eitelkeit und der Selbststilisierung ist. Die Beziehung zu dem finster exzessiven Dichter, in dem ich alle Abgründe witterte, war problematisch und produktiv, immer von einer gewissen gefahrvollen Intensität. Übrigens war sie nicht die einzige ihrer Art. Ich erwähne nur sie, weil sie die bedeutungsvollste war und die anderen um einige (wenn auch nicht um lange) Zeit überdauerte.

Die Korrespondenz mit Eva, Gert und den anderen Landerziehungsheimfreunden dauerte an. In den Briefen wechseln immer noch die Bitten um Schokoladensendungen, die Eva für uns bei Ilse veranlassen sollte, mit intellektuellen Schwärmereien. Etwa, als Postskriptum zu einem Brief: «Novalis ist der großartigste Dichter.» Oder: «Verlaine zu lesen – unsäglich.» Oder: «Was ist Liebe, wenn nicht Sehnsucht nach Gott?» (Womit ich übrigens keinesfalls eine spiritualistische Sublimierung der Liebe meinen konnte.) Über das gerade erst vergangene Odenwaldschuljahr mache ich mich zuweilen lustig, zuweilen aber erinnere ich mich ganz unironisch, ganz sentimental: «Und *war* es nicht schön? – Die Abende – weißt du noch? Der Pinienbaum abends, auf dem Berg am Heppenheimweg – und die Orangen in der blauen Glasschale – und Uto –»

Aber statt der dithyrambischen Gotteslyrik schreibe ich nun – ein halbes Jahr später – Kabarettlieder und Songs, die ich übrigens mit den religiösen Gedichten zu einem Zyklus «*Fromme Lieder*» zusammenstelle – ein Unternehmen, das ich keineswegs frivol oder in einem ordinären Sinne blasphemisch meine, sondern durch ein Rilke-Motto rechtfertigen will:

«Es gibt im Grunde nur Gebete,
So sind die Hände uns geweiht,
Daß sie nichts schufen, was nicht flehte –»

Es erschien mir absolut selbstverständlich und bedeutete mir nichts weniger als ein Paradox, daß jede innige Betätigung des Menschen religiösen, das ist: gottsucherischen Charakter habe; und nun gar die erotische, die ich immer nur im engsten und natürlichsten Zusammenhang mit dem Religiösen erlebt hatte.

Was den kabarettistischen Teil der «Frommen Lieder» betrifft, so finde ich ihn teilweise etwas konventionell, teilweise etwas albern, teilweise nett. Das «Strichjungenlied», das ich später in den «Frommen Tanz» aufgenommen habe, hat gar keinen schlechten Rhythmus. Das Liedchen vom dekadenten Prinzen entbehrt nicht einer gewissen melancholischen Komik. Diese Komik scheint mir eher unbewußt, dafür aber noch herzerfrischender in dem Gedicht, das «Aufschrei» heißt und beginnt: «Mögen Sie auch – mögen Sie auch – mögen Sie auch – Schminke so gern?» Am besten gefällt mir das «Lied der Deutschnationalen», ich will es zitieren, weil es auch das kürzeste ist.

«Die jungen Proletarier
Haben schwarze Sweater an
Und eine schiefe Mütze
Mit einer roten Nelke dran.

Die Vorstadtdirnen haben
Haben rote Röcke an
Und schrecklich rote Hüte
Mit einer weißen Feder dran.

Und liegen sie beieinander,
Wie die Natur es gebot,
Und liegen sie beieinander,
So sind sie – schwarz-weiß-rot!»

Zur gleichen Zeit wie ich schrieb W. E. Süskind Kabarettlieder; seine waren größtenteils besser als meine. (Ist das bezaubernde Gedicht vom jungen Mädchen, dem so dringend davon abgeraten wird, blaue Röcke zu tragen, eigentlich jemals erschienen?) Wir spielten mit der Idee, gemeinsam einen Band Chansons zu publizieren; ich arbeitete schon am Vorwort. Man sieht: wir waren reif dafür, ins Wedekindsche Milieu einzutreten.

Pamela lernte ich auf einem Tee kennen, den Tante Mimi gab – Tante Mimi, die Gattin Heinrich Manns, den wir seit einiger Zeit wieder sahen. Tante Mimi war warmherzig und von einer enthusiastisch lauten Herzlichkeit. Heinrich Mann aber blieb für mich ein wunderbarer und verehrter Fremder. Seine persönliche Zurückhaltung war so feierlich groß, und ich bewunderte so stark alles, was er geschrieben hatte, daß ich eine merkwürdige Hemmung empfand, überhaupt nur mit ihm zu sprechen. Um so mehr faszinierte es mich, ihn zu beobachten, wie er auf eine milde und strenge Art langsam die Worte formte.

Pamela erschien mit ihrer Mutter Tilly und Frau Sybil Vane, der Freundin des Wedekindschen Hauses, einer gesprächsgewandten, perfekten und liebenswürdigen Dame. Frau Tilly fand ich gleich das erstemal, als ich sie sah, von höchst rührender und sanfter Schönheit. – Ich saß an einem kleinen Katzentisch mit Pamela. Wir sprachen zunächst etwas krampfhaft über die Odenwaldschule, wo sie ein Jahr vor mir gewesen war und wo die tollsten Geschichten über sie im Umlauf blieben. – Ein paar Tage später sahen wir sie wieder. Dann immer öfter. Eine lange Zeit der großen Freundschaft und der großen Liebe begann.

Ich glaube, daß sie das wunderbarste Mädchen war, das ich jemals gekannt habe. Damals hatten ihre Gesten und Worte eine Gespanntheit und Straffheit, die einem den Atem beraubten. Ihr kühnes und leidenschaftliches Haupt mit der gebogenen Nase, dem strengen Mund und den herrlichen Augen war das eines Renaissance-Jünglings: von einer harten, gefährlichen und geistigen Lieblichkeit. Immer war es ihre Art, das eigene Wesen aufs radikalste und bewußteste zu stilisieren; jeder ihrer Schritte und Blicke war von einer konsequenten und oft beängstigenden Absichtlichkeit; angefangen mit der dämonisch korrekten Höflichkeit gegen Damen, bis zu ihrer

Schwärmerei für Zirkus, Heilsarmee und Hafenbordelle: stets wußte sie die Tradition Frank Wedekinds zu wahren. Sie war ein fanatisch konservativer Mensch. Mit einem Pflichtbewußtsein, das mich immer erschüttert hat, erfüllte sie alle ethischen Postulate, die von ihrem großen Vater auf sie gekommen waren. Was grell und künstlich in ihrem Wesen schien, erklärte sich mir immer durch ihre pathetisch stolze und demutsvolle Bindung nach rückwärts, zum Vater. Auch die letzte radikalste und unverständlichste Wendung, die sie ihrem Schicksal gab und mit der sie alles abbrach, auch unsere Freundschaft, steht unter dem unbarmherzig großen Gesetz dieser Bindung.

Der erste Nachmittag in der Wedekindschen Wohnung: es bedeutete ein stärkstes Erlebnis für uns. Das Arbeitszimmer, wo «Franziska» und «Schloß Wetterstein» geschrieben worden waren, mit Wedekinds Totenmaske neben dem Bücherschrank und der berühmten Kugel in der Ecke, auf der die Mädchen laufen können mußten. Die Gitarre lag auf dem Flügel, mir scheint, Tillys Fotografie als Lulu hing an der Wand. Pamelas Zimmer mit den roten Möbeln, wo sie uns, auf ihrem Bett sitzend, das erste Mal ihre Lieder sang. Sybil Vanes Zimmer, voll von Glastierchen und Flakons. Tilly, vor dem Wandspiegel ihr schweres, rötliches Haar ordnend; Tilly, die von mehreren Herren ins Deutsche Theater abgeholt wurde, sich von uns verabschiedete, den schwarzen Halbschleier über den Augen, mütterlich und kokett, süß, geheimnisvoll, über dem unschuldig weichen Antlitz die ganze Legende ihres Lebens, Wedekinds große Legende, als majestätisch-fragwürdigen Heiligenschein tragend.

Wenn Pamela die Lieder ihres Vaters zur Laute sang, schien sie mir eine Art idealisierter Reinkarnation Frank Wedekinds zu werden, mit dem ich mich so viel beschäftigt hatte, ohne ihn je von Angesicht zu sehen. Ihr Liedervortrag war eine künstlerische Darbietung großen Stils, das Konzentrierteste, Reinste und Originalste, was sie zu geben hatte. Sie sang mit einem erschütternden Ernst und mit einer exakten, gleichsam eisigen Anmut. Ihr Mund, der bösartig, sehnsüchtig oder traurig lächelte, formte jedes der Worte, mit denen die zartesten und strengsten Fäden sie verbanden, zu einer von Leidenschaft vibrierenden Akkuratesse. – Wedekinds Lieder sind Meisterwerke. Alles, was seit ihnen in Deutschland an «Chansons» und «Songs» hergestellt wird, kommt von ihnen her, nimmt sie als Vorbild; nichts aber hat dieses Vorbild erreicht. Die Musik ist den Texten kongenial; jede der Melodien bleibt ein unvergeßlicher Einfall. Diese Verse sind gleich intensiv in ihrem Witz und in ihrer lyrischen Fülle. Sie sind von einer Dichtheit und Genauigkeit der Arbeit, von einem menschlichen Mut und von einer poetischen Eindringlichkeit, die ihnen im ewigen Vorrat deutscher Poesie unter den allerersten ihren Platz sichern müßte.

Pamela sang das Lied von der Wetterfahne, vom blinden Knaben und das große «Donnerwetter»-Lied. Welche herbe Süßigkeit kam in ihre Stimme, wenn sie «Franziskas Abendlied» oder die Strophen der «Ilse» sang. Wie grimmig verzog sich ihr Mund, trug sie uns die Bänkelweisen gegen Wilhelm II. vor, derentwegen ihr Vater im Gefängnis hatte sitzen müssen, und welch zauberhaft exakte Schelmerei sie in das Lied von den Beinen der Kunstreiterin im Sternenkleid legte. Sie sang uns das Lied vom Taler, das ich am meisten von allen liebte, da mir in ihm der ganze Schmerz um die Armut, um die mangelhaft organisierte Welt zu einer wahrhaft dichterischen und übermaterialistischen Klage geformt schien; und die bedeutungsvolle, schaurig witzige Ballade vom armen Kind, das mit den anderen Mißgestalteten und Benachteiligten auf die große Erfolgstournee geht.

«Nun hört zum Schluß noch die Moral:
Gebrechen sind oft sehr fatal,
Sind manchmal eine Qual.
Frau Poesie schafft ohne Graus
Beneidenswertes Glück daraus,
Sie schafft das Glück daraus –»

In diesen Schlußzeilen schien mir immer die ganze bittere und heroische Ethik nicht nur der Wedekindschen Produktion, sondern der künstlerischen Produktion an sich zu liegen.

Dies alles verstand ich erst, als Pamela es uns zeigte; nicht, indem sie darüber sprach, sondern indem sie es sang. Ich hatte Wedekind, dieses deutscheste und problematischste Genie, dieses Genie der

Moral, immer verehrt, schon ehe ich eine Zeile von ihm begriff. Die letzte und authentische Wahrheit über ihn erfuhr ich erst durch die lebendige Interpretation Pamelas.

Ich meinerseits rezitierte für Pamela «Fromme Lieder», und ich las ihr meine Prosastudien vor, in denen ich etwa den Plan für ein klösterliches Freudenhaus mit vielen Einzelheiten entwarf. Himmlisch fand ich es, Pamela vorzutanzen, während sie, im Lehnstuhl kauernd, mich mit scharfen Rufen anfeuerte. Ich deklamierte Wedekinds schönes Huldigungsgedicht an den dreizehnjährigen Knaben, das die «Vergänglichkeit» aller Anmut mit den berühmten Schlußzeilen von der «Pubertät», die den Hübschen allen übrigen Flegeln ähnlich machen wird, beklagt – und wie stolz war ich, als Tilly, die ich glühend verehrte, versicherte, sie habe gerade dieses Gedicht nie so sehr gerne gehabt, und nun, aus meinem Munde, sei es ihr lieb geworden.

Wir lernten Kadidja kennen, Pamelas jüngere Schwester; stämmiger, biederer, weniger schlangenhaft als unsere Altersgenossin und Freundin, aber auf eine andere, nicht so problematische Art von einem ähnlich unvergleichlichen Charme. Wir liebten diese ganze Wohnung in der Prinzregentenstraße, die freilich von Pamelas Antlitz für uns beherrscht wurde: die sanfte, schöne, zärtlich-geheimnisvolle Mutter; die perfekte Frau Vane; Kadidjas Witz und ihre kindlich feste Hübschheit; die Laufkugel, die Musikinstrumente und die Bibliothek, in der die Bücher standen, mit denen Wedekind gearbeitet hatte; den schönen Blick vom Balkon über die Straße bis zur Isar auf der einen Seite, auf der anderen zu den Kuppeln des Nationalmuseums.

Damals war Pamela mit dem Carl Zuckmayer befreundet, der, in eine rote Pferdedecke eingewickelt, in Wedekinds Arbeitszimmer mit dem prachtvollsten Temperament Heilsarmeelieder brüllte. (Etwas später, als ich es vor Lust ans Tingeltangel zu gehen gar nicht mehr aushalten konnte, schrieb er mir den Empfehlungsbrief an Walter Mehring, den die Presse auf entstellte Art berühmt gemacht hat und in dem er berichtete, wie mein Vater und Rainer Maria Rilke im Englischen Garten sich miteinander vergangen hätten, und so sei ich entstanden.) – Pamela lernte aber auch schnell genug unsere Freunde kennen. Vor allem Ricki paßte zu ihr. Sie trug Süskinds

Weise von den verbotenen blauen Röcken vor und beteiligte sich an unseren Theo-Ausgängen. Erst Pamelas pittoreske Miene machte unsere kleine Gruppe komplett. Sie kontrastierte wunderbar zu Erikas Dunkelheit. – Wenn sie und ich miteinander tanzten – ich in der Russenbluse, sie mit der großen Nase und dem grellroten Mund – wußte niemand mehr im Saale, was er denken sollte. Einmal, als wir im Frack bei Papa Benz erschienen – meiner war immer mal wieder von Bert Fischel ausgeliehen – und die Mädchen in besonders wunderlichem Abendputze, fragten uns die Kellner, ob wir Artisten seien, die direkt von der «Arbeit» kämen. Wir umarmten den Ober vor Freude, ich erkundigte mich, ob er uneheliche Kinder habe (an etwas Legales mochte ich gar nicht denken).

Je ungeheuerlicher und wahnwitziger das Tempo wurde, mit dem die Inflation alles geordnete und normale Leben vernichtete, desto schönere Feste erdachte Theo sich, uns zur Unterhaltung. Zuweilen antwortete er mit etwas bedrängter Stimme, daß er erst «disponieren» müsse, wenn wir wegen neuer Lustbarkeit bei ihm anfragten; es konnte auch vorkommen, daß eine flüchtig nervöse Röte seine Stirn überflog, präsentierte der Kellner ihm die abenteuerliche Rechnung. Die Röte wich einer fahlen und gleichsam angeekelten Blässe. Geld zu zaubern muß eine enervierende Beschäftigung sein. Aber den nächsten Abend bat er uns mit einer geradezu flammenden Vergnügungssucht zu einer kleinen Orgie in seine Wohnung. Wir blieben die ganze Nacht, in bunte Pyjamas vermummt, Pamela sang, Theo sang, ich deklamierte, wir soffen, schwärmten, tanzten, malten uns die Gesichter an. Am Morgen fuhren wir nach Grünwald, im Isartal priesen wir unsere Freundschaft und die abenteuerlichen Zeiten. – Als wir alle zusammen zwei oder drei Tage in Partenkirchen waren, hatten wir ein Appartement in Jeschkes Hotel – damals einem der elegantesten von Deutschland –: alles von Theo gezaubert. Dort verkehrten nur die feinsten Schieber, die abends mindestens im Smoking an den Spieltischen saßen; ich im Russenanzug mitten zwischen ihnen. Als ich auch dort mit Pamela tanzen wollte, verwehrte es uns denn doch der Geschäftsführer. Wie empört sie ihre grellen Ohrgehänge schüttelte. Ich fand die Russenkapelle derartig schön, daß ich schwermütig wurde. Erika sprach in Zungen; sie konnte wie ein Münchener Ladenfräulein reden, das sich auf eine grauenhafte Art bemüht, fein zu wirken, und im gezierten Bayrisch die skandalösesten Geschichten aus ihrem Vorleben meldet. Bei Herrn Jeschke selber fragten wir an, ob wir nicht ein wenig auftreten dürften, wir seien doch alle so talentiert; aber er reagierte kühl und befremdet.

Eines Festes bei Wedekinds erinnere ich mich so deutlich. Wir hatten ein Kabarett veranstaltet, Pamela, Erika, Süskind und ich. Das Publikum war bunt gemischt, ich weiß noch, daß der Charakterspieler Wolf von Beneckendorff dabei war, der mir damals wegen seines stilisiert aristokratischen Habitus sehr imponierte und mit dem mich eine unergiebig problematische und durch Mißverständnisse zermürbende Freundschaft verband, und ein ausgesprochen deutscher junger Mann, der, Gott weiß warum, als «der letzte Medicis» herumgereicht wurde. Das Mittelstück des Programms bildete eine kleine, charmant konfuse Revue, die W. E. Süskind für uns gedichtet hatte. Ein müder Graf mit langer Zigarettenspitze parodierte den aphoristischen Stil Oscar Wildes; ein Kammerdiener behauptete plötzlich, daß er Doktor Josef Ponten hieße, Erika konnte in ihrer Ladenfräuleinsprache plaudern, und in den Dialog verstreut waren gewisse trügerische pseudotiefe «Sprichworte», die zu erfinden uns ein paar Tage lang Vergnügen machte. («Die Freitreppe, welche ein Held betritt, ist von Marmor, sei sie gleich von Holz.» – «Dem Teufel sind die Früchte allzeit reif.») Ein schneidiges Chanson kam vor, das dem Begriff der Perversität ganz im allgemeinen huldigte. Es war im Chorus zu singen:

«Pervers ist nett, mein Sohn,
Pervers macht fett, mein Sohn,
Pervers ist besser noch als Ku-ki-rol.
Pervers verdaut sich leicht,
Pervers ist unerreicht –»

Wobei eine große Reklametafel geschwungen ward, auf der PERVERS in grellen Lettern stand.

So spielten die Siebzehnjährigen.

Eine andere Programmnummer bestand darin, daß ich im Nonnenkostüm – dessen dekorative Wirkung ich ja von der Odenwaldschule her kannte – ein übrigens wunderschönes und hysterisch inbrünstiges Madonnengedicht von Zuckmayer aufsagte (ist es inzwischen je veröffentlicht worden?). Als Nonne kam auch Pamela, nur daß sie das fromme Tuch nach einigen Strophen sich in recht blasphemischer Manier herunterriß, um mit einem kessen Song zu enden. Erika hingegen rezitierte Heinrich Heines «Pomare», was der ganzen, so lasziv geplanten Veranstaltung dann doch einen Stich ins Literarisch-Kränzchenhafte gegeben haben muß.

Nur zu verständlich, daß die Eltern sich wieder Sorgen machten um uns. Wir erschienen mit blutigen Bißwunden an Händen und Hals und mit kunterbunt hergerichteten Gesichtern zum Mittagessen. Sie sahen uns von einer Art Fieber ergriffen, das sie wohl für gefährlicher halten mußten, als es in der Tat war. Hinzu kam allerlei Klatsch, der ihnen zugetragen wurde und der meist Harmloses, was wir angestellt hatten, böswillig übertrieb und entstellte. Sie konnten glauben, daß wir jede Nacht in Bordellen auf den Tischen tanzten. Dabei war das Merkwürdige, daß es sich fast immer um unverfängliche Dinge handelte, die von Boshaften oder Sensationslüsternen umstilisiert wurden. Das, was in meinem Leben etwa wirklich Anlaß zur Beunruhigung gegeben hätte, wurde nie kolportiert oder kam nie zur Sprache. – Während die Eltern verreist waren, wurde ein grotesker, überflüssiger und indiskreter «Familienrat» über uns gehalten, das einzig wirklich Peinliche und Absurde, was ich jemals mit Verwandten, die ich vorher und nachher immer geliebt habe, erleben mußte. Verschiedenes war wieder einmal «aufgekommen», so unsere heimliche Berliner Sommerreise und unsere Ausflüge ins Münchener Nachtleben. – Die «Szenen» mit den Eltern vollzogen sich meistens in der Form von philosophischen Diskussionen. Mit einer Geduld, die ich heute bewundere, hörte sich mein Vater das ungereimte und pathetische Zeug an, das ich zu unserer Verteidigung hervorsprudelte. Wahrscheinlich merkte er, daß es so dumm nicht gemeint war, wie ich es herausbringen mußte. Immerhin kam es so weit, daß ich eines Morgens mit gepacktem Handtäschchen die Treppe hinuntereilte, um nach Berlin zu entfliehen. Zum Glück fing Mielein mich ab. Wir kamen einen Tag nicht nach Hause, spazierten trotzig in der Stadt umher. Dieses war der Höhepunkt der Krise. Die Eltern, immer schnell bereit zu verzeihen, gewöhnten sich bald an das, was ihnen fremd an uns war; auf die schönste und klügste Art ließen sie uns gewähren. – Der Vater-Sohn-Konflikt war kaum ein Jahr lang in meinem Leben aktuell. Ich empfinde ihn, wie die Dinge heute liegen, als das überflüssigste und uninteressanteste aller Probleme. Jede Gegensätzlichkeit, jeder Konflikt läuft heute quer durch die Generationen hindurch, nicht zwischen den Generationen. Längst ist der Vater nicht mehr der Starre, Konservative, der Sohn Revolutionär (eher hat sich das Verhältnis umgekehrt). Ich sage dieses im allgemeinen, nicht nur für meinen Fall, in dem alle Mißverständnisse und alle Peinlichkeiten seit Jahren den Gesetzen der Liebe und der Vernunft gewichen sind.

Am fatalsten war für meine Eltern in diesem halben Jahr die völlige Ratlosigkeit darüber, *was nun mit mir geschehen sollte*. Man fand mich entschieden zu jung, um mich schon in Berlin als freien religiös-erotischen Literaten anzusiedeln. Andererseits wollte es mit den Privatstunden doch nicht mehr gehen. Eine Zeitlang hatte man beschlossen, mich einfach nach Genf zu schicken, damit ich dort Französisch lerne und friedlich lebe. Dann fand man das doch zu riskiert und wollte mich wieder in ein Landerziehungsheim bringen, diesmal nach Schondorf am Ammersee. Ich hatte gleich nur hochmütiges Mißtrauen für diesen Plan. Ein junger, bieder-fortschrittlicher Lehrer holte mich ab, den die Eltern durch den Geheimrat Berthold Litzmann kannten, Freund meines Vaters, der sich damals pädagogisch um mich bekümmerte. Zunächst sollte ich auf einige Tage probeweise in das Institut. Alle dort machten die betretensten Gesichter. Einen frischen Schondorf-Buben hatte man sich anders gedacht. Natürlich erwies das Experiment sich als aussichtslos schnell genug.

Silvester 1923/24 waren Ricki und ich wieder in Berlin. Der Ausflug war offiziell «genehmigt» und entschieden besser organisiert als der letzte. Wir wohnten wieder in der Düsseldorfer Straße. Es bedeutete einen großen Reiz für mich, Ricki mit den Berliner Freunden, die er noch gar nicht kannte und die ich so enthusiastisch hoch schätzte, zusammenzubringen. Er bestand die Probe derartig gut, daß ich beinahe eifersüchtig werden mußte. – Neue Beziehungen entwickelten sich mir; teils solche, die abenteuerlich vorübergingen, teils andere, die wertvoll beständig geblieben sind. Als ich nach

München zurückkam, fand ich es noch peinvoller, den Alltag der Latein- und Mathematikstunden auszuhalten. Der schon erwähnte radikale Morgen nahte sich, an dem ich im Bett liegenblieb, fest entschlossen, nicht mehr aufzustehen, bis ich meinen Willen haben würde.

Ehe es soweit war, suchten wir uns das altgewohnte München so abenteuerlich-bunt zu machen, als es gehen wollte. Theo blieb nicht der einzige Inflationsabenteurer, den wir kannten; andere kamen zu uns, wenn auch kein so begeisterter, liebenswerter und treuer, wie er es war. Herrn Flörgis zum Beispiel, der uns in seinem großen Wagen umherfuhr, nach Kasana-Parfüm duftete und einen gezierten Mund machte, konnten wir nicht ernst nehmen, soviel Geld er auch augenblicklich zaubern mochte. Hingegen lernten wir bei Pamela düstere und amüsante Erscheinungen kennen.

Sie erzählte davon, wie ihr Vater mit dem Zirkus gereist war; wie er Hochstapler Willi Gretor als Freund gehabt hatte; wie Tilly so wunderschön störrisch und schweigsam am Frühstückstisch saß; von ihrer hochverehrten und bedeutenden Tante Mieze, der unvergleichlichen und schnurrig imposanten Mozartsängerin. – Pamela hatte Stunden bei einem Schauspieler; sie gedachte möglichst schnell ins erste Engagement zu gehen. Erika wollte auch spielen, sobald sie ihr Abitur hatte. Was aber würde ich tun?

Alles war ungewiß, und das Jahr 1923 nicht dazu angetan, das Aufkommen genauerer Pläne zu dulden.

Vor dem Leben
(1924)

Wie weit waren wir schon? Wir standen am Eingang. Wir hatten die Möglichkeiten unseres Wesens spielerisch genutzt, sie zum Scherz übertrieben, uns in vielerlei Posen gefallen und den großen Schabernack aufgestellt. Nun merkten wir, daß wir eigentlich anfangen sollten, uns strenger in Zucht zu nehmen. Wir waren nahe daran, erwachsen zu werden. Mußten wir nicht darauf denken, etwas aus uns zu machen?

Pamela war von uns die geschlossenste und klarste Persönlichkeit. Sie wußte genau, was sie wollte. Eines Tages reiste sie nach Zürich, um dort Theater zu spielen. Einer von uns wurde öffentlich. Es war ein Anfang. –

Um dieselbe Zeit, etwas später, trat Erika im Steinecke-Saal in einer Liebhabervorstellung auf, die gleichfalls öffentlich war. Sie sprach die Mutter in «Tor und Tod», dann den süßen Pagenmonolog zum «Tod des Tizian». Pamela und ich saßen unten. Erika sprach die Verse so schön, daß wir noch ganz feierlich gestimmt waren, als wir uns alle nachher bei Papa Benz trafen. Roda Roda schrieb nach Berlin, wie wunderbar es gewesen sei. Es waren, glaube ich, die ernsthaftesten Zeilen, die ich jemals von ihm gelesen habe. Er berichtete, daß er froh sei, dabei gewesen zu sein. «Sie wird einmal sehr berühmt werden», schrieb er.

W. E. Süskind, über fünf Jahre älter als ich, hatte schon sehr genau den Ton gefunden, der der seinige bleiben würde. Das erste von ihm entstand, was wirklich gültig war: ein Dutzend Gedichte und ein paar Novellen. Efraim Frisch entdeckte ihn für den «Neuen Merkur». Dort veröffentlichte er seinen Essay über die «Tänzerische Generation», der, bei aller Eigenwilligkeit und Skurrilität, eine gewisse programmatische Bedeutung hatte. – Rickis Malerei entwickelte sich mit einer unerbittlich strengen Konsequenz. Störrisch und zäh, ein von seinen Träumen Besessener, blieb er an ganz bestimmte Motive fixiert, die seine Phantasie von Kindheit auf beherrscht hatten: den Krüppel, die springende Katze, das magere, böse-reizende Kind, die Gebirgslandschaft vor dem glasig erfrorenen Himmel. Nur die Fülle des Ausdrucks nahm zu, seine Bilder wuchsen von einer gespenstisch verzerrten Dürre zu einer immer reicheren und lebendigeren Plastizität. Dieses Wachstum lief dem meinen brüderlich parallel. Anregungen gingen hin und wider. Gewisse lyrische Gesichte, die mir kamen, wurden auf Rickis grotesk-pathetischen Blättern Figur; und als ich den Helden meines «Frommen Tanzes» etwas willkürlich Maler werden ließ, war es Rickis erstes großes Bild, das er auf seiner Staffelei vor der Freundin enthüllte.

Und ich? Wo stand ich, während die mir Nächsten schon so dicht daran waren, ihren eigensten Ausdruck zu finden? – Meine lyrische Hochspannung wollte nicht nachlassen. Ich blieb immer noch wirr und begeistert. Der poetische Zustand, immer noch der natürliche. Aus jeder Not, aus jeder Ratlosigkeit ergibt sich gleich das Gedicht.

«Aus dunklem Spiegel sieht mein Angesicht,
Als wenn es klagen wollte, zu mir her –
Und was darinnen steht, das weiß ich nicht,
Und daß ich's wußte, ist schon lange her.

Ich kenne seine tiefen Gründe nicht,
Es ist so unergründlich wie das Meer.
Aus dunklem Spiegel sieht mein Angesicht,
Als wenn es klagen wollte, zu mir her.»

Jede meiner Stimmungen gesättigt von Schwermut und Lüsternheit, scheint es mir, das Leben sei nur seiner Trauer und seiner Liebe wegen liebenswert. Am innigsten öffne ich mein Herz den Dichtern, in deren Versen ich Trauer und Liebe für die bestimmenden Elemente halte: Rainer Maria Rilke, Paul Verlaine, Herman Bang. Das halbe «Stundenbuch» kann ich auswendig, ich versuche, Verlaine «nach»zudichten, und dem monotonen Impressionismus Herman Bangs, allen seinen lyrischen und doch strengen Erzählungen vom Verzicht und von der Einsamkeit fühle ich mich so innig verwandt, daß mir, als mein Vater mich aufforderte, ich solle eine Art «Probearbeit», etwas wie ein Gesellenstück für ihn schreiben, kein lieberes und vertrauteres Thema einfallen konnte als Herman Bang, über den ich denn auch einen umfangreichen Aufsatz anfertigte.

Stefan George fing an, auf mich zu wirken, aber zunächst nur durch die kleinen Lieder des «Siebenten Rings» und die Liebeslyrik. Noch war ich zu weich, zu genußsüchtig und zu genäschig, um die strengere Botschaft seiner ethischen Postulate überhaupt zu empfangen und um seine Form zu verstehen. Immerhin reagierte ich mit einer äußerst gespannten Hellhörigkeit auf seine Formel von der «Verleibung des Gottes» und der «Vergottung des Leibes», und ich ahnte früh den Zusammenhang zwischen seinem hellenisch-katholischen Mythos und den verzweifelten Forderungen Wedekinds nach der «Wiedervereinigung von Moral und Schönheit», die problematisch und unerfüllt bleiben.

Heftig beeinflußte mich Mereschkowskis metaphysische Deutung des Sexuellen. Er zitiert einen russischen Denker: «Das Geschlecht ragt über die Grenzen des Natürlichen hinaus. Es ist unnatürlich und übernatürlich. Es ist ein Abgrund, der zum Gegenpol des Seins führt, einer Erscheinung der anderen Welt, die hier, und nur hier, in unsere Welt hineinblickt.» Er selber fährt fort: «Das Geschlecht ist die einzige Berührung mit den anderen Welten. – Der Geschlechtstrieb ist ein Lechzen nach Erkenntnis, nach dem Transzendenten.» – Solche Zeilen konnte ich nicht umhin, mir mehrfach abzuschreiben.

Nicht allein aus innerem Bedürfnis, sondern auch aus prinzipieller Überzeugung bewahrte ich mir den Kult Utos über allen anderen Abenteuern. Für ihn dichtete ich:

«So wie den Tod lieb' ich nur deine Hände.
Nur deine Hände, mein geliebtes Kind,
An die ich alle Zärtlichkeit verschwende,
Die rauh und kindlich, ohne Makel sind.

Was war der dunkle Ton, der in dein Weinen
Sich mischte, und doch einem Jubel glich?

Der Ton war's, den die Töne alle meinen,
Es gibt auf dieser Welt nur diesen einen,
Es gibt auf dieser Welt den Tod und dich –»

In ziemlich schneller Reihenfolge entstehen die Geschichten, aus denen dann mein erster Novellenband wird: «Der Alte», «Maskenscherz», «Sonja», «Der Vater lacht» usw. Ich arbeitete «Die Jungen» um, übrigens half mir dabei mein Onkel Klaus Pringsheim, der plötzlich in meinem Leben auftauchte. Wir saßen zusammen unter einem Kastanienbaum, und er fand, daß ich sprachlich viel zu schlampig wäre. Als ich später nach Berlin kam, war er erst mein bester Protektor und immer mein Freund. Einen amüsanteren und anständigeren, einen witzigeren und zuverlässigeren kann man nicht finden.

Aus dieser Zeit finde ich ein Novellenfragment, das unveröffentlicht geblieben ist. Ich will einen Teil davon hersetzen, denn es scheint mir charakteristisch für die Stimmung von Aufbruch und Problematik, die diese Monate hatten.

«Als der Prinz fünfzehn Jahre alt war, hielt es der Erzieher, dem der königliche Vater die Obhut über den Sohn anvertraut hatte, für gut und richtig, dem Knaben zur Flucht aus dem klösterlichen Heim, in dem er aufgewachsen war, zu verhelfen. Zwar wußte er, wie sehr Prinz Kaspar die stillen Gärten liebte, in denen, grau und langgestreckt, das Herrenhaus lag; er wußte auch, wie lieb ihm die kühlen, nach Feuchtigkeit ein wenig riechenden Bogengänge waren, in denen die Schüler sich zwischen den einzelnen Unterrichtsstunden ergingen; und wie sehr und innig er an den Kameraden hing, mit denen er befreundet war, ohne vielleicht einen Freund unter ihnen zu haben. – Aber der Erzieher, der selbst nun nach einem heißen und rätselhaft bewegten Leben in der Stille der Gärten und gotischen Gemächer die Knaben und Schützlinge hütete, wußte tiefer noch, wie sehr gerade ihm, dem Prinzen, dem Fremdling unter den anderen, es nötig sei, teilzunehmen am Leben und sich ihm hinzugeben, so sehr, wie nur Fremde und Wanderer sich der Schönheit und Trauer einer Landschaft ergeben, in der sie niemals zu Hause sind, und die sie – inniger, weil sehnsuchtsvoller – mit einer hoffnungslosen Zuneigung ihres Herzens lieben. Gerade Prinz Kaspar, sonderbarstes Kind eines strengen und zuchtvollen Monarchen, in den stillen Wandelgängen des klösterlichen Pädagogiums tief zu Hause, mußte fort und davon; mußte, wie sehr auch der Vater solcher Liederlichkeit zürnen mochte, hingegeben jeder Lust und jeder Verzweiflung, mitten im Leben sein, um sich, *war er nicht stark genug*, in ihm untergehend gänzlich zu verlieren; oder um einsamer, stärker, mehr noch er selbst zu werden, als vielleicht der herrschende Vater, der nicht aus Hingabe an sich selbst gewachsen, sondern, sie umgehend, stolz und abgeschlossen, sich den Weg wohl gar zu sehr erleichtert hatte.

Der Erzieher selber ist es, der Kaspar zu sich bittet, um ihm auf eine feierlich-starre, dabei dringliche Art mitzuteilen, er müsse hinaus und ins Leben – worauf der Prinz zunächst mit einer merkwürdigen Koketterie erwidert: ‹Aber mein Vater hat es doch verboten.› – ‹Doch›, sagte der Erzieher, ‹dein Vater hat es verboten.› – ‹Und mein Vater›, sagte der Prinz und sah weiter zum Bilde hinauf, das über ihn hinweg unter hochgezogenen Brauen streng ins Weite blickte, ‹ist doch ein großer Mann; ihn verspotten sie nicht.› – ‹Nein›, sagte der Erzieher, ‹da spotten sie nicht.› Aber plötzlich, aufgerichtet zu seiner ganzen Länge, während es wie Feuer aufflammte in seinem holzgeschnittenen Antlitz, rief er und hob beide Arme wie zu seinem Segen, der halb auch Fluch war: ‹Aber du gehe nur zu den Menschen! Sie ehren dich nicht dann, und lieben werden sie dich vielleicht auch nicht können – aber – aber –› Und, als müsse er etwas tief in sich verschweigen, setzte er lächelnd hinzu und streichelte dem blassen Prinzen das matte Haar: ‹Aber besser ist es wohl doch –›

Draußen übten die Knaben leiernd eine Litanei. Eine Katze schrie vorm Fenster in der warmen Nacht. Durch das Fenster kam der Duft von Linden. Ein Wetterleuchten fuhr über den Himmel, für zwei Sekunden standen die Bäume grell beleuchtet.

Eine grelle Melodie schlug durch die Nacht ins Zimmer. Sie übertönte den übenden Gesang der Knaben. Kaspar lief die Gänge hinunter, durch den Park ins Freie. Die Blätter an den Bäumen waren ganz schwarz. Die großen, duftenden Rosen waren auch schwarz, die Himbeeren an den Büschen desgleichen. Der Leierkastenmann orgelte und lachte mit dem breiten, seltsam verzerrten Gesicht des

Krüppels. Arm in Arm kamen zwei Frauen die Straße hinunter. Die eine trug einen roten, die andere einen schwarzen Hut. Sie dufteten nach einem süß-fauligen Wohlgeruch beide so penetrant, daß Kaspar die Augen schließen mußte. Als er sie wieder öffnete, waren sie vor ihm stehengeblieben und hatten die Arme in die Hüften gestemmt.

Das Klostertor war, ohne daß er es gehört hätte, hinter ihm ins Schloß gefallen.»

In diesem merkwürdig altväterisch stilisierten Versuch spüre ich die Aufsässigkeit und die romantisch unklare Lebensgier meiner siebzehn Jahre. Jene Distanziertheit zum Leben, die mit lüsternangstvollem Ungestüm seinen eigentlichen und echten Abenteuern entgegendrängt und sich doch noch vor ihnen scheut, war nicht nur Besonderheit der Hofmannsthal-Jugend (bei der übrigens die Angst stärker als das Begehren blieb); sie ist typische Stimmung dieses Lebensabschnittes. Die eben zitierten Seiten, die ich damals «Vor dem Leben» nannte, sind voll von persönlichen Bezügen und nicht literarisch, aber vielleicht psychologisch interessant. In dem asketischen Antlitz des Erziehers, der ins Leben treibt, erkenne ich die Züge meines Lehrers Heinrich Sachs; das klösterliche Institut ist halb ein romantisch verwandeltes Landerziehungsheim, halb ein anderes «Stift», das ich bald kennenlernen sollte; in ihm bereitet sich jenes mystische «Erholungsheim» vor, aus dem später die Kinder in «Anja und Esther» ihren Aufbruch ins Leben beginnen werden. Der Name Kaspar – den auch in «Anja und Esther» die autobiographische Figur tragen wird – weist die Beziehung zum Kaspar-Hauser-Komplex. Kaspar Hauser, der Fremdling der Erde, das Waisenkind, l'enfant de l'Europe, wird das meistgeliebte Symbol dieser Zeit.

Der hier angedeutete Vater-Sohn-Gegensatz tritt in dem «Vor dem Leben»-Band, wie er später wurde, weniger in den Vordergrund, oder er ist viel stärker umstilisiert. Gerade damals, als ich intellektuell in vielem von meinem Vater abhängig war, versuchte ich heftig, das an mir herauszuarbeiten, was ich als ihm entgegengesetzt empfand. Während ich den «Zauberberg», der seinem Ende zuwuchs, Stück für Stück kennenlernte und alle seine früheren Werke wieder und wieder las, suchte ich mir klar zu werden, was ich jemals gegen den geschlossenen Block dieser Geistesleistung würde zu stellen haben. Deshalb liebte ich es, das Katholische vor dem Protestantischen zu betonen; das Pathetische vor dem Ironischen; das Plastische vor dem Musikalischen; die «Vergottung des Leibes» vor der «Sympathie mit dem Abgrund» (das heißt: den Eros als Prinzip des Lebens, der Gestalt gegen den Eros als Verführer zum Nichts; den «Siebenten Ring» gegen den «Tod in Venedig»). Das Extravagante, Exzentrische, Anrüchige gegen das maßvoll Gehaltene; das irrational Trunkene gegen das von der Vernunft Gebändigte und Beherrschte. Während ich diese Gegensätze konstruierte und auch wirklich erlebte, war mir natürlich am Beifall keines Menschen wie an seinem gelegen.

Die irrationale Strömung der Zeit fing ich auf mit gieriger Seele; nur zu sehr entsprach sie meinem Zustand. Ich ergab mich ihr ganz und gar mit der Konsequenz, daß ich siebzehnjährig asozialer und politisch desinteressierter war, als dreizehn- und vierzehnjährig. Nie freilich, *keine Sekunde meines Lebens lang*, hat diese Verachtung des Intellektuellen mich mit den Tendenzen der politischen Rechten sympathisieren lassen, wie das beim heutigen Stand der Dinge mit einer solchen Einstellung fast immer zusammengeht. In den politischen Fragen war ich Rationalist sogar damals; nur daß ich mich sowenig wie möglich mit ihnen auseinandersetzte. Die Idee der Nation gehörte niemals zu meinen Rauschmitteln, und so apokalyptisch ich auch träumen mochte, von den «Material-Schlachten» träumte ich nie. Geistig nie weiter vom Marxismus entfernt als damals, wußte ich doch, daß politisch nur immer auf der Linken mein Platz sein würde. Die Erkenntnis vom Primat der vitalen Werte über die rationalen berauschte mich; aber doch nie so weit, daß ich mir eines Tages eingebildet hätte, der soziale Fortschritt sei eine Bagatelle und nur im Kriegstaumel seien überrationale Abenteuer zu holen.

Nachdem ich durch das erprobte Mittel des Streiks die Befreiung von den leidigen Privatstunden erzwungen hatte, konnte ich eigentlich wohin ich wollte.

Zunächst lud mich Theo zu einem Aufenthalt in Kitzbühel ein. Wir wohnten im feinen Hotel, nicht nur für achtundvierzig abenteuerliche Stunden, wie damals in Partenkirchen, sondern für längere Zeit. Theo fuhr Ski, dazu hatte ich keine Lust. Ich ging spazieren und begeisterte mich daran, wenn die Sonne auf dem harten Schnee glitzerte oder wenn nachmittags sich die blauen Schatten über all das Weiß legten. Im übrigen arbeitete ich. Süskind kam zu Besuch. Wir schwärmten abends zu dritt beim Whisky-Soda von einem Vergnügungs-, Geschäfts- und Kunstpalast, der zu gründen wäre; zugleich Kammerspieltheater, Kino, Warenhaus, Restaurant, Verlag, Bücherstube und Kabarett. Das Kabarett müßte die «Pfütze» heißen, den Namen fanden wir herrlich. Wir stellten ein Monatsprogramm zusammen, mit Valeska Gert, Ludwig Hardt, dem Rezitator, Pamela und anderen, die wir liebten. Von diesen Träumereien kehrte ich zu meinen krassen kleinen Novellen zurück. Es war das erstemal, daß ich in einem Hotelzimmer schrieb – wie gern ich es tat. Theo inzwischen flirtete mit einer mager blonden Sportsdame angelsächsischen Typs, nicht ohne dämonischen Einschlag. Er behauptete felsenfest, daß sie eine Mischung aus Madonna und Schlange wäre, überhaupt «schon sehr toll», und irgendwie müsse sie für den Vergnügungspalast gewonnen werden. – Eines Tages kam ein Telegramm aus München, daß Erika ihr Abitur gemacht hatte. Ich fand es jeder Bewunderung wert, in Betracht gezogen vor allem, daß es ihr ohne jegliches Lernen geglückt war. Ich stellte mir vor, sie habe den Oberstudienräten mit ihrer Ladenfräuleinsprache einfach jede Vernunft weggeschwatzt.

Erika, nach gerade erledigtem Abitur, verzog nach Berlin, um dort sprachlichen Unterricht zu nehmen. Sie mietete sich eines jener möblierten Zimmer, in denen sich für die nächsten zwei Jahre ein so großer Teil unseres Lebens abspielen sollte. Die Inhaber dieser ersten Stube hießen Bart, so daß zu unserer Freude Erikas Adresse «Mann bei Bart» lautete, worunter man sich einen Mann vorstellen mochte, der gerade sehr bei Bart war – wie etwa eine Sängerin bei Stimme –; oder auch einen Mann im unheimlich rüstigen Sinn, so etwa wie «Mann bei Gewehr».

Von mir konnte man wohl sagen, daß ich in der Luft hing, anstatt irgend bei Bart zu sein. Siebzehnjährig, ohne Abitur, war mir die provisorisch bequeme Lebensform des «ersten Semesters» verschlossen. Wohin sollte ich wirklich? Zu jung für die erwachsene Welt, zu unruhig, zu unleidlich fürs Elternhaus, war ich, sozial gesehen, einfach eine Verlegenheit.

Bei einem Besuch in Heidelberg von der Odenwaldschule aus hatte mir Alex, der anthroposophische Portugiese, das Stift Neuburg gezeigt, dessen Besitzer er kannte. Die Stiftsherrschaften traf ich damals nicht, aber Alex erzählte mir von ihnen die wunderlichsten und schönsten Dinge. Als die Frage meiner vorläufigsten Unterbringung zur aktuellsten Diskussion stand, dachte ich ans Stift Neuburg. Die Idee schien ausgefallen, denn das Stift war weder Hotel noch Erholungsheim; auch «paying guests» pflegten der Baron Bernus und seine Frau Imogen nicht zu nehmen. Aber da Alexander von Bernus – Dichter, Stiftsbesitzer, Medizinmann – in seinen früheren Münchener literarischen Jahren ein guter Bekannter meines Vater gewesen war, konnte dieser ihm schreiben, ob man mich haben wollte. – 1924, zur Osterzeit, fuhr ich hin.

Mein Zimmer hatte den Blick auf den Neckar. Es war in einem asketischen Biedermeierstil eingerichtet, ganz wie die Stube eines jungen Poeten und Studiosus in der populär romantischen Vorstellung auszusehen hat. Auf meinem schmalen Schreibtisch stand immer noch die Fotografie des starr verzückten Johanneskopfes von Riemenschneider, die des griechischen Jünglings und das Bild Utos, um das ich den Rosenkranz legte.

Ich war sehr viel allein, zum erstenmal in meinem Leben. Wie oft bin ich die Neckarlandstraße nach Heidelberg hinunter gewandert oder den Philosophenweg hinauf zu den sanften Hügeln. Die Landstraße wurde staubig und heiß, die milde Luft von Heidelberg qualvoll drückend. – Das erste Frühstück bekam ich in meinem Zimmer. (Ich erinnere mich an seltsam große, plumpe und dickrandige Kaffeetassen und an eine dunkle, körnige, aber schmackhafte Marmelade.) Mittags aß ich in irgendeinem Bräu. Für das Abendessen kaufte ich mir Wurst und Obst, die ich mir in meinem Zimmer zurechtmachte; oder ich nahm es oben bei der Familie Bernus. Mein Monatswechsel war bescheiden, aber ich hatte ihn doch; Faktor, dessen große Bedeutung ich damals gewiß unterschätzte.

Das Stift lag etwas erhöht im schattigen Garten, von Heidelberg ungefähr zwei Kilometer neckarabwärts, bei Ziegelhausen. Ehemals war es Kloster gewesen und sollte es auch bald wieder werden. Voll von Erinnerungen, die mich bezaubern mußten, nahm mich die verwunschene und von geheimnisvoller Tradition beladene Atmosphäre des Stiftes so tief in ihren Bann, wie es erst die des Landerziehungsheims getan hatte. Der Atem deutscher Romantik mischte sich dort mit einer Luft, die noch ehrwürdiger und sonderbarer war. Die Geheimnisse mittelalterlicher Wissenschaften und abseitig magischer Lehren schienen in den gewölbten Korridoren, den dunklen Bibliothekszimmern zu hangen, wo die Erstausgaben der Romantiker neben den Schriften des Paracelsus gehütet wurden. Der Ort hatte Zeiten einer großen, geistigen Geselligkeit gekannt. Stefan George war hier oft zu Gast gewesen. Immer, wenn ich im «Jahr der Seele» blättere, läßt die Gartenlandschaft dieser herbstlichen Lieder mich an den schön verwilderten Park denken, in den ich abends und nachmittags von meinen Spaziergängen zurückkehrte.

Das Poetische war nur *ein* Element jener komplexen Stimmung, die das Stift zu einem so erregenden, ja spannenden Aufenthalt machte. Die Welt der Geheimlehren, der theosophischen und anthroposophischen Organisationen, war mir schon seit der Bergschulzeit keine ganz fremde mehr: Alex hatte mir mit der raunend gedämpften Stimme so mancherlei von Rudolf Steiner, den Erzengeln, dem Goetheanum, der Eurythmie und den Gesetzen der Sterne erzählt. All dies übte große Anziehungskraft auf mich; andererseits reizte mich das merkwürdig pedantisch Festgelegte der mystischen Heilslehre zum Widerspruch, ja zum Spott. Ich glaubte an alle Geheimnisse, aber ich wollte sie nicht gerne aufgezeichnet sehen, wie eine Landkarte so exakt. Mochten Erzengel herrschen – ich halte für sehr leicht möglich, daß sie es tun –; aber ich will nicht, daß einige Leute in Stuttgart oder in der Nähe von Los Angeles genau bestimmen, wann Michael an Gabriel das Regiment abgibt, so wie bei Hofe vorauszusagen ist, wann der eine Adjutant im Dienst vom nächsten abgelöst wird.

Das Haus Bernus stand in enger Bindung zu Rudolf Steiner; trotzdem waren der Baron und Frau Imogen natürlich mehr als durchschnittliche Anthroposophen. Bildungsreichtum und Phantasie, das Poetische, das in ihnen mächtig war, bewahrten sie davor, jemals in den dünkelhaften Sektenton zu verfallen. Sie bleiben wirkliche Mystiker, während sie Anhänger einer bestimmten und festgelegten Geheimlehre waren. Sie beschäftigten sich auch mit der rational nicht faßlichen Verwandlung des abgenutzten Wortes in die dichterische Formel, während sie sich um die Transformation des geheimen Metalles in Gold bemühten. Bernus, der Rezepte des Paracelsus hütete, stellte Heilmittel her, von denen außer ihm keiner mehr wußte; ich habe nie daran gezweifelt, daß sie wirksam waren. Die Baronin verstand sich auf Astrologie.

Der Baron Bernus war eine weiche und dabei bis zur Grausamkeit starke Persönlichkeit. Sein helles, zerwühltes, zugleich zerstreutes und träumerisch konzentriertes Antlitz war wirklich das eines Dichters und mystischen Naturheilkundigen. Es hatte für mich einen Reiz, in den sich aber zuviel Beunruhigung mischte, als daß eine echte Vertraulichkeit jemals zwischen uns aufgekommen wäre. Hingegen liebte und bewunderte ich die Baronin Imogen auf eine wärmere Art. Sie sah so reizend wie merkwürdig aus. Ihr pikantes und tiefsinniges Haupt war von einer launisch pompösen, weißen Frisur gekrönt. Nicht dieser Haarputz allein, sondern auch ihre Schalkhaftigkeit und ihr verschlagener Ernst, der adlige Elan ihres Wesens und ihr ganzes geheimnisvoll sprühendes Pathos gaben ihr etwas von einer geistig herrschenden Dame vergangener Jahrhunderte; von einer wichtigen Freundin des Romantikerkreises oder von einer intellektuellen Grande Dame des Pariser XIII. Jahrhunderts. Die musikalisch hüpfende Sprache der Baltin paßte zu ihren Gesten, die straff und schwingend geblieben waren und immernoch an Pferde, wilde Ritte durch endlose Herrengüter denken ließen. Daß sie einstmals Kunstreiterin war, scheint mir ein Gerücht, doch kein unwahrscheinliches. Im Münchener Schwabing der Vorkriegszeit hatte sie einen extravaganten Modesalon und lebte in den Bohemekreisen Frank Wedekinds und der Gräfin Reventlow. Ihre Tochter hieß Ursula Pia. Sie war, als ich sie kannte, ein störrisches und mageres kleines Mädchen von einer verbissenen Anmut und einer scheu verschwiegenen Intelligenz. Einmal zeigten mir ihre Eltern Gedichte, die sie in tiefster Heimlichkeit angefertigt hatte – und da waren sie beinahe erschreckend schön, von einer hölderlinisch verwirrten Trauer. – Mich verband mit dem Kinde Ursula Pia eine spröde, oft gehässige, aber innige Freundschaft.

Stift Neuburg war ein Magnet für kuriose Menschen, die sonst in der Welt kaum unterzubringen schienen. Es gab dort etwa einen jungen Bauern, der mit dem Baron im Laboratorium arbeitete; einen Burschen, athletenstark, götterschön, der übrigens Jude war, ein süddeutscher Bauernjude. Seine Beziehungen zur mystischen Sphäre waren von einer bärenhaft ungestümen Vehemenz. Es soll geschehen sein, daß er, in der Badewanne sitzend, von Visionen so ungeheuren Formats überwältigt wurde, daß er brüllend die Badewanne ausriß und, auf dem Rücken den schweren Trog, nackend und triefend naß durchs Treppenhaus stürzte – vom heiligen Wahnsinn geschlagener Halbgott der Antike.

Ein anderer Gast war mystischer Kommunist: er vermischte das Sozialrevolutionäre mit dem Metaphysischen (was mir heute noch eine zwar gefährliche, doch keineswegs aussichtslose Vermischung scheint). Bei der Novemberrevolution hatte er dort mitgetan, wo sie ihre wildesten Anfänge nahm: bei den Matrosenmeutereien von Hamburg. Er sah luziferisch aus, das Haar flammend rot, die heftig gebogene Nase in einem großen hellen Gesicht, das wirkte, als wenn es nachts gleich faulem Holze leuchten könnte. – Bei einer spiritistischen Sitzung, die wir, teils zum Scherze, teils bitterernst, eines Abends in des Barons Studierzimmer hielten, war er es, der revolutionäre Mystiker, der sich von einem politischen Klopfgeist darüber Mitteilung machen ließ, daß die Weltrevolution für das nächste Jahr (1925) sicher bevorstände.

Unsere Abendunterhaltungen konnten auch harmloser sein. Es kam vor, daß der Baron nach dem Essen Lyrik zitierte oder daß ich mit einigen unpassenden Chansons aufwartete. Manchmal spielten wir im Garten hinter dem Schloß Krocket. Das Spiel mit den Kugeln, die durch alle Tore müssen, ist mir so anmutig nie wieder vorgekommen wie damals. Die bewegten Bälle erschienen mir – wenn sie gleich auf der Erde blieben – wie ein System von Sternen, das wir lenkten; so einspinnend war die Atmosphäre des Ortes. – Vormittags aber, im kahlen Zimmer, arbeitete ich meinem Johanneskopf gegenüber an den Kaspar-Hauser-Legenden und an der Geschichte «Sonja», wobei ich mir Erikas Bild so schwermütig-romantisch zurechtträumte und verwandelte, wie es der Geist des Hauses wollte, in dem ich schrieb.

Von der Universität machte ich keinen Gebrauch. Sehr fern blieb ich von jenem gelehrten Betriebe Heidelbergs, der so dicht über der ganzen Stadt liegt, daß Gundolf – den ich damals auch noch nicht kannte – zu sagen pflegte, die Droschkenkutscher am Bahnhof sprächen schon vom kosmogonischen Eros. Durch einen höchst glücklichen Zufall, der heute noch für mich bedeutungsvoll geblieben ist, lernte ich den großen Romanisten Ernst Robert Curtius kennen und befreundete mich mit ihm bei schönen Besuchen und Spaziergängen. Von französischen Dingen wußte ich damals sehr wenig. Sowohl die Sphäre der Jugendbewegung, als auch die wedekindsche, als auch die mystisch anthroposophische waren jede auf ihre Art sehr deutsch gewesen. Es gehört zu den guten Umständen meines Lebens, daß ich gerade damals Curtius begegnete, der meinen Blick westlicher orientierte. Der Umgang mit ihm war so lustig, wie er anregend, ja belehrend war. Curtius ist eine der am sichersten in sich geschlossenen Persönlichkeiten, die ich kenne. So kann er sich bei aller Strenge in Bildungsdingen die charmanteste Munterkeit leisten, zu der kaum ein anderer Gelehrter dieses Stils die Möglichkeit oder den Mut hätte.

Manchmal besuchte mich das Kind Uto, das im Neckarörtchen Wimpfen zu Hause war. Ich war dort schon einmal bei ihm gewesen, nach der weihnachtlichen Berlintour mit Ricki. Die Idyllik dieses ländlichen Heims mit rüstiger Großmutter und mehreren blonden kleinen Brüdern hatte mich gerührt und meine Zärtlichkeit noch gesteigert. An meinen Aufenthalt dort ist mir eine Erinnerung wie an ein altdeutsches Meisterbild geblieben; hold und streng. Es war eisig kalt. Der Morgen, an dem Uto mich zur Bahn brachte, scheint mir der kälteste und klarste Morgen meines Lebens. – Damals, von Heidelberg aus, war ich nicht mehr in Wimpfen. Uto muß zwei- oder dreimal bei mir gewesen sein. Ich empfing ihn mit der reinsten Dankbarkeit, deren mein Wesen fähig sein darf.

Statt nach Wimpfen fuhr ich nach Frankfurt, wo die Freundschaft mit Gert, die nun keine grünen Wandervogelkleider mehr trug, aufs heftigste neu begann. Die junge Gert war immer noch von einer völlig ungehemmten und wahrhaft fulminanten Unternehmungslust. Ihre abenteuerfreudige Vitalität, ihre begeisterte Neugierde waren Herzerquickung für mich. Die besondere und stärkere Wärme des Gefühls, die ich für sie aufbringen konnte, kam daher, daß ich in der Nähe keines anderen Menschen so jung, so siegesgewiß und in einem bestimmten Sinn so gut gewesen bin.

Auf daß wir eine Reise nach Hamburg finanzieren konnten, trat die entschlossene Gert im Hause einer älteren philanthropischen Dame ein, der sie mit der rührseligsten Geschichte von junger Freundin, die unter trunksüchtigem Papa zu leiden habe, das Notwendigste entlockte. Wir fuhren los.

Wir fuhren los – aber wie. Das erstemal die abenteuerliche Tour, ohne zu wissen, wovon die Rückreise zahlen. Junges, ungeschicktes, enthusiastisches Hochstaplerpaar im D-Zug Frankfurt a. M.–Hamburg. Das erstemal, alles einmal zum erstenmal: Zauber, der nie wiederkommen kann. Zum erstenmal der Ausflug ins Ungewisse, Einzug ins Hotel, von dem man, wie jemals wieder herauszukommen sein wird, keineswegs ahnt; Anblick des Meeres – zum erstenmal. Wie leicht es damals gewesen ist, begeistert zu leben; den Schwung der Tage täglich zu empfinden wie den herrlichen Rhythmus einer großen Schaukel, in deren schönste und bewegteste Gondel man sich hingerissen wirft. Alles zum erstenmal – – Ach, möchten wir uns der herberen, schwereren und bedeutungsvolleren Aufgabe gewachsen zeigen, nun aus der Gewohnheit der Dinge, ihrem Gleichmaß und ihrer Wiederkehr den lebensfördernden Reiz zu ziehen; aus der Gewohnheit der Fahrt, der Gewohnheit des Arbeitens, schließlich aus der nur durch ihre Monotonie überraschenden, hoffnungslosen und gnadenvollen Gewohnheit der Liebe.

St. Pauli-Nächte; immer die neuen Freundschaften, die rasch mit Enttäuschung enden oder sich langsam entwickeln, ausreifen und noch lange lebendig bleiben; wieder Berlin; verdächtige Pension am Wittenbergplatz; Freundschaften, Freundschaften; nach Heidelberg zurück; noch einmal nach Hamburg, diesmal mit Edda und mit einem Boy; eine Stunde in Lübeck (die einzige Stunde meines Lebens, die ich in der Stadt verbracht habe, deren Bürger ich bin, meinem Paß zufolge; eine ungenaue aber schöne Erinnerung ist mir geblieben an Spitzbogen aus schwarzem Stein); nach Travemünde, am Meere zum erstenmal; Staunen und Ergriffenheit über die große Fläche, die viel stiller und viel unendlicher ist, als man sie sich vorstellen konnte. Immer die schlimmen kleinen Hotels oder das unordentliche Wohnen bei Freunden; nie Geld. Das Geld, bis jetzt so unbeachtet geblieben, plötzlich als die dämonische und entscheidende Macht nicht nur erkannt, sondern bitter erlebt.

In dieser Zeit ähneln meine Nöte und meine Vergnügungen schon zu sehr denen meines heutigen Lebens, als daß ich sie ausführlich schildern könnte. Bei aller Romantik, die immer noch waltet; es ist nicht mehr ganz «vor dem Leben»; ich fange an, hineinzugeraten; die Verstrickung beginnt.

Die Verleger interessieren sich für mein erstes Buch. Ich bin einen Tag in Hannover, um mit dem Paul Stegemann zu verhandeln, der mich durch seine aufschneiderisch wilde und imposant unkonventionelle Art fasziniert; aus den Besprechungen und Vertragsentwürfen entsteht nichts als ein endloser und überflüssiger Prozeß (alles zum erstenmal). Bald darauf komme ich mit dem prachtvoll zuverlässigen Doktor Kurt Enoch zusammen, dem ich mich gern und herzlich anvertraue. – Meine erste Veröffentlichung war ein Artikel über das Landerziehungsheim im Berliner «8-Uhr-Abendblatt», die der Feuilletonredakteur Hanns Schulze zu meinem übermäßigen Stolz und Vergnügen angenommen hatte – Hanns Schulze, dem ich die ganzen Jahre danach sehr zum Dank verpflichtet geblieben bin. Als nächstes brachte Monty Jacobs eine Skizze «Nachmittag im Schloß» in der «Vossischen Zeitung». Klaus Pringsheim zeigte einige meiner Aufsätze (über Trakl, über Rimbaud, über Wassermanns «Kaspar Hauser») Siegfried Jacobsohn, der sie für die «Weltbühne» behielt, ohne zu wissen, von wem sie waren.

Andererseits war mein Bedürfnis, im Kabarett aufzutreten, derartig dringlich geworden, daß ich eines Tages aus Heidelberg kurz entschlossen dem berühmten Schneider-Duncker schrieb, der bis dahin die Bonbonniere in Zürich innehatte: er solle mich doch um Gottes willen nehmen. Der Chansonnier antwortete mir aus dem Eden, Berlin: das Züricher Etablissement, das während des Krieges etwas wie ein europäisches Vergnügungszentrum gewesen war, existiere nicht mehr. Als ich wieder nach Berlin kam, besuchte ich schleunigst Schneider-Duncker. Ich brachte ihn dahin, in meiner Angelegenheit Frau Else Wardt anzurufen, die damals das «Tü-Tü» leitete. Er äußerte sich am Telefon über mich in der schmeichelhaftesten Weise, während ich neben ihm saß: hier sei ganz die richtige Attraktion für die moderne deutsche Kleinkunstbühne, etwas ganz Originelles, was man eiligst groß herausstellen müsse. – Noch am selben Abend sollte ich auftreten dürfen. Ich entlieh mir von einem

Macht unsre Bücher billiger! . . .

...forderte Tucholsky einst, 1932, in einem «Avis an meinen Verleger». Die Forderung ist inzwischen eingelöst.

Man spart viel Geld beim Kauf von Taschenbüchern. Und wird das Eingesparte gut gespart, dann zahlt die Bank oder Sparkasse den weiteren Bucherwerb: Für die Jahreszinsen eines 100-Mark-Pfandbriefs kann man sich ein Taschenbuch kaufen.

Pfandbrief und Kommunalobligation

Meistgekaufte deutsche Wertpapiere - hoher Zinsertrag - bei allen Banken und Sparkassen

Verbriefte Sicherheit

jungen Schauspieler, Zimmernachbar in der Wittenbergplatz-Pension, Smoking, steifes Hemd und Lackpumps. Zitternd vor Erregung eilte ich in die Kantstraße. Wie erstaunt mußte ich sein, als die «Tü-Tü»-Leute mich eisigkühl empfingen. Sie maßen mich mit Blicken, die in ihrer Verächtlichkeit niederschmetternd wirkten. Als erste Nummer sollte ich heraus. Der Saal war noch vollkommen leer, als ich in meinem Smoking bleich aufs Podium trat. Direkt vor mir saßen an einem Tisch mehrere «Kollegen»; ich hörte sie lachen, während mich das Rampenlicht blendete. Meine Stimme war weg, weg, weg. Erst auf dem Podium überlegte ich mir, welche Piecen aus meinem kleinen lyrischen Hausschatz ich wählen sollte. Nach kurzem Stocken entschied ich mich und begann mit ganz winzig kleiner trostloser Stimme.

«Es lebe, es lebe die Décadence,
die Décadence ist nett – –»

Keine Hand rührte sich. Dann piepste ich den höhnischen Kabarettisten, die bei ihrem Mokka auf die richtigen Gäste warteten, mit ärmster Stimme zu, ob sie auch Schminke-Schminke so gern hätten, weil sie doch nun mal so köstlich rieche. – Es war die blamabelste Situation meines Lebens.

Später erfuhr ich, daß Schneider-Duncker – nicht nur für seine kleinen Kunstgesänge, sondern auch pädagogisch hochbegabt – nach dem Gespräch, das er in meiner Gegenwart geführt hatte und das für mich so ermutigend klang, die Meisterin des «Tü-Tü» nochmals angerufen hatte, um ihr zu sagen: «Hör mal, Alte, heute abend kommt doch dieser grüne Junge zu dir – Dichtersohn und so –, der die meschuggene Idee hat, tingeln zu müssen. Behandelt ihn gefälligst so, daß die Lust ihm vergeht!» – Die Lust verging mir.

Von solchen Niederlagen und den kleinen Siegen kehrte ich in mein asketisches Biedermeierzimmer auf Stift Neuburg zurück. Meine Schreibereien und die Bücher erwarteten mich. Um aufzuzeigen, was mich beschäftigte, während ich mich auf die «Tü-Tü»-Bühne wagte, will ich eine kurze Seite von Zitaten hersetzen, die ich damals aus den Dingen notierte, in denen ich las.

«Alles Schöne ist traurig. Auch der Sommer ist traurig und die

Liebe. Ganz glücklich sind wir nur, wenn wir traurig sind.» (Alexander von Bernus.)

«Alle krankhaften Züge des Jahrhunderts haben, aber ausgleichen in einer überreichen, plastischen, wiederherstellenden Kraft.» («Der Wille zur Macht».)

«Menschen, die treu sind, kennen nur die gemeine Seite der Liebe. Die Treulosen sind es, die die Tragödien der Liebe erfahren.» (Oscar Wilde.)

«Ich liebe die, welche wie schwere Tropfen sind, einzeln fallend aus der dunklen Wolke.» («Zarathustra».)

«Es war wunderschön, daß der einsame Tod, welcher das Leben ist, uns nicht verhindern kann, eine fremde Schönheit, die wir nicht verstehen, die sich uns nicht enthüllen und uns nichts geben wird, nur weil sie schön ist, zu bewundern; es war wunderschön, daß wir, obwohl Menschen, dennoch Künstler sind, Künstler wiederum darin, daß wir nicht einmal klagen, wenn uns diese Schönheit entgleitet, sondern sie grüßen und über sie jubeln, weil uns ein Schauspiel mehr wie unser Schicksal ist.» (Leopold Andrian, «Der Garten der Erkenntnis».)

«In seinem tiefsten Innern ist der Mensch bis in den Überschwang der Freude hinein beständig mit dem Tode beschäftigt.» (Suarès.)

«Der Klemens war arm und sehr einfach; er war neugierig, verdorben wie ein Gassenbub und fast pathetisch unschuldig; alles in seinem Gesicht war hell, bis auf die schwarzen Ringe unter seinen Augen. In seinem lichten Haar, das matt aussah, wie wenn es gepudert wäre, im weichen Reichtum der bewegten Linien seines Gesichts und unter seinen Augen vor allem lag die rührende Schönheit der späten Zeiten.» (Andrian, «Garten der Erkenntnis».)

«Man muß so unter den Menschen gelitten haben, um einen ihrer so lieben zu können.» (Heinrich Mann, «Die Unschuldige».)

«... wie wir Menschen Splitter von einem fremden, zersprungenen Planeten sind. Die Erde ist nicht unsere Heimat. Wir wandern fremd auf ihr, immer die Heimat mit entbrannten Sinnen suchend.» (Heinrich Mann.)

Ist es nicht so, daß dem Erlebten einfach dadurch, daß es Vergangenheit wird, ein Reiz und eine Würde zuwachsen, die es nicht hatte, während wir es bestanden? So ist es in geschichtlichen Zusammenhängen, wo die Sehnsucht nach einer besseren alten Zeit alles verklärt, was *gewesen* ist; so auch in unserem privaten Leben, hier vielleicht auf eine noch innigere Art. Sind wir es uns bewußt, daß irgendein Stück Leben, mit dem fertig zu werden so gut es eben geht, wir gerade im Begriffe sind, in zwei, drei oder zehn Jahren die Glorie des Legendären, das rührend Unantastbare des Mythos haben wird – nur weil es *war* und eben in dieser Form nie wieder zu uns kommen könnte? Der Kult, den Marcel Proust mit den Erinnerungen treibt, hat aus dieser Legendisierung des Vergangenen etwas wie eine Religion gemacht. Nicht allein die abgelebten Abenteuer und Lieben, sondern mehr noch die Gerüche, Lichtreflexe und Luftberührungen, die wir empfangen haben und in den geheimen Schatzkammern unseres Gedächtnisses verwahren, bilden den ungeheuren Kräftevorrat, aus dem heraus wir alles, was wir neu leben müssen, speisen, steigern und ergänzen. Unendliches System der ständigen Bezugnahme in unserem Unterbewußtsein! Immer klingt es an, immer läßt das Neue uns an das Alte denken, und wir wahren die Zusammenhänge, sowohl die des eigenen Lebens als der größeren Traditionen, indem wir, scheinbar unabhängig und möglichst schnell, vorwärts eilen.

Deshalb halte ich so viel vom Pathos der Dankbarkeit. Dem Vergangenen dankbar sein – einfach dafür, daß es *war* – ist kein retardierendes Gefühlsmoment, wenn man es richtig versteht. Es kann dem Kühnsten und Neuesten, auf das wir uns einlassen, nur förderlich sein, wahren wir dem Vergangenen in einer Ecke unseres Herzens die Anhänglichkeit. Ich halte viel von der Treue und von der Anhänglichkeit. Das mag auch daher kommen, daß ich in meinem Leben bis jetzt mehr Anlaß zur Dankbarkeit als zur Rachsucht oder zum Schnell-vergessen-Wollen empfangen habe. (Das andere kann noch kommen, und hin und wieder ist es natürlich auch schon tüchtig dagewesen; aber es lag meiner Natur näher, das Gute aufzuheben und das Feindliche als unabänderliches Nebenbei zu empfinden.)

Dieses kann die Stelle nicht sein, die ungeheuren Schulden persönlich-menschlicher Dankbarkeit abtragen zu wollen. Vielen verpflichtet, wie ich mich fühle, kann mir doch kein Zweifel darüber bestehen, welchen ich es am tiefsten bin. Ich dürfte ihre Namen nicht nennen, wenn es Fremde wären, die sich aus Liebeswahl für mich entschieden hätten; und ich tue es mit einer fast ängstlichen Scheu – nur weil dieses fragmentarische Buch gar zu unvollkommen ohne dies Bekenntnis wäre –, da es meine Mutter und meine Schwester sind.

Ich verlobte mich mit Pamela im Frühsommer 1924. Wir meinten es ernst, höchstens sehr nebenbei aus Bluff und um die Leute zu schrecken. Die sensationslüsterne Gehässigkeit der Presse machte einen schlechten und lauten Witz aus der Tatsache, daß wir uns heiraten wollten. Pamela, Erika und ich: dieses Bündnis, das uns so lange unzerstörbar schien, war vielleicht die schönste und aussichtsreichste Konstellation in unserem Leben.

Da ich mit einem wirklich übertriebenen Leichtsinn umhervagabundierte, wurden die Geldverlegenheiten immer peinvoller. Um einem Gläubiger das Dringlichste rückzuzahlen, mußte ich zwei neue auftun. Ganz verstört eilte ich durch die sommerlichen Straßen von Berlin. Daß es so blödsinnig unangenehm werden konnte! Und es war doch so nichtig, so humoristisch, so beschämend leicht gegen das, was Millionen von jungen Leuten heute täglich erleben; gegen das, was uns vielleicht allen bevorsteht. Um mich aber aus der dummen Affäre zu ziehen, spielte ich schon wieder mit dem Selbstmordgedanken. In meinem längst nicht mehr bezahlten Hotelzimmer treffe ich die düstersten Vorbereitungen. Noch sehe ich mich in der Stube des nicht nur bedeutenden, sondern auch gutherzigen Regisseurs Berthold Viertel, den ich durch Pamela kennengelernt hatte, gehetzt auf und ab trippeln und immer wieder hastig beteuern: «Dabei wäre es gar nicht *nötig* gewesen – dabei ist es so *überflüssig* –», was sonst nicht ganz die Art ist, wie man Geldverlegenheiten entschuldigt.

Schließlich traf ich doch wieder mit den Eltern zusammen, die akute Not war zu Ende. Allerdings verfolgten mich die Depeschen der Gläubiger bis nach Hiddensee, wo ich mich zur Familie zurückfand. Es verdarb mir den Aufenthalt etwas, der auch sonst nicht ideal gewesen wäre. Ich habe den Strand von Hiddensee sehr steinig und das Wasser sehr kalt in Erinnerung. Für die landschaftliche Merkwürdigkeit und Schönheit der Insel befand ich mich zu zerfahren und ramponiert. Zudem ist mir, als sei in den Dünen und Wäldchen nur immer von Theater- und Verlegerangelegenheiten zu hören gewesen. Auch wenn ich an unser Hotel, das «Haus am Meer», denke, fallen mir nur kleine Unannehmlichkeiten ein, nicht das Gute, was es doch sicher bot. Das gesellige Leben des Ortes wurde beherrscht von Gerhart Hauptmann, den kennenzulernen fünf Jahre früher ein so großes Erlebnis für mich gewesen wäre. Damals war es eben das ungünstigste Alter. Wir waren schon zu erwachsen und doch noch nicht erwachsen genug. Den abendlichen Trinkereien wohnten wir manchmal bei, manchmal nicht. Wenn wir dabei waren, blieben wir stumm aus Schüchternheit und Renitenz. Ich erinnere mich, daß Hauptmann einmal beim Weine eine Art Segen über mich aussprach, wozu mein Vater sagte: «Na, wenn *das* nicht anschlägt –», eine Bemerkung, die mich nachhaltig verletzte, ohne daß ich eigentlich einen Grund dafür angeben könnte.

Wir vertauschten Hiddensee mit Bansin. Dort traf Pamela zu uns. Der erste Sommer, den wir zusammen waren: schien uns nicht, daß nun kein Sommer anders mehr für uns werden dürfe? – Wir spazierten von Bansin nach Heringsdorf. Dort gab es den ordinärsten Rummel. Erika beteiligte sich in einem Strandcafé an einer schauspielerischen Konkurrenz; ein Tisch von sächsischen Chauffeuren sprach ihr den ersten Preis – eine Flasche Champagner – zu, weil sie Liliencrons «Bruder Liederlich» so knorke aufgesagt hatte. – Unweit von Heringsdorf hielt Werner von Bleichröder, den wir kannten, in seiner Villa Hofstaat mit Paul Schneider-Duncker und verschiedenen liebenswürdigen kleinen Italienern. Wir besuchten ihn oft, denn wir mochten sein Gesicht von einer sympathisch rührenden Zerstörtheit. Er sprach leise und heiser; wenige Jahre später starb er an der Kehlkopftuberkulose. Ihm war das merkwürdig Ergreifende von höher veranlagten Menschen zu eigen, die ihre Gaben mit einem gewissen generösen Leichtsinn vernachlässigen, um ausschließlich dem Genuß zu leben und nun, schon ruiniert, schon an der Grenze des Todes und ermüdet von allen Reizen der Welt, all dem nachtrauern, was sie um des Fleisches willen versäumten.

So hübsch ich es am Ostseestrand hatte, plötzlich reiste ich ab. Immer war es meine unruhige, fatale Art, weg zu müssen, wenn gerade alles am besten schien. Ich fuhr nach München, wo ich – zum ersten Male – ganz allein in unserem Hause wohnte. Ricki war da.

Verschiedene Umstände, die mir überraschend kamen, gaben dem Aufenthalt ein sensationelles Gepräge. Allerlei sah wieder einmal anders aus, als ich es mir vorgestellt hatte. Es war die Zeit, wo man mit jeder Woche ein Stückchen erwachsener wird.

München im August hat einen starken Reiz. Die sommerliche Stadt mit den vielen Gärten und Brunnen, überfüllt von Fremden wie ein Badeort, atmet in diesen Wochen am stärksten den Duft von Mondänität und Ländlichkeit, von Gebirgsnähe und einer echten, dabei käuflichen Naivität, der in ihren glücklichsten Augenblicken vor allen anderen Städten ihren Zauber bedeutet. Abendstimmungen am Chinesischen Turm oder am Lenbachplatz, wo die Wasser des weißen Brunnens in einer Dunkelheit rauschen, die nicht nach Großstadt, sondern nach Gebirge und einem herberen Süden duftet; während draußen im Festspielhaus die Amerikaner in «Tristan» sitzen, treten die jungen Engländer aus dem Hotel Regina, um den Burschen in den Lederhosen nachzuschauen; aus dem Hofbräuhaus schwanken die betrunkenen Berliner, Leipziger und New Yorker; im Englischen Garten aber flüstern die Liebespaare auf jeder Bank. – Wie man jeden Reiz für sich einmal gleichsam klassisch und repräsentativ erlebt, so erlebte ich damals das sommerliche München. Immer, wenn ich seitdem an einem warmen Abend vom Regina zum Café Luitpold oder über die dunklen Promenaden des Englischen Gartens gehe, bezieht sich mein Gedächtnis auf diese Wochen von 1924, da ich mit Ricki über die abendlichen Plätze auf Abenteuer zog. – Tags arbeitete ich in der Stille unseres leeren Hauses.

Im Herbst zogen Erika und ich nach Berlin. Pamela war nach Köln zu Gustav Hartung engagiert; Erika bei den Reinhardt-Bühnen. Ich bekam, immer noch nicht achtzehnjährig, eine Stellung als zweiter Theaterkritiker am «12-Uhr-Mittagsblatt». Klaus Pringsheim hatte mich mit dem ausgezeichnet klugen Professor Walter Steinthal zusammengebracht, der mein Chef wurde. Meine erste Rezension mußte ich über eine Inszenierung des «Prinz von Homburg» im Steglitzer Schloßparktheater schreiben. Ich verfaßte sie in dem ehrwürdigen Etablissement «Nürnberger Diele» in Gegenwart von Erika, Pamela, Berthold Viertel, dem Theatermann Fischer und – Karl Kraus, dessen phänomenale ethische Bedeutung ich durch Pamelas Einfluß zu erfassen begann. Karl Kraus war ganz nervös, was ich da an seinem Tisch triebe, und fragte, beinah verängstigt: «Was schreibt der Junge denn da? Man muß doch achtgeben, was der Junge da kritzelt.» Augenscheinlich graute ihm davor, daß hier wieder ein neues, unerfahrenes Opfer dem Moloch Presse verfiel.

Je mehr ich mit Menschen – und vor allem mit Menschen der literarischen Sphäre – zusammenkam, desto deutlicher empfand ich das Schiefe und Gefährliche meiner Situation. (Übrigens ängstigte oder entsetzte es mich nicht, aber ich konnte nicht umhin, es festzustellen.) Es ist nicht zu leugnen, daß mein Name und der Ruhm meines Vaters, den man mitmeint, wenn man ihn denkt, mir den ersten Start erleichtert haben. Aber schon nach einem halben Jahr verwandelten sich diese scheinbaren Vorteile in Nachteile, die nur mit dem äußersten Lebensoptimismus überwindbar werden. Merkwürdigerweise übersieht man diesen immensen Nachteil geflissentlich, während man von dem ersten Vorteil groß Geschrei machte. Der Nachteil, dem kein anderer junger deutscher Autor ausgesetzt ist, besteht in der Voreingenommenheit, mit der man sich mir naht. Ich habe meine unvoreingenommenen Leser noch nicht gefunden. Nicht nur der Gehässige, auch der freundlich Gesinnte konstruiert zwischen dem, was ich schreibe, und dem väterlichen Werk instinktiv den Zusammenhang. Man beurteilt mich *als den Sohn*. Von Anfang an hätte ich versuchen können, mich dieser schwersten Belastung zu entledigen, indem ich unter einem Pseudonym veröffentlichte. Aber – sogar vorausgesetzt, solche Maske wäre zu wahren gewesen – ist es statthaft, um die bitterste Problematik des eigenen Lebens, die zugleich die höchste Verpflichtung ist, sich einfach herumzuschwindeln?

Auf einem der ersten Berliner «Routs», auf den mich ein Unstern verschlug, sagte eine Dame, der ich vorgestellt wurde: «Ah – sehr interessant – im Schatten des Titanen –» Gott hat sie gestraft, indem er sie so ungehörig dumm sein ließ. Aber wenn man eine Züchtung für Minderwertigkeitskomplexe einrichten will, so schicke man den Sohn eines berühmten Mannes, der selber Ansprüche stellt, in die Berliner Gesellschaft.

Unnütz zu wünschen, man wäre in eine behaglichere Zeit oder in ein bequemeres Schicksal hineingeboren. Denn man hat nicht die

Wahl. Es heißt beides bestehen: die gefährliche Zeit, mit der wir alle fertig werden müssen, und das gefährliche Schicksal, mit dem nur gerade ich fertig zu werden habe.

Wäre mein Vertrauen in die Kräfte, die eine Mischung des Blutes in mir gezeugt hat, nicht so unerschütterlich fest, wie es ist –: ich müßte die Feder weglegen und so auf das Werkzeug verzichten, mit dem allein mir vergönnt ist, mein Leben seinen Gesetzen nach zu führen und so dem allgemeinen Leben zu dienen.

Nachwort

Wer einen Menschen wirklich kennen und sein Leben und seine Werke verstehen will, der muß wissen, was für Probleme ihn quälten. Klaus Mann war in seinem kurzen Dasein von sehr vielen umgeben. Heute, im Rückblick, erkennen wir erst ihre tödliche Vielfalt. Doch hat er sich ihnen bekanntlich gestellt – offen, mutig und klug. Ja, im Laufe der Zeit, in den unglaublich barbarischen Jahren unserer Epoche, nahm er stetig zu an Einsicht, Mitgefühl, Verständnis. Was er schrieb, wird bestehen bleiben und erst in Zukunft die Anerkennung finden, die er verdiente.

Wie sahen die Probleme aus, mit denen – unter anderen – Klaus Mann sich so tapfer schlug? Einige nennt er sehr früh schon in seinem Buch «Kind dieser Zeit». Ich werde den Eindruck nie vergessen, den der Band auf mich machte. Ich lebte damals als amerikanischer Zeitungskorrespondent in Wien und mühte mich, die Verheerungen zu begreifen, die der Erste Weltkrieg über Europa gebracht hatte. Ich verschlang das Buch. Es faszinierte mich aufs äußerste.

Hier sprach ein junger Schriftsteller meiner eigenen Generation. Obwohl wir aber aus ganz verschiedenen Welten kamen, schien er besessen von denselben Fragen, die mich dauernd bedrängten: die Krise des Bürgertums, dem wir beide entstammten; das Chaos und die Unsicherheit der Nachkriegsjahre; der Bruch mit der Welt unserer Eltern, die sich so behütet, so wohlgeordnet, so gläubig, hoffnungsvoll und zukunftsreich ausgenommen hatte und zwischen 1914 und 1918 untergegangen war. In den folgenden Jahren türmten sich dann natürlich vor Klaus Mann Probleme, die der amerikanischen Jugend von damals erspart blieben: der Aufstieg des Nationalsozialismus; die Entwürdigung der großen Nation, die ihn und die Seinen hervorgebracht; der Zerfall Europas und schließlich die Katastrophe des Hitler-Krieges. Dazu kam – für ihn – die Tragödie des Entwurzelten, des Künstlers und Intellektuellen im Exil, des europäischen Schriftstellers, dessen Schicksal es war, zu einem Bürger der Neuen Welt zu werden. Aber selbst unter so schlimmen Umständen hielt Klaus Mann stand. In einer Zeit, da der Geist – in Deutschland und anderswo – so vielfach versagte und seinen Frieden machte mit den Barbaren, kämpfte er entschlossen gegen das Übel. Und bis zuletzt sorgte er sich verzweifelt um das Los aller Besseren.

Für mich persönlich war Klaus Mann besonders wichtig, weil er unsere Verbindung mit Europa, seiner Kultur und vor allem seiner zeitgenössischen Literatur nicht abbrechen ließ. Er bildete eine Brücke, die in Amerika bitter not tat; denn unter unseren jungen Schriftstellern und Künstlern sind noch immer allzu viele wie abgeschnitten von den Hauptströmungen des europäischen Denkens und Schaffens. In seinen letzten Lebensjahren war er zudem in kaum zu überschätzender Weise behilflich, den Europäern Amerika verständlich zu machen. Er hatte unter uns gelebt und wußte, daß Bubble-Gum, hübsche Badegirls, alberne Hollywood-Filme und hysterische Politiker nicht die ganze amerikanische Kultur ausmachen, obwohl sehr viele Europäer uns nur danach zu beurteilen scheinen.

Trotz der schweren Zeit, in der er lebte, verstand Klaus Mann es durchaus, ein Optimist zu bleiben. Ich erinnere mich in diesem Zusammenhang an eine der letzten Seiten aus «Kind dieser Zeit». Dort klagt er ohne jede Bitterkeit über sein Schicksal, der Sohn eines großen Vaters zu sein. Im Anfang, wie er zugibt, brachte das gewisse Vorteile mit sich, aber die Nachteile, später, überwogen. Was einzig aufkommen konnte gegen diese Nachteile, war, so sagt er, der allergrößte «Lebensoptimismus».

Meiner Überzeugungen nach war dieser Mensch und Schriftsteller weit bedeutender, als er selbst es sich träumen ließ.

1950 William L. Shirer

TAGEBÜCHER

Klaus Mann

Ab Mai 1989

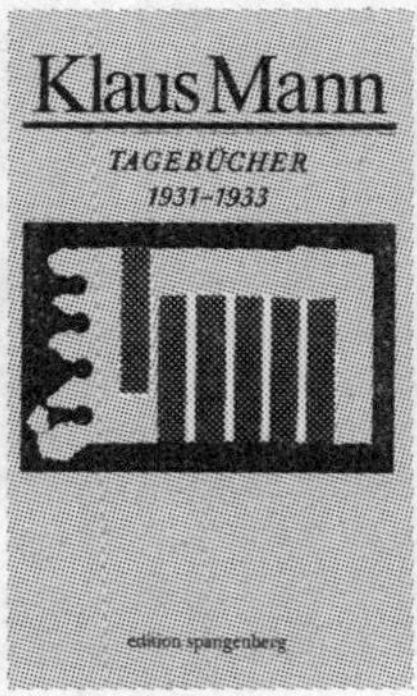

Herausgegeben von Joachim Heimannsberg, Peter Laemmle und Wilfried F. Schoeller. Mit einem ausführlichen Nachwort, Anmerkungen und Personenregister.
Leinen DM 48.—
Paperback DM 29.80

In den privaten Aufzeichnungen schälen sich Klaus Manns unmittelbare Gefühle, seine Abneigungen und Vorlieben, seine Hoffnungen und seine Enttäuschungen heraus. Details seines Tagesablaufs, Gedanken, die Rekonstruktion seiner Träume, Lektüre, literarische Entwürfe, Korrespondenz und persönliche Begegnungen ergeben überzeugende Einblicke in das literarische und gesellschaftliche Leben einer turbulenten Epoche, darüber hinaus wird der Mensch und Literat Klaus Mann sichtbar und gewinnt dabei neue und deutliche Kontur.

Folgende weitere Bände sind in halbjährlicher Folge vorgesehen:

Band 2: 1934/1935
Band 3: 1936/1937
Band 4: 1938/1939
Band 5: 1940/1942
Band 6: 1943/1949

Preise: Stand 1989

edition spangenberg

aus der WERKAUSGABE

Klaus Mann

Aus der Werkausgabe —
alle Bände in Leinen gebunden
mit Schutzumschlag

Briefe und Antworten 1922-1949
Herausgegeben von Martin Gregor-Dellin. Mit einem Essay von Golo Mann: Erinnerungen an meinen Bruder Klaus. Anmerkungsteil. Briefverzeichnis und Register. 362 Briefe und 99 Antwortbriefe. 824 Seiten. DM 98.—

Mephisto
Roman einer Karriere. Mit einer Einleitung von Berthold Spangenberg und der Entscheidung des Bundesverfassungsgerichts im Anhang. 464 Seiten. DM 39.—

Flucht in den Norden
Roman. Nachwort v. Martin Gregor-Dellin. 292 S. DM 28.—

Der Vulkan
Roman unter Emigranten. Mit einem Nachwort von Martin Gregor-Dellin »Klaus Manns Exilromane«. 576 S. DM 36.—

Der Wendepunkt
Ein Lebensbericht. 600 Seiten. DM 48.—

Woher wir kommen und wohin wir müssen
Frühe und nachgelassene Schriften. Nachwort von Martin Gregor-Dellin »Zeitgenosse zwischen den Fronten«.
288 Seiten.DM 36.—

edition spangenberg

Klaus Mann

Mephisto
Roman einer Karriere. rororo 4821

Der Vulkan
Roman unter Emigranten. rororo 4842

Symphonie Pathétique
Ein Tschaikowsky-Roman. rororo 4844

Flucht in den Norden
Roman. rororo 4858

Treffpunkt im Unendlichen
Roman. rororo 4878

Kind dieser Zeit
rororo 4996

Alexander
Roman einer Utopie. rororo 5141

Erika und Klaus Mann
Rundherum
Abenteuer einer Weltreise. rororo 4951

Der Wendepunkt
Ein Lebensbericht. rororo 5325

André Gide
und die Krise des modernen
Denkens. rororo 5378

Der fromme Tanz
Roman. rororo 5674

Der siebente Engel
Die Theaterstücke. rororo 12594

Klaus Mann
dargestellt von Uwe Naumann
rororo bildmonographien 332

rororo

C 1048/10

Heinrich Mann

Die Jugend des Königs Henri Quatre
Roman
rowohlt jahrhundert Band 017

Die Vollendung des Königs Henri Quatre
Roman
rowohlt jahrhundert Band 018

Professor Unrat
Roman
rororo 35

Heinrich Mann
in Selbstzeugnissen und Bilddokumenten
dargestellt von Klaus Schröter
rowohlts monographien Band 125

rororo

C 156/2

Jean Genet

«Genets Sprache bewirkt zunächst, was jede Phantasie bewirken will: sie leugnet die gemeine, banale Wirklichkeit, die für Genet «Eure Welt» heißt und die er verachtet. Sie schafft «einen köstlichen und grausamen Platz», der vor dem Wahnsinn der Menschheit sicher ist. Gleichzeitig aber objektiviert sie die Phantasie nach eigenem Gesetz und auf besondere Art: Genet schreibt «die Sprache der Mystiker aller Religionen, jene Sprache, die sie verwenden, um von ihren Mysterien zu sprechen.» (Jost Nolte)

Querelle
Roman (1684)

Notre-Dame-des-Fleurs
(1870)

Briefe an Roger Blin
Der Seiltänzer
Das kriminelle Kind
(4030)

Alle Dramen
(5115)

Tagebuch eines Diebes
(5116)

rororo

C 902/12

Literatur für Kopf Hörer

«Es ist eines, ein Buch zu lesen. Es ist ein neues und recht andersartiges Erlebnis, es von einem verständigen Interpreten mit angenehmer Stimme vorgelesen zu bekommen.»
Rudolf Walter Leonhardt, DIE ZEIT

Erika Pluhar liest Simone de Beauvoir
Eine gebrochene Frau
2 Tonbandcassetten im Schuber
(66012)

Bruno Ganz liest Albert Camus
Der Fall
Deutsch von Guido Meister.
3 Tonbandcassetten im Schuber
(66000)

Elisabeth Trissenaar liest
Louise Erdrich
Liebeszauber
2 Tonbandcassetten im Schuber
(66013)

Erika Pluhar liest Elfriede Jelinek
Oh Wildnis, oh Schutz vor ihr
Keine Geschichte zum Erzählen
1 Tonbandcassette im Schuber
(66002)

Hans Michael Rehberg liest
Henry Miller
Lachen, Liebe, Nächte
Astrologisches Frikassee
2 Tonbandcassetten im Schuber
(66010)

Produziert von Bernd Liebner

Eine Auswahl

Rowohlt Cassetten

C 2321/3

Literatur für Kopf Hörer

Produziert von Bernd Liebner

Eine Auswahl

Rowohlt Cassetten

Armin Müller-Stahl liest
Vladimir Nabokov
Der Zauberer
Deutsch von Dieter E. Zimmer
2 Tonbandcassetten im Schuber
(66005)

Walter Schmidinger liest
Italo Svevo
Zeno Cosini
Das Raucherkapitel
1 Tonbandcassette im Schuber
(66007)

Uwe Friedrichsen liest
Kurt Tucholsky
Schloß Gripsholm
3 Tonbandcassetten im Schuber
(66006)

Christian Brückner liest
John Updike
Der verwaiste Swimmingpool
Der verwaiste Swimmingpool,
Wie man Amerika gleichzeitig liebt und verläßt
Deutsch von Uwe Friesel und Monika Michieli.
1 Tonbandcassette im Schuber
(66004)

Christian Brückner liest
Jean-Paul Sartre
Die Kindheit eines Chefs
Deutsch von Uli Aumüller
3 Tonbandcassetten im Schuber
(66014)

C 2321/3 a